Pour Thierry Leclère

La Grande Régression

en sincère hommage

Jacques Généreux

Jacques Généreux

La Grande Régression

Éditions du Seuil

ISBN 978-2-02-101087-9

www.seuil.com

À mes parents, qui m'ont appris
que le progrès commence
avec le souci d'autrui
et du bien commun.

1

J'ai vu mourir la promesse d'un monde meilleur

Durant les vingt premières années de ma vie, j'ai grandi dans un monde où le destin des enfants semblait naturellement devoir être plus heureux que celui de leurs parents ; au cours des trente suivantes, j'ai vu mourir la promesse d'un monde meilleur. En une génération, la quasi-certitude d'un progrès s'est peu à peu effacée devant l'évidence d'une régression sociale, écologique, morale et politique, la « Grande Régression » qu'il est temps de nommer et de se représenter pour pouvoir la combattre.

Car la première force des malades et des prédateurs qui orchestrent cette tragédie est leur capacité à présenter celle-ci comme le nouveau visage du progrès. Et leur première alliée, c'est la perméabilité des esprits stressés, trop heureux de s'accrocher à n'importe quelle fable qui fasse baisser d'un cran la pression et l'angoisse. À l'âge de la démocratie d'opinion, les réactionnaires ne peuvent se contenter de démolir l'acquis des luttes passées en faveur d'une vie meilleure pour tous ; il leur faut aussi anesthésier les résistances, susciter l'adhésion ou la résignation de leurs victimes ; ils doivent remporter une bataille culturelle dont l'enjeu est de nous faire aimer la décadence.

Ainsi espère-t-on, par exemple, nous persuader que la nécessité de « travailler plus pour gagner plus » est une avancée sociale, que le droit de renoncer volontairement à nos droits sociaux étend notre liberté, que la construction de prisons d'enfants améliore la sécurité, que l'expansion des biocarburants contribue au « développement durable », etc. Mais la substance réelle de ces prétendus « progrès », c'est l'intensification du travail, la servitude volontaire, l'impuissance à éduquer mieux nos enfants et la destruction des forêts vierges ! Si nous laissons s'installer cette ultime perversion du discours politique, alors, à chaque fois qu'on nous annonce une « nouvelle liberté », il faut redouter une aliénation supplémentaire de nos droits, et chaque « réforme pour aller de l'avant » peut masquer un grand bond en arrière. Il est aussi tant de régressions qui désormais avancent sans masque : les « démocraties libérales » laminent les libertés publiques, emprisonnent les enfants et les fous, envahissent des pays qui ne leur ont rien fait ; les travailleurs se tuent au travail littéralement et non plus seulement métaphoriquement ; le fondamentalisme religieux et l'obscurantisme prospèrent ; l'incivilité envahit les cours de récréation et les rues ; l'obscène cupidité des riches détruit les systèmes financiers et affame les pays pauvres, etc. Où que l'on porte le regard, on a toutes les chances de constater comme une inversion du mouvement, à rebours de ce que nous avions jusqu'alors appelé « le progrès ».

En nommant « Grande Régression » la mutation entamée par les sociétés occidentales au cours des trente dernières années, j'entends d'abord et paradoxalement restaurer le sens et le goût véritables du mot « progrès ». La tâche n'est pas si simple, après le lavage de cerveau intensif infligé à ma génération pour effacer les leçons de son histoire. La résistance à la marche présente du monde suppose la mémoire d'un temps où un autre chemin semblait possible, et l'intelligence de ce qui nous est arrivé depuis lors. Or, l'histoire nous prévient qu'aucune civilisation n'est à l'abri d'une amnésie collective qui ferme pour longtemps la voie du progrès en coupant les ponts avec le savoir-faire accumulé par les générations antérieures. Jane Jacobs[1] souligne à juste titre que cet improbable oubli général est le syndrome le plus frappant chez les survivants des civilisations mortes : ils n'ont pas seulement et irrémédiablement perdu les outils, les techniques, les institutions de leurs ancêtres, mais encore toute idée de ce qui a été oublié, la conscience même que quelque chose a été perdu. C'est pourquoi on parle à juste titre d'une « renaissance », quand une société longtemps piégée dans cet oubli – comme le fut un temps l'Occident du Moyen Âge – renoue le contact avec son héritage perdu : comme un nouveau-né, il lui faut réapprendre à penser. Car la culture d'une société humaine n'est pas un simple paquet d'informations qu'il suffirait de réinstaller dans les cerveaux pour la restaurer ; c'est un ensemble complexe de savoir-faire intellectuels, manuels et sociaux qui s'acquièrent par l'éducation, l'apprentissage, l'exemple et l'expérience, sans quoi la somme brute des informations disponibles est presque inutilisable.

Aussi Jacobs n'hésite-t-elle pas à prévenir le peuple américain que sa maîtrise des techniques de stockage et de traitement de l'information ne le prémunit en rien contre un nouveau Moyen Âge[2], contre une perte durable de la civilisation. Même si une simple clé USB peut désormais contenir une encyclopédie des sciences contemporaines, elle ne constitue qu'une « mémoire morte[3] » et ne serait d'aucun secours si se trouvait rompue la chaîne de transmission et d'apprentissage de l'intelligence du monde entre les générations.

Peut-être Jacobs est-elle, à dessein, plus alarmiste que de raison en ce qui concerne l'éventualité d'un effondrement du

1. Urbaniste canadienne mondialement reconnue pour son travail sur les mutations des villes américaines. Voir notamment : Jane Jacobs, *The Death and Life of Great American Cities* (1961), New York, Random House, 2002. Traduction française : *Le Déclin des grandes cités américaines*, Paris, Armand Colin, 1974.

2. Jane Jacobs, *Dark Age Ahead*, New York, Random House, 2004.

3. Traduction française et étrangement prémonitoire de *read only memory* (ROM).

savoir-faire technique. Mais ce n'est de toute façon pas cette éventualité-là dont je veux parler dans ce livre. Le danger aujourd'hui bien réel d'une régression de la civilisation procède de l'oubli d'un savoir-faire social et politique, d'un savoir vivre ensemble, d'un vouloir vivre ensemble, que l'on ne saurait conserver ailleurs que dans le cœur des hommes. On peut bien préserver tous les autres traits apparents de la civilisation, mais si l'on perd le désir et la capacité de faire progresser l'égalité, la solidarité et la convivialité entre les hommes, la plus avancée des sociétés peut sombrer dans la barbarie ; telle est la leçon du XXe siècle, où l'on vit des peuples – ô combien brillants par leur culture ! – s'abîmer dans l'horreur totalitaire. La leçon peut se résumer ainsi : *entre les êtres humains, le seul progrès qui compte vraiment, c'est le progrès social, au sens le plus large du terme, c'est-à-dire l'extension de leur capacité à faire société, à vivre bien avec autrui et tous ensemble*. Sans ce dernier, le progrès des connaissances et des techniques ne protège aucune civilisation contre une régression et, pire encore, il peut servir à sa destruction. Quand les humains perdent de vue la priorité qui a présidé au processus même de l'hominisation – la constitution et le renforcement de leur alliance – et s'adonnent au culte de l'accumulation et de la compétition, alors l'essor de leurs techniques n'étend plus que leur capacité à se combattre et à épuiser leur Terre. Ainsi meurent les civilisations, par la guerre ou par la destruction de leur écosystème.

Voilà pourquoi, plus que toute autre, c'est la mémoire vivante de nos savoir-faire sociaux qu'il importe de préserver et de transmettre. Ce fut vrai pour toutes les civilisations passées. Ce l'est encore d'une façon plus urgente pour celles d'aujourd'hui, car ce qui se joue dans notre faculté de recentrer ou non le progrès humain sur celui du vivre ensemble n'est plus seulement la survie de telle ou telle civilisation, mais celle de l'humanité. En effet, notre capacité à exploiter le monde matériel atteint ses limites. Le projet moderne d'une nature dominée par la raison et la technique a tellement bien « réussi » durant trois siècles que nous voici rendus au moment où de multiples seuils critiques pour la survie de l'espèce ont été franchis ou le seront bientôt (déforestation, appauvrissement des sols, prélèvement des ressources fossiles, pollution de l'atmosphère et des fonds marins, recul de la biodiversité, épuisement des nappes phréatiques, etc.). Si l'humanité a déjà si peu évité les guerres au temps d'une relative abondance naturelle, qu'en sera-t-il dans un monde où le simple accès à l'eau, à la nourriture et à un climat supportable deviendra de plus en plus problématique ? Surmonter le défi écologique et les conflits qu'il recèle suppose à l'évidence une bifurcation radicale de nos systèmes économiques et sociaux, en sorte de privilégier la qualité du vivre ensemble plutôt que l'accumulation privative des consommations matérielles, c'est-à-dire *les liens plutôt que les biens*. Cela nécessite aussi un usage plus rationnel et économe des biens, et donc un usage mutualisé des équipements que nous possédons aujourd'hui vingt-quatre heures sur vingt-quatre pour n'en jouir effectivement que quelques jours ou heures par mois. Cela implique enfin de concevoir une distribution des ressources fondée sur les besoins réels et le partage équitable, plutôt que sur la libre compétition. En bref, le « progrès social » au sens large, le savoir-faire dans la construction de relations équitables, coopératives et solidaires entre les hommes, est la clé du défi écologique. Telle est l'évidence que l'idéologie dominante s'efforce d'effacer dans nos esprits depuis une trentaine d'années, car elle contrarie l'intérêt immédiat des plus riches qui préfèrent la loi dévastatrice du plus fort et du chacun pour soi. Or, les nouvelles menaces qui pèsent sur l'avenir de l'humanité pourraient paradoxalement conforter la folle domination de ces derniers au lieu de la contrarier.

Un piège insidieux guette en effet l'humanité. La nécessaire prise de conscience écologique quant aux menaces accumulées par des siècles de productivisme, loin de recentrer les esprits sur l'impératif du progrès social, peut tout aussi bien nourrir l'illusion que la question sociale est devenue secondaire au regard d'une question de simple survie de l'humanité. Tel est précisément le danger qui prend corps de nos jours quand l'écologie tend à se penser comme au-delà ou en dehors du clivage gauche-droite (ou libéraux-conservateurs dans le monde anglo-saxon). Et, quoiqu'ils emboîtent le pas des écologistes tardivement et à reculons, les conservateurs et les profiteurs de la gabegie capitaliste ne manqueront pas d'exploiter la peur d'un désastre planétaire, quitte à en exagérer la probabilité après l'avoir longtemps occultée. Car la peur du désordre et des catastrophes ne soutient jamais l'aspiration au progrès social. Dans un monde à feu et à sang, tout comme dans un cinéma en flammes, des individus atterrés et dissociés ne revendiquent pas la justice et la solidarité, ils sauvent leur peau et n'espèrent qu'un retour à l'ordre. La victoire de la peur soutient toujours celle de la droite conservatrice, quand ce n'est pas celle des fascistes. De tout temps, les classes dominantes ont exploité et amplifié la hantise d'une agression étrangère, d'une catastrophe économique ou d'un désastre naturel, pour reléguer l'exigence de justice derrière le souci de l'ordre public et pour masquer la scandaleuse inégalité des conditions de vie sous le factice intérêt général de la survie[4].

Je reviendrai plus tard sur ce gouvernement par la peur. Mais j'insiste à nouveau sur le risque d'amnésie. Un choc quelconque et une grande peur collective peuvent engendrer des réactions de panique, des réactions conservatrices, et étouffer momentanément les appels et les aspirations au progrès social. Ils ne peuvent toutefois pas les étouffer

4. Les applications récentes de cette stratégie vieille comme le monde sont abondamment illustrées par Naomi Klein, dans *The Shock Doctrine: the Rise of Disaster Capitalism*, New York, Metropolitan Books/Henry Holt, 2007. Traduction française : *La Stratégie du choc. La montée d'un capitalisme du désastre*, Arles, Leméac/Actes Sud, 2008.

durablement si une part suffisante de la population garde l'intelligence de ce qui est arrivé, comprend que la négligence passée à l'égard de la justice et du lien social est à la source des catastrophes endurées, conçoit, enfin, qu'un autre monde et d'autres politiques sont possibles. Cette intelligence, cette mémoire préservée semblent avoir été à l'œuvre au lendemain de la Seconde Guerre mondiale où l'on vit les gouvernements occidentaux contester et réformer le système économique et social en vigueur avant la guerre.

Qu'adviendrait-il du capitalisme si, en ces temps de crises financières récurrentes, de déshumanisation du travail, de saccage du monde vivant par des investisseurs en quête de profits éclairs, de délitement des liens sociaux, d'injustices insoutenables, de désordre international, etc., qu'adviendrait-il donc du capitalisme si nous étions soudain inspirés par le souvenir de nos ancêtres et convenions de la nécessité d'une bifurcation historique vers une autre société ? Quel serait l'avenir des profiteurs de notre économie inhumaine si nous comprenions, avec le recul, que la sagesse de nos grands-parents fut de s'écarter autant qu'ils le purent du capitalisme, et que leur testament implicite nous enjoint d'achever le travail en inventant autre chose ? Poser ces questions, c'est y répondre.

Voilà pourquoi, aujourd'hui, les artisans de la Grande Régression s'emploient si activement à ridiculiser le souvenir d'un autre monde, à brouiller la mémoire des survivants d'une époque où le progrès social semblait, mieux que souhaitable, possible ! Et le récent engouement pour le « devoir de mémoire », voire de « repentance » pour tous les crimes de nos aïeux, ne doit pas faire illusion. C'est précisément quand l'horreur du monde présent risque de réveiller les souvenirs d'autres mondes possibles que les profiteurs s'emploient à occuper nos mémoires par des souvenirs choisis et suffisamment glauques ou douloureux pour nous saturer d'émotion, endormir notre réflexion et neutraliser d'autres souvenirs plus subversifs. Aucun être sensé ne devrait se sentir coupable ou redevable pour des crimes commis par ceux qui l'ont précédé. Si d'aucuns s'attachent néanmoins avec tant de constance à éveiller ces sentiments insensés, c'est pour nous détourner du seul « travail de mémoire » utile qui consisterait à comprendre d'où vient le monde dans lequel nous vivons aujourd'hui. Tel sera précisément le travail proposé dans ce premier chapitre.

Ce n'était pas le paradis, juste le progrès

Pour ma part, je n'ai rien oublié.

J'ai grandi en un temps où le progrès social consistait à travailler moins pour vivre mieux, tout en gagnant davantage, et à étendre les droits des travailleurs et la protection sociale. Un temps où les actionnaires n'avaient pas tout pouvoir pour imposer l'intensification du travail, la baisse des « charges » sociales ou fiscales et le recul des salaires. Un temps où les détenteurs des capitaux n'avaient pas toute liberté pour délocaliser leurs investissements, pour spéculer à tout va sur le prix des immeubles ou sur le cours de produits financiers composés d'on ne sait quoi par on ne sait qui. Les investisseurs insatisfaits n'avaient qu'à prendre leur mal en patience, et les riches supportaient sans broncher des taux d'imposition quasi confiscatoires sur les plus hauts revenus (régulièrement supérieurs à 70 % ou 80 %). Pas facile alors d'aller vers d'autres cieux plus cléments pour le capital : les mouvements de capitaux étaient étroitement limités et surveillés. Les gouvernements pouvaient donc gouverner, et les entrepreneurs entreprendre, sans être obsédés par la rentabilité du capital.

Du coup, en ce temps-là : le pouvoir d'achat ouvrier doublait en vingt ans et tout le monde avait du travail ; le sens commun estimait que les services collectifs (énergie, transports collectifs, télécommunications, poste, etc.) devaient, d'une manière ou d'une autre, être assurés ou encadrés par les pouvoirs publics ; on ne manquait pas d'argent pour financer les biens publics ; on construisait plus de maisons de la jeunesse que de prisons ; il n'y avait pas de « crises financières » à répétition, ni d'émeutes dans les banlieues ; on ne croisait pas des travailleurs pauvres à tous les coins de rue…

Oh, ce n'était pas le paradis ! J'insisterai plus loin sur tout ce qui nous interdit de considérer cette époque des « Trente Glorieuses » comme un éden disparu et à retrouver. Ce n'était pas le paradis, mais c'était le progrès ! D'où venions-nous en effet ? De l'anéantissement soudain de presque trois siècles d'avancée de la modernité. La génération de mes grands-parents savait ce qu'il en coûtait d'abandonner la société, l'économie et les relations internationales au pouvoir de l'argent et à la libre concurrence : la Grande Dépression, la misère sociale, la montée du fascisme et du nazisme et la Seconde Guerre mondiale. Aussi entreprit-elle logiquement de s'écarter autant que possible du système et des politiques qui avaient engendré ces tragédies ; elle conçut un nouveau contrat social, dans la lignée des réformes engagées avant la guerre avec le *New Deal* en Amérique et le Front populaire en France ; elle amorça la constitution d'un ordre international fondé sur le droit (ONU), la négociation multilatérale et la coopération financière (FMI, Banque mondiale). En Europe de l'Ouest, la rivalité séculaire entre l'Allemagne et la France reculait au profit d'une coopération économique qui donnerait naissance à la Communauté économique européenne.

Contrairement au discours convenu, la prospérité et les progrès sociaux accomplis durant les Trente Glorieuses ne manifestèrent en rien la prétendue supériorité du capitalisme et de l'économie de marché. Ils manifestèrent au contraire tout ce qu'une société peut gagner à s'éloigner autant qu'elle le peut du capitalisme et de l'économie de marché. Les réformes, les conventions sociales et les politiques de l'après-guerre instituèrent en effet :

– la socialisation partielle de l'économie (développement du secteur public nationalisé ou soumis à une régulation publique) ;
– le développement de la sécurité sociale ;
– un contrôle public étroit du financement de l'économie (*via* la politique monétaire et la réglementation des transactions financières) ;
– l'encadrement public du prix des biens de consommation de base, des loyers, des bas salaires, de l'énergie, de l'argent (taux d'intérêt) ;
– l'extension des droits des salariés et des congés payés, la réduction progressive du temps de travail hebdomadaire ;
– une forte redistribution publique des revenus (par la fiscalité très progressive et les transferts sociaux) ;
– un partage des gains de productivité des entreprises plus favorable aux salariés (« fordisme ») ;
– des politiques budgétaires actives pour contrer toute récession de l'activité (« politiques keynésiennes ») ;
– l'engagement direct ou indirect des États dans des politiques industrielles et d'innovation technologique, à l'aide parfois de véritables organismes de planification ;
– l'organisation d'un système monétaire international assurant la stabilité des taux de change (grâce aux interventions des banques centrales et grâce à la convertibilité du dollar en or à prix fixe).

Une économie dans laquelle les principaux prix ne sont pas librement déterminés par les négociations sur les marchés n'est pas une « économie de marché[5] ». Une économie dans

5. Il est nécessaire de donner à cette expression galvaudée un sens précis. Une « économie de marché » ne peut désigner simplement un système dans lequel il y a des marchés, c'est-à-dire des lieux et/ou des systèmes organisés d'échange entre des acheteurs et des vendeurs ; avec une telle

laquelle une part considérable de la production relève d'organisations non capitalistes (entreprises ou agences publiques, mutuelles, coopératives), et dans laquelle les firmes capitalistes ne peuvent pas déterminer à leur guise les salaires, le temps de travail ou la localisation de leurs investissements, n'est pas à proprement parler « capitaliste ». C'est une économie administrée par des ingénieurs, des fonctionnaires et des cadres dirigeants, et non selon le bon vouloir des capitalistes. C'est une économie où le concept théorique de « marché » a une portée limitée, car l'essentiel des opérations n'est pas déterminé par des échanges entre des individus indépendants, mais par des relations hiérarchiques au sein d'organisations et par la compétition inégale entre ces organisations (John K. Galbraith démontrait déjà tout cela dans les années 1960[6]). Rappelons enfin que, jusqu'au début des années 1970, le commerce international se développe dans un cadre relativement protectionniste. La contribution remarquable des échanges internationaux à la croissance mondiale ne résulte pas alors du « libre-échange » mais de son contraire : une compétition limitée entre un petit nombre de grands pays déployant des politiques industrielles volontaristes à l'abri de tarifs douaniers, de protections non tarifaires (réglementations, normes, etc.) et d'un contrôle administratif des flux financiers (contrôle des changes).

Par conséquent, si les progrès économiques et sociaux furent notables durant les trois décennies qui suivirent la

---

définition, toutes les économies de toutes les grandes sociétés humaines depuis l'Antiquité seraient des économies de marché (y compris l'ex-économie soviétique). L'expression ne désigne donc un système particulier qu'à condition de retenir son acception théorique : un système régi par la libre confrontation d'offres et de demandes de biens, de services, de travail, de capital ; soit un système dans lequel *les prix et les quantités produites et échangées ne reflètent qu'un équilibre offre/demande entre des acteurs égaux et indépendants les uns des autres* (sinon, ils reflètent des rapports de force, *i.e.* position dominante, monopoles, cartels, ententes).

6. John K. Galbraith, *Le Nouvel État industriel* (1967), Paris, Gallimard, 1989.

Seconde Guerre mondiale, ils ne doivent rien à la vertu des marchés autorégulés ou du capitalisme ; ils furent ceux d'une économie largement pilotée par l'État et à nouveau « encastrée » dans la société par des normes et institutions sociales, comme l'annonçait Karl Polanyi en 1944[7].

Cela dit, aussi notables soient-ils, ces progrès ne peuvent effacer de notre mémoire la face sombre de ces années-là. La société des Trente Glorieuses, issue des compromis et des réformes de l'après-guerre, n'était certes pas une société idéale.

Les inégalités sociales restaient fortes, même si elles reculaient pour les hommes blancs. Les droits des minorités ethniques et des femmes restaient souvent à construire (ou à appliquer réellement quand ils étaient formellement reconnus). L'anticommunisme américain ou la raison d'État européenne justifiaient de multiples atteintes à la liberté d'expression comme à celle de la presse. L'essor d'une société de consommation de masse et la course effrénée à l'accumulation de biens matériels accéléraient l'épuisement des ressources non reproductibles et la dégradation de notre écosystème. Dès les années 1960, Jane Jacobs s'inquiétait d'une urbanisation pervertie par l'économisme et déshumanisant les métropoles américaines[8]. Dans les grandes villes occidentales, le zonage social, la ghettoïsation de certaines minorités, la décomposition de l'institution familiale laminaient insidieusement les liens sociaux, la civilité et la citoyenneté. La nouvelle opulence du Nord coïncidait avec le sous-développement du Sud, soumis à une pression démographique sans précédent. Les riches du Nord, avant de se préoccuper d'aider vraiment les pays du Sud, s'affairaient surtout à y installer (de gré ou de force) des gouvernements anticommunistes et/ou au service de leurs intérêts économiques ou stratégiques. L'impérialisme américain faisait des

7. Karl Polanyi, *La Grande Transformation* (1944), Paris, Gallimard, 1983.

8. Voir *The Death and Life of Great American Cities*, *op. cit.*

ravages au Vietnam et en Amérique latine, la France bafouait le droit des peuples et les droits de l'homme en Algérie. La paix internationale ne résultait pas de l'amitié des nations et de leurs peuples souverains, mais d'un partage du monde entre deux hégémons et de « l'équilibre de la terreur ».

Bref. On pourrait allonger cette liste sommaire de points noirs, mais il ne s'agit pas ici d'en faire l'inventaire ; il s'agit de souligner pourquoi, en aucune façon, nous ne pourrions considérer cette époque comme celle d'une meilleure société vers laquelle nous devrions revenir. D'autant qu'un tel « retour » n'a aucun sens. Aucune société ne remonte le temps, et il importe de comprendre la portée de cette trivialité chronologique : aujourd'hui est l'enfant d'hier. Si nous étions en capacité de reproduire l'ensemble des conditions prévalant dans une phase précédente, nous ne ferions que restaurer le contexte qui a engendré la société d'aujourd'hui. Si donc la société présente a tous les traits d'une société inhumaine, on a mieux à faire que de regretter l'impossible retour du monde qui en prépara l'avènement. Je n'invite donc pas ici à la nostalgie des Trente Glorieuses, mais à leur analyse. Il s'agit de déceler quelles leçons nous pourrions en tirer pour transformer la société, en sorte d'échapper précisément à la Grande Régression sur quoi elles débouchèrent finalement.

Poursuivons donc l'analyse par une première leçon tirée de ces trois fameuses décennies. En dépit de multiples points noirs, elles furent le lieu d'un certain progrès parce que la génération de l'après-guerre eut la sagesse de refuser le culte du marché et de s'éloigner fort loin du modèle capitaliste qui avait prévalu avant la guerre. En outre, chacun des méfaits évoqués plus haut suscitait une prise de conscience, un débat et l'amorce de mouvements de résistance. Face au camp conservateur, on distinguait alors et sans peine le camp du progrès.

Aux États-Unis, les vestiges persistants de l'esclavage suscitaient en réaction le mouvement des droits civiques ; la guerre du Vietnam éveillait une hostilité croissante du peuple américain. Face à la domination masculine, les revendications féministes gagnaient en force et en audience. L'Église catholique s'ouvrait aux revendications d'autonomie individuelle et d'égalité sociale (concile de Vatican II, 1962-1965), et parfois même repassait dans le camp des pauvres après des siècles de servilité intéressée envers les puissants. Face à l'impérialisme, des pays en développement se coalisaient pour refuser leur alignement sur les grandes puissances. Face à l'injustice des relations économiques internationales, le mouvement pour un « nouvel ordre économique international » prenait de l'ampleur ; il était à l'ordre du jour de l'ONU dans les années 1970. Dans ces mêmes années, avec les rapports du Club de Rome et la montée en force des mouvements écologistes, le monde occidental prenait conscience des dégâts du productivisme sur notre écosystème. Autrement dit, à la fin des années 1970, nous étions en état d'établir un double inventaire : d'abord, celui des avancées réalisées grâce à une première mise au pas du capitalisme et des marchés, puis celui des nouveaux progrès à accomplir.

Si nous étions alors encore à mille lieues d'une société juste, pacifiée et capable de léguer aux générations futures un écosystème viable, c'est que nous n'étions qu'au début du chemin emprunté après 1945 ; il fallait donc nous y engager plus avant, nous éloigner plus radicalement d'une société commandée par les marchands, contenir plus sûrement la rivalité des nations et les tentations hégémoniques. Il fallait à cette société encore plus d'égalité, plus de souci des biens publics, plus de démocratie réelle, plus de coopération entre les peuples, plus de solidarité et moins de compétition, plus d'attention à la qualité des liens sociaux et moins d'appétit pour des consommations matérielles profitant surtout à une minorité de privilégiés, plus d'internationalisme et moins de nationalisme.

Or, en lieu et place de ce nouveau bond en avant vers le progrès humain, au tournant des années 1970 vers les années 1980, le monde amorça un virage à 180° et prit le chemin inverse ; il effectua un grand bond en arrière en étendant à la planète entière non pas ce qui avait nourri le progrès, mais ce qui l'interdirait à nouveau, à savoir : le productivisme, le bon vouloir du capital, le culte de la performance individuelle, la rivalité exacerbée des individus et des nations, la guerre économique et la marchandisation de toutes les activités humaines. Ce retour en force du désordre économique et social allait réveiller les peurs qui font le lit de l'obscurantisme, des intégrismes religieux, des populismes fascisants, du racisme, en un mot de la bêtise asservissante.

Le grand art des gourous, des marchands et des gouvernants qui imposèrent ce renversement fut de travestir cette régression générale en nouvelle voie nécessaire du progrès. La grande question est de savoir comment pareille défaite de la raison put s'imposer sans plus de résistance !

La victoire des idées fausses

Pourquoi et comment un tel retournement du monde put-il intervenir à ce moment-là ? Parce que la culture et les rapports de force politiques qui avaient prévalu dans l'après-guerre se trouvaient bouleversés par l'évolution du monde. Je mettrai plus tard en évidence des racines plus profondes et plus anciennes de ce phénomène, mais il nous faut bien d'abord comprendre le mécanisme de son déclenchement à cette époque précise.

Rappelons donc pour commencer que, durant les Trente Glorieuses, les conservateurs ont toléré des politiques en réalité plus socialistes que capitalistes, car celles-ci permettaient de contenir une menace communiste tout à fait crédible. En outre, grâce à des conditions historiques exceptionnelles, les politiques sociales progressistes restaient compatibles avec une forte croissance sans excès d'inflation, et donc avec le maintien des profits réels.

Or, à partir des années 1970, capitalistes et conservateurs n'avaient plus aucune bonne raison économique de soutenir le régime mis en place après la guerre. Le ralentissement des gains de productivité (dès 1965[9]), la forte hausse des coûts salariaux (fin des années 1960), les chocs pétroliers (1974, 1979) et l'accélération de l'inflation finirent par laminer la rentabilité du capital au point que tous les détenteurs de capitaux exigeaient désormais une réorientation radicale des politiques en leur faveur. Pour restaurer la rentabilité réelle, il fallait limiter l'imposition du capital, stopper l'inflation, trouver de nouveaux débouchés et abaisser le coût de la main-d'œuvre. Les débouchés pourraient s'élargir à l'étranger (en levant les obstacles au libre-échange des biens, des services et des capitaux) comme à l'intérieur (en privatisant et/ou en ouvrant à la concurrence les services collectifs tels que l'éducation, la santé, les assurances sociales, les télécommunications, les transports publics, la distribution de l'énergie, etc.). La baisse des coûts de la main-d'œuvre supposait la réduction des salaires ou de l'emploi, l'intensification du travail, le recul des droits sociaux et des cotisations sociales. Et pour briser la résistance des salariés, il suffirait de les exposer à la concurrence du reste du monde.

Le moment était opportun pour engager ce retournement des politiques, car, après le premier choc pétrolier, le ralentissement de l'activité et la forte poussée du chômage limitaient la capacité de résistance des syndicats et semaient le doute sur le régime économique et social en vigueur. Par ailleurs, dans les années 1970, les capitalistes et les gouvernements occidentaux n'avaient plus besoin de faire des concessions aux idées socia-

9. L'extension de la production de masse de biens standardisés pour les ménages fait bondir la productivité en Europe après la guerre. Cet effet lié au rattrapage du modèle industriel américain (le « fordisme ») s'épuise ensuite avec l'élévation du taux d'équipement des ménages et la saturation de la demande.

listes pour contrecarrer le pouvoir de séduction du communisme sur la classe ouvrière et les intellectuels. Car la séduction avait alors largement viré à la désillusion, voire à la répulsion. L'information croissante sur la persécution des opposants dans les pays communistes ajoutée à l'échec économique patent de la planification soviétique avaient achevé de convaincre qu'il valait mieux être ouvrier dans une démocratie capitaliste que dans une dictature communiste. En 1969, les Américains marchaient sur la Lune ; les Soviétiques, eux, piétinaient dans les files d'attente devant des magasins à moitié vides. L'Union soviétique, enlisée dans le marasme économique, n'était plus en mesure de financer la course à l'armement nucléaire et à la conquête spatiale sans détériorer plus avant la situation sociale intérieure. Elle ne conserverait plus longtemps la possibilité matérielle de tenir son rang de superpuissance et de soutenir le maintien ou l'extension de son « modèle » dans sa propre zone d'influence. Dans le sillage ouvert par Soljenitsyne (*L'Archipel du Goulag*, publié en 1973), la dénonciation des crimes communistes et des systèmes totalitaires occupait alors largement le débat intellectuel.

Ainsi, l'idéologie et le système concurrents de l'économie de marché capitaliste perdaient toute force d'attraction ; bientôt (dans les années 1980), ils s'effondreraient purement et simplement et laisseraient le champ libre au retour en force d'un capitalisme décomplexé, assuré de sa supériorité universelle et décidé à remettre en cause toutes les concessions faites aux « socialistes » après la Grande Dépression et la Seconde Guerre mondiale. Néanmoins, rappelons-le, le déclin idéologique et politique du bloc communiste ne démontrait en rien la supériorité du marché libre et du capitalisme[10]. Il démontrait seulement la supériorité momentanée

10. Ajoutons que l'échec de l'Union soviétique ne manifestait pas celui de l'idée communiste, mais celui du stalinisme et de la dictature d'un parti. Sur l'actualité de cette idée, voir : Alain Badiou, Slavoj Zizek, *L'Idée du communisme*, Fécamp, Nouvelles Éditions Lignes, 2010.

du compromis historique entre socialisme et capitalisme instauré dans les démocraties occidentales en 1945. C'est donc ce compromis qui aurait dû se trouver conforté dans l'opinion publique occidentale par le déclin du modèle concurrent. Mais les capitalistes et les conservateurs aspiraient désormais à une remise en question radicale de ce compromis. Il leur fallait donc réécrire l'histoire à peu près en ces termes : la révélation de l'horreur stalinienne ne devait surtout pas nous rassurer sur les vertus de notre modèle social mixte ; elle nous prévenait au contraire de la menace recelée par les compromis que nos pères avaient concédés aux communistes après la guerre. Voilà comment ils exploitèrent habilement le contexte de l'époque, faisant en sorte que le discrédit général du communisme se mue en méfiance systématique envers l'État, les fonctionnaires, les impôts, les services publics, les réglementations, etc.

L'époque des années 1970 était propice à cette offensive réactionnaire, car les peuples occidentaux avaient alors quelques bonnes raisons de douter de leur propre système : explosion du chômage, accélération de l'inflation, instabilité financière internationale[11]. En outre, les vieux pays industriels voyaient alors leurs marchés de plus en plus contestés par les producteurs des nouveaux pays industriels asiatiques et latino-américains. Les conservateurs et les idéologues du marché pouvaient donc aisément répandre l'idée que l'État providence, les politiques keynésiennes, la réglementation des marchés, etc., n'étaient plus en mesure d'assurer la prospérité et le plein-emploi. Cette façon de penser l'économie, expliquaient-ils, était « archaïque » et inadaptée à l'intensification de la compétition internationale. Alors eux, les soi-

11. Le 15 août 1971, en décidant de supprimer la convertibilité du dollar en or, Richard Nixon avait sabordé le système monétaire international qui assurait autrefois des taux de change fixes. Il s'ensuivit une forte volatilité des taux de change et, à partir de 1973, la quasi-totalité des gouvernements avait renoncé à intervenir sur les marchés des changes pour assurer la stabilité des taux de change par rapport au dollar.

disant « modernes », réussirent l'exploit d'« actualiser » notre culture économique en remplaçant la doctrine de nos pères par celle de nos aïeux ! Leur « nouveau » discours réactivait en fait la pensée économique orthodoxe des années 1920, pensée dont les différents éléments fondateurs furent posés entre le milieu du XVIe siècle et la fin du XIXe ! Bien entendu, ils n'affichèrent pas de telles références, encore plus poussiéreuses que celles dont ils dénonçaient l'archaïsme. Ils mirent en avant de prétendues « nouvelles » écoles fondées après Keynes par les « monétaristes », les « nouveaux classiques » ou encore les tenants d'une « économie de l'offre ».

La contribution de ces antiques nouveautés peut se résumer en quelques principes :

- l'individu est un *homo œconomicus* rationnel en quête du maximum de satisfaction et capable d'atteindre celui-ci pour peu qu'on lui en laisse le loisir ;
- la libre concurrence des intérêts privés assure un équilibre général stable de tous les marchés et le meilleur usage possible des ressources (plein-emploi, aucun gaspillage, répartition optimale des moyens disponibles, etc.) ;
- l'efficacité de la libre concurrence vaut aussi dans les relations internationales où devraient régner la parfaite flexibilité des taux de change, le libre-échange des biens et services et la libre circulation des capitaux ;
- les seuls problèmes économiques et sociaux durables viennent donc des entraves au marché libre que constituent les charges fiscales et sociales, les lois, les réglementations, les politiques publiques ;
- les politiques keynésiennes de soutien à la demande globale sont par conséquent inutiles, inefficaces et nuisibles ; elles entraînent des emprunts (dette publique) qui renchérissent et limitent les fonds disponibles pour les investisseurs privés ; ou encore, elles sont financées par une création monétaire qui engendre l'inflation ; c'est uniquement l'offre de biens, de capital et de travail qu'il

faut stimuler en libérant les acteurs privés démotivés par le poids des impôts et des réglementations ;

– il convient donc de mettre en place un « État minimum » qui assure uniquement les services collectifs pour lesquels aucun marché ne peut être organisé (police, justice, défense nationale) ; la Constitution doit interdire les déficits publics ; la politique monétaire doit être conduite par une Banque centrale indépendante du pouvoir politique avec un seul objectif : la stabilité des prix.

Répétons-le, cette « nouvelle » *doxa* ne constituait pas une *innovation* intellectuelle, mais la *restauration* de l'antique corpus d'idées et de prescriptions sagement remisé par nos grands-parents, au vu de la catastrophe économique et sociale où son emprise avait mené le monde dans les années 1930. Le vrai problème avec cette doctrine n'était évidemment pas son grand âge, mais seulement qu'elle était fausse et dangereuse.

Dans la première partie du XXe siècle, les progrès réels de la science économique[12] ont d'abord dressé une longue liste d'exceptions nécessaires au principe de l'autorégulation par des marchés libres (services collectifs, industries à rendements croissants, situation de récession, etc.) ; dans la seconde, ils ont finalement établi l'impossibilité générale d'une telle autorégulation et mis en évidence, entre autres : l'impossibilité de réunir les conditions nécessaires au fonctionnement de marchés concurrentiels ; l'irrationalité économique des individus ; l'inefficience de la libre concurrence et du libre-échange ; le rôle essentiel de l'État, des biens publics, des institutions et des conventions sociales dans le développement ; la nécessité et l'efficacité des politiques macroéconomiques, etc. La liste des travaux qui ont démoli un à un les fondements de la théorie

12. Pour un état actuel de la connaissance économique, voir Jacques Sapir, *Quelle économie pour le XXIe siècle ?*, Paris, Odile Jacob, 2005. Pour un exposé accessible aux non-spécialistes, voir Jacques Généreux, *Les Vraies Lois de l'économie* (2001, 2002), Paris, Seuil, « Points Économie », 2005.

référence des conservateurs est interminable ! Au point qu'il devient même difficile de soutenir l'idée d'une « économie de marché » régulée, c'est-à-dire un système reposant principalement sur les marchés, mais assorti d'interventions politiques pour corriger les défauts de ces derniers. En effet, on peut soutenir avec James Galbraith qu'« en réalité, les courants modernes de la science économique universitaire sont infiniment plus dévastateurs. Chacun des problèmes que je viens de citer n'a rien d'un accident : ils sont omniprésents. Pris conjointement, ils font sérieusement douter qu'il puisse arriver que les marchés fonctionnent. Pour mieux dire : pris conjointement, ils constituent une critique accablante du concept même de marché[13] ». Ajoutons à cela que le progrès des connaissances scientifiques sur le fonctionnement du cerveau et sur les comportements humains n'a cessé d'anéantir le modèle anthropologique de l'*homo œconomicus*, cet atome humain parfaitement autonome et rationnel[14]. Or, en démolissant cette conception fausse de l'humanité, la science pulvérise deux piliers de la rhétorique néoconservatrice : sa théorie des *marchés libres* et sa philosophie de la *responsabilité individuelle*.

Et voici le premier indice d'une grande régression psychique et culturelle, au début des années 1980 : dans ce monde occidental qui, depuis trois siècles, proclame le règne nécessaire de la raison, les élites intellectuelles et les gouvernements ont restauré et promu une antique doctrine économique et sociale, au moment même où celle-ci achevait d'être intégralement invalidée par les faits et les connaissances. Ce n'est

13. James K. Galbraith (2008), *The Predator State. How Conservatives Abandoned the Free Market and Why Liberals Should Too*, New York, Barnes and Noble, 2008. Traduction française *L'État prédateur. Comment la droite a renoncé au marché libre, et pourquoi la gauche devrait en faire autant*, Paris, Seuil, 2009.

14. Pour l'analyse de ces connaissances, voir Jacques Généreux, *L'Autre Société*, Paris, Seuil, « Points Essais », à paraître en 2011 (première édition parue sous le titre : *Le Socialisme néomoderne ou l'Avenir de la liberté*, Paris, Seuil, 2009), chap. 2 et 3.

donc pas une nouvelle science de la société accessible par la raison qui fut alors instaurée, mais un culte irrationnel du marché exigeant une foi aveugle et hermétique à tout débat raisonné. Je ne dis pas une « nouvelle religion », car la religion (du latin *religere*) a pour fonction sociale primitive de *relier* les humains. Or (je le montrerai), le culte du marché avait au contraire pour fonction de délier tout à fait les individus, comme on s'y emploie dans une secte pour mieux accomplir l'assujettissement exclusif des adeptes à leurs gourous. Ainsi s'ouvrait donc *une nouvelle ère d'obscurantisme sectaire.*

Mais ne nous méprenons pas ici sur l'objectif poursuivi par les grands prêtres de la nouvelle politique : la diffusion de leurs dogmes n'est jamais qu'un instrument au service d'une autre fin. Comme dans toute secte, les grands prêtres ne cherchent qu'à assurer leur pouvoir et/ou leur fortune ; que leurs préceptes soient fondés ou non n'a aucune espèce d'importance ; ils ne retiennent pas des idées parce qu'elles sont justes et applicables, mais seulement si elles permettent de raconter une histoire à laquelle suffisamment d'adeptes pourront et auront l'envie de croire. C'est exactement ainsi qu'ont en réalité procédé les artisans du retournement de l'opinion en faveur du marché libre et de la dérégulation du capitalisme.

Une contre-révolution néoconservatrice

Pour les détenteurs du capital, il s'agissait alors de profiter d'un moment favorable pour abolir des concessions anciennes aux travailleurs et relancer la rentabilité financière. Pour les politiciens conservateurs, il s'agissait de reprendre ou de conforter leur pouvoir, en exploitant la crise du modèle d'économie mixte et la montée de l'individualisme. Mais les uns comme les autres n'allaient pas s'engager dans cette bataille politique en racontant aux citoyens une histoire du type : « Les seules choses qui nous intéressent sont de renforcer notre pouvoir et de maltraiter les salariés pour gonfler nos profits » ! Ils ont donc raconté une histoire édifiante prenant la société dans le sens du poil, en phase avec l'air du temps individualiste, anticommuniste, méfiant envers l'État, avide d'indépendance et de marchandises. La doctrine du marché libre, quoique rigoureusement fausse et inapplicable, fournissait justement un récit cohérent comblant les pulsions libertaires de la société, tout en promettant le progrès matériel pour tous. Elle allait donc servir de caution scientifique à une politique dont la consistance réelle ne fut ni le marché libre ni le recul de l'État, mais la brutale soumission de la société aux exigences d'une minorité obsédée par l'accumulation du capital. Et comme cette mutation faisait exploser les inégalités et les frustrations, il lui fallait aussi une justification morale, une contre-culture discréditant l'égalité et la solidarité, et soutenant le culte de l'individu roi et guerrier, seul responsable de son sort, irresponsable du sort d'autrui, méritant ses défaites comme le prix de ses victoires.

Ainsi survint et s'amplifia la victoire politique des idées fausses. Avec les années Reagan-Thatcher (et bientôt les années Delors[15] pour l'Union européenne), une contre-révolution « néoconservatrice » s'efforça d'instaurer en Occident – et d'imposer au reste du monde – le mythe du marché libre soutenu par une philosophie singulière du mérite et de la responsabilité individuelle.

Les uns après les autres, la plupart des gouvernements et des journalistes se convertissaient au nouveau dogme, si bien qu'en quelques années à peine on vit s'inverser les valeurs et les politiques. Tout ce que mes parents avaient considéré comme les marques du progrès (droits sociaux, services publics, sécurité sociale, réglementations, redistribution,

15. Jacques Delors, président de la Commission européenne de 1985 à 1995.

amélioration des conditions de travail, développement du temps libre, etc.) nous fut désormais présenté comme des « rigidités », des « archaïsmes » et des « charges excessives » qui bloquaient l'« initiative » et la « création de richesses ». Les chômeurs et les pauvres nous étaient montrés du doigt comme des parasites vivant délibérément aux crochets des travailleurs. Il n'était plus question de compter sur l'État, les normes collectives et les biens publics pour construire une bonne société ; nous ne devions compter que sur nous-mêmes, nos efforts et nos talents personnels, dédaigner la quête de sécurité – médiocre ambition des assistés –, aimer le risque et adhérer à la nouvelle règle du jeu social : que le meilleur gagne !

Aux esprits chagrins qui redoutaient le désordre social et international que recélait cette apologie du « chacun pour soi », on opposait le vieux mythe ultralibéral de l'autorégulation par la concurrence, les contrats et les échanges, en un mot, par les « marchés libres ». Ces derniers créeraient bien plus de richesses que n'importe quelle économie administrée, et tout le monde finirait par y trouver son compte ; même les moins doués et les plus défavorisés verraient leur sort s'améliorer. La société serait assurément plus inégale, mais l'égalité était une valeur dépassée, une morale de fainéants. Car les inégalités étaient censées avoir deux vertus. *Primo*, puisqu'elles récompensaient l'effort, la prise de risque, la sagacité des choix individuels, en un mot le « mérite » personnel, elles étaient « justes ». *Secundo*, en incitant chacun à l'effort et en signalant à tous les comportements les plus performants, elles renforçaient l'efficacité globale de la société[16].

16. Cette nouvelle conception de la justice pouvait trouver une caution académique dans la *Théorie de la justice* publiée par le philosophe John Rawls en 1971. Rawls prétend démontrer que les inégalités sociales sont justes si les positions sociales sont accessibles à tous selon un principe d'égalité des chances, et tant que le supplément d'efficacité économique engendré par l'inégalité permet d'améliorer le sort des plus pauvres.

Tout cela constituait les bases d'une idéologie que l'on étiqueta souvent comme « néolibérale », pour bien la distinguer du libéralisme classique. J'ai suggéré sans grand succès de baptiser cette nouvelle doctrine « marchéisme » (plutôt que « néolibéralisme »), car elle repose d'abord sur le mythe d'une société intégralement constituée par des relations d'échanges entre des atomes humains ou des groupes humains indépendants. Par ailleurs, le terme « néolibéralisme » laisse entendre qu'il s'agit d'un « nouveau libéralisme », ce qui constitue un véritable contresens philosophique et historique. Je remets à plus tard le débat philosophique puisque j'en suis pour l'instant au récit de ce que tout un chacun a pu voir de la mutation des politiques publiques. Or, la tournure prise par ces dernières comme les alliances nouées pour les mettre en œuvre suffisent largement pour les qualifier d'illibérales ou d'antilibérales, comme vous voudrez. Athées néofascistes, fondamentalistes religieux, ultraconservateurs, « vieux réacs » et « nouveaux réactionnaires[17] » de toutes obédiences se sont retrouvés sans peine aux côtés de nos soi-disant « néolibéraux » pour soutenir des politiques combinant recul des droits sociaux, atteintes aux libertés publiques, réduction des dépenses sociales, inflation des politiques sécuritaires, islamophobie et apartheid communautaire.

Cette alliance entre les tenants de la libre compétition et les prosélytes d'un ordre moral sectaire est bien plus naturelle qu'il n'y paraît. En effet, *plus on entend livrer une société à la libre compétition des intérêts privés, plus on doit se préparer à contenir les conflits et la violence par des normes sociales et des institutions répressives*. Aussi la révolution culturelle des années 1980 était-elle nécessairement

A Theory of Justice (1971), Harvard University Press, 1999. Traduction française : *Théorie de la justice*, Paris, Seuil, « Points Essais », 1997.

17. Voir Daniel Lindenberg, *Le Rappel à l'ordre. Enquête sur les nouveaux réactionnaires*, Paris, Seuil, « La République des idées », 2002.

hybride : elle alliait une utopie « néolibérale » de l'émancipation par le marchéisme et une conception réactionnaire de l'ordre social. Elle nécessitait une alliance politique entre les néolibéraux prônant l'extension planétaire du libre-échange marchand à toutes les activités humaines et les conservateurs rétrogrades visant la restauration d'un contrôle social étroit des individus par la famille, la religion, la communauté et la stricte répression policière des déviants.

En fait de « révolution », c'était une double « contre-révolution » :

– une revanche des capitalistes et des « marchéistes » désireux d'abolir les progrès sociaux consentis depuis la guerre ;
– une revanche des traditionalistes, des religieux et des fascistes contre la libération des mœurs, l'émancipation des femmes, le règne de la raison, l'essor de la libre-pensée et du pluralisme, le « laxisme » de la génération précédente face aux déviances sociales, etc.

Ainsi se constituait l'attelage composite censé nous remettre dans le droit chemin. Un mélange d'ultraliberté pour le capital et d'ultrasoumission des esprits. Bien entendu, on ne nous expliqua pas les détails de cette potion magique et surtout pas le lien consubstantiel entre la libération des marchés et l'aliénation des individus. Ce lien était d'autant moins apparent que la potion nous fut administrée en deux temps : il fallait bien que la libération du capital accomplisse d'abord tout son potentiel de désordre social et moral pour susciter ensuite le besoin pressant d'un rappel à l'ordre.

Les marchés libres, secondés par l'ordre moral, étaient donc censés nous assurer aussi un ordre social juste et efficace, et il suffirait d'étendre leur emprise sur la planète entière pour qu'en prime le miracle de l'harmonie spontanée s'accomplisse aussi dans l'ordre international. Les pays en développement n'auraient plus besoin de quémander des aides publiques au développement. La libération des échanges commerciaux et des mouvements de capitaux engendrerait un flux continu de financements privés et de débouchés extérieurs pour tous les pays qui adopteraient le nouveau modèle occidental. Et cette conversion comme la croissance qui s'ensuivrait n'étaient-elles pas les meilleurs garants de la paix ? Une fois la planète entière convertie à la libre compétition, la course à la marchandise remplacerait la course à l'armement ; « faites du business, pas la guerre » serait le nouveau précepte à la mode, moins glamour mais plus efficace que l'antique slogan hippie.

Telle était la nouvelle figure de la modernité occidentale, dans son ultime achèvement : la société des individus autonomes ordonnée par les vertus de la libre concurrence, et la société des nations pacifiée par les bienfaits du libre-échange. Il ne restait qu'à répandre la bonne nouvelle à travers le monde et à convertir les nations à ce nouveau modèle. De gré ou de force. Le plus souvent de force, en plaçant les travailleurs des pays industrialisés et les gouvernements des pays en développement dans une situation qui anéantissait leur capacité de résistance.

Le mouvement de conversion forcée commença en Grande-Bretagne et aux États-Unis par le durcissement soudain de la politique monétaire (dès 1979) et la libération des mouvements de capitaux internationaux. La rigueur monétaire, imposée au moment même où un second choc pétrolier exerçait déjà un effet récessif, provoqua une grave récession (1981-1982) et une flambée du chômage qui permettaient de briser la résistance des syndicats à la baisse des salaires. La libre circulation des capitaux donnait soudain à leurs détenteurs un pouvoir de chantage inédit : soit les entreprises et les salariés se soumettraient à leurs exigences de rentabilité, soit ils délocaliseraient leurs investissements ! Pour « rester compétitifs » – disaient-ils – les gouvernements de l'Union européenne s'alignèrent les uns après les autres sur la politique de désinflation et de déréglementation financière des

Anglo-Saxons. Allaient suivre bientôt les privatisations d'entreprises publiques et l'extension du libre-échange aux capitaux, aux services et à la main-d'œuvre[18]. Après un demi-siècle de progrès vers une « Union » européenne, ce beau projet allait s'abîmer dans la création d'un espace de guerre économique entre les peuples européens.

Dans le monde en développement, la conversion forcée au nouveau modèle anglo-saxon fut obtenue grâce aux effets catastrophiques de la politique monétaire américaine sur des pays endettés en dollars (et le plus souvent avec des taux d'intérêt variables). Dans les années 1970, pour soutenir des régimes autoritaires anticommunistes, les pays du Nord incitaient leurs banques à prêter sans compter des dollars à de nombreux pays du Sud. Résultat : une flambée de la dette en dollars et des pays à la merci d'une montée des taux d'intérêt et d'une forte appréciation du dollar. Or, la politique de rigueur monétaire engagée en 1979 aux États-Unis avait précisément pour effet d'engendrer une remontée spectaculaire des taux d'intérêt, une demande massive de dollars par les investisseurs étrangers attirés par ces taux élevés et, par conséquent, une forte appréciation du dollar. Il s'ensuivait une explosion de la charge de la dette dans les pays du Sud au moment où, par ailleurs, le ralentissement de la croissance mondiale réduisait leurs recettes à l'exportation. Dès 1982, le Mexique n'était plus en état d'honorer sa dette, suivi tout au long des années 1980 par une longue liste de pays surendettés.

Ce qu'on appelait alors « la crise de la dette » constitua un levier idéal pour imposer aux pays du Sud le nouveau modèle exigé par les capitalistes du Nord (le « consensus

18. Pour mémoire, le traité dit de « l'Acte unique » (1986) prévoit la constitution d'un grand marché unifié des biens, des services, du travail et des capitaux, sans engager l'harmonisation du droit social et fiscal. À l'origine de la Communauté économique européenne, la libre circulation intérieure ne s'appliquait qu'aux marchandises.

de Washington[19] »). Le FMI et la Banque mondiale « proposèrent » en effet à ces pays les fameux « plans d'ajustement structurel ». Pour bénéficier des aides financières et des nouveaux prêts dont ils avaient urgemment besoin, les pays surendettés devaient engager des réformes réduisant leur besoin de financement en créant un environnement favorable aux investisseurs étrangers et aux exportations, à savoir : réduction des dépenses publiques et sociales, privatisation des entreprises publiques, rigueur monétaire, ouverture à la compétition internationale, déréglementation, libre entrée et libre sortie des capitaux, réduction des impôts sur les revenus du capital, privatisation des terres publiques ou communautaires au profit des cultures d'exportation, etc.

Ainsi, dès le milieu des années 1980, la contre-révolution conservatrice était bien en marche au Nord comme au Sud. Restait l'Est. La chute du mur de Berlin et l'effondrement des régimes communistes vinrent à point nommé lever le dernier obstacle qui s'opposait encore à la « mondialisation » du modèle de l'homme blanc américain. Fukuyama[20] pouvait alors annoncer sans rire la « fin de l'histoire », *happy end* dans la communion universelle des peuples au culte de la marchandise, de la libre concurrence et de l'initiative individuelle.

Et, bien sûr, ce ne fut pas la fin de l'histoire, mais le début d'une tragédie.

19. En 1989, John Williamson (économiste en chef à la Banque mondiale) dénomme ainsi un programme de réformes qui fait consensus au sein des institutions financières internationales et de l'administration américaine qui ont toutes leur siège à Washington.

20. Francis Fukuyama, *The End of History and the Last Man*, New York, Free Press, 1992. Traduction française : *La Fin de l'histoire, et le dernier homme*, Paris, Flammarion, 1992.

Une catastrophe annoncée peut en cacher une autre[21]

En quelques années, on abandonnait les valeurs et les règles qui, au cours des trois décennies précédentes, avaient permis de combiner stabilité économique et progrès social ; on restaurait les mythes et les politiques qui avaient engendré la Grande Dépression et l'impuissance des nations à s'en sortir autrement que par la guerre ; pire, on étendait cette régression à l'ensemble de la planète. Les résultats d'une telle folie étaient prévisibles et mille fois annoncés, à savoir : le retour des crises économiques ou financières, la montée de la pauvreté et de la précarité sociale dans les pays riches, la dégradation accélérée des écosystèmes, l'explosion des inégalités, etc. Je n'y insiste pas, car les chapitres suivants décriront les impasses où nous enferme le nouveau capitalisme mondialisé. J'insiste en revanche sur ceci : *le retour prévisible de catastrophes économiques et financières mondiales n'est pas ici mon souci majeur*, même si, au moment où j'écris ces lignes, le capitalisme est tout affairé à digérer les méfaits d'une nouvelle crise mondiale. La fameuse « crise », en effet, aussi dure soit-elle pour ses véritables victimes, est peu de chose en regard de la pathologie générale, sociale, morale et politique dont je veux ici vous avertir ; elle n'est qu'un avatar du mouvement plus vaste de régression de la civilisation moderne, civilisation en bout de course qui a commencé de s'affaisser sur elle-même, comme étrangement victime de son propre succès.

21. Cette section ne propose qu'une introduction générale aux arguments développés dans les chapitres suivants. Par ailleurs, ce livre est délibérément abrégé ; il s'appuie sur d'autres travaux plus volumineux et principalement rassemblés dans trois ouvrages : *Les Vraies Lois de l'économie* (2005), *op. cit.* ; *La Dissociété* (2006), nouvelle édition revue et augmentée, Paris, Seuil, « Points Essais », 2008 ; *L'Autre Société* (2009), *op. cit.* Pour alléger les renvois fréquents à ces ouvrages, on emploiera, respectivement, les références suivantes : *Vraies Lois*, *Dissociété*, *Autre Société* (éventuellement suivies d'un numéro de chapitre).

Si nous n'avions aujourd'hui à nous soucier que de l'éternel retour des crises du capitalisme, le souci serait bien vite réglé : il « suffirait » de congédier tous les experts en modernité qui nous ont conté la fable des « marchés libres autorégulés », et de restaurer ou de renforcer le type d'institutions et de réglementations qui avaient précédemment fait leurs preuves. Or, même cette solution de bon sens n'est pas à l'ordre du jour ; on constate plutôt une obstination quasi générale à défendre et approfondir un système catastrophique, et c'est là un premier indice d'un mal autrement redoutable que la simple récurrence des récessions.

Tous les politiques, journalistes, patrons et autres gourous réactionnaires qui nous ont envoyés dans le mur (en nous promettant la mondialisation heureuse) ont aujourd'hui toutes les chances de garder la haute main sur la fabrique de l'opinion et des politiques publiques. Les conservateurs ne paraissent ni ébranlés ni menacés par la faillite de leurs politiques. Le temps d'une récession, et pour duper les victimes en colère, ils ont brûlé en place publique leur ancien veau d'or (le marché libre), fustigé les excès des spéculateurs, dénoncé le laxisme de la régulation financière et les rémunérations scandaleuses des « grands patrons ». Mais s'ils ont la dent si dure contre quelques capitalistes, c'est pour mieux épargner *le* capitalisme, pour désigner à la vindicte populaire une poignée de fous et de voyous qui auraient perverti « le meilleur des systèmes ». Cette pantomime populiste est à peu près le seul changement politique notable. Car, pendant ce temps-là, les gouvernements n'altèrent en rien la philosophie et la substance de leur politique qui consistent, respectivement, à parachever la révolution conservatrice et à détourner la puissance publique au service d'intérêts marchands privés.

Aux États-Unis, le retour des démocrates au pouvoir n'entraîne qu'une légère inflexion « sociale », sans mise en cause du système, et rares sont ceux qui dénoncent le mythe d'une « économie de marché », mythe entretenu pour masquer une nouvelle administration politique de l'économie au service des riches[22]. En Europe occidentale, tous les gouvernements nationaux et la Commission européenne sont déterminés à poursuivre exactement les mêmes politiques qu'avant la crise, c'est-à-dire celles qui ont engendré la crise ! Ils sauvent les banques de la faillite ; ils parlent de « moraliser » le capitalisme, mais s'entendent en fait pour préserver le système à moindres frais ; ils évoquent la « régulation » des marchés financiers, mais imposent en réalité une nouvelle régulation des États conforme aux attentes des marchés financiers. Quant à la plupart des pays émergents, ils sont dans une situation comparable à celle de l'Europe occidentale de l'après-guerre : des populations avides de consommation et de liberté individuelle après des années de pénurie et de dictature ; une perspective de croissance forte à moyen terme s'ils se contentent de copier l'*American way of life*. Ce n'est donc pas de ce côté-là que surgira à brève échéance une vaste contestation du « modèle » en vigueur. Seuls quelques pays d'Amérique latine[23] ont amorcé la quête d'un autre modèle, à partir de la fin des années 1990.

Ainsi donc, au train où vont les choses, aucune crise économique, fût-elle mondiale, ne paraît à ce jour susceptible de bouleverser les esprits pétrifiés qui nous gouvernent. Chaque « crise » est déclarée finie dès qu'une modeste croissance tient plus de six mois en Europe et en Amérique et, après une brève poussée de gesticulation « régulatrice », le monde reprend sa marche à peu près exactement dans le

22. Parmi les rares exceptions, signalons James K. Galbraith, *L'État prédateur. Comment la droite a renoncé au marché libre, et pourquoi la gauche devrait en faire autant*, *op. cit.*

23. Bolivie, Équateur et Venezuela. Tous les autres pays du continent sont dirigés soit par la droite, soit par une pseudo-gauche qui contient le mécontentement populaire par des aides sociales, mais sans altérer sensiblement la logique néolibérale.

même cadre et dans la même direction qu'avant la crise. C'est-à-dire vers de nouvelles catastrophes !

Catastrophe écologique d'abord. Il ne fait pas de doute que l'extension progressive du mode de vie américain à la Chine, à l'Inde, au Brésil, à la Russie et à l'Europe de l'Est, etc., constitue un potentiel de croissance exceptionnel qui peut effacer une crise. Mais il est tout aussi assuré que cette extension n'est pas soutenable pour notre écosystème. En termes d'empreinte écologique[24], il faudrait disposer de cinq planètes équivalant à la Terre pour étendre le mode de consommation américain au reste du monde. Ce que les grands prêtres de la mondialisation heureuse tiennent donc pour la solution est en réalité une menace pour l'humanité. L'urgence n'est pas de retrouver notre « bonne vieille » croissance, elle est de préserver la capacité de nos petits-enfants à mener une vie humaine sur notre unique planète et d'offrir une perspective nouvelle au progrès humain.

Mais la généralisation planétaire du « modèle » occidental est insoutenable pour bien d'autres raisons, des raisons parfois d'autant moins spectaculaires qu'elles sont plus profondes. *L'évidence des impasses économiques et écologiques où nous a menés la mondialisation du capitalisme peut masquer à la fois la perversité plus générale de ce système et la nécessité de dépasser la seule critique du capitalisme pour saisir le mouvement plus large de la civilisation dans laquelle celui-ci s'inscrit.* Les impasses de notre modèle de développement ne sont que les symptômes les plus évidents d'une déraison de la raison moderne, d'une pathologie collective développée au cœur même de notre civilisation et qui semble conduire celle-ci à s'autodétruire. C'est là, du moins, ce que j'entends démontrer.

24. Mesure de l'impact écologique des activités humaines, exprimée en surface terrestre nécessaire pour disposer des ressources utilisées par ces activités et pour en traiter les déchets. Voir WWF, *Rapport planète vivante*, 2008.

Aussi ce livre n'est pas un livre sur la « crise » qui occupe tant nos esprits, mais une réflexion sur tout ce que cette préoccupation légitime risque d'occulter. En temps de crise, on se concentre spontanément sur les urgences ; restaurer l'emploi, polluer moins, stopper la vague des suicides au travail, éviter l'effondrement du système financier, etc. En un mot, on traite les symptômes, ou encore on vise l'efficacité immédiate. Il s'agit de sauver le patient, pas d'écrire une thèse sur la maladie. Si le patient meurt, on écrira des thèses – encore que, le malade ici en question n'étant autre que la société, nul ne sait alors quand la pensée sereine pourra à nouveau faire son œuvre ! Mais si le patient survit, si le traitement symptomatique est momentanément efficace, le risque est grand de voir le monde reprendre son cours ordinaire, en attendant les prochaines crises qui finiront bien par tuer la société. C'est à conjurer ce danger que j'essaye d'apporter ici ma contribution par l'action la plus pressante : la réflexion. Car, en temps de crise, la seule utilité sociale du penseur réside dans sa capacité à s'abstraire de l'urgence trompeuse d'agir pour inviter ses contemporains à penser. Je m'y emploierai en quatre temps.

Le chapitre 2 néglige l'écume des crises présentes pour scruter davantage la vague de fond systémique qui les porte depuis l'aube de la société industrielle moderne. Nous verrons ainsi comment la dynamique du capitalisme et du « marchéisme » porte en elle-même l'engrenage d'une régression générale, en offrant aux détenteurs de l'argent (du capital) un potentiel inédit de domination. La Grande Régression se déploie à un moment donné (années 1980) d'une longue histoire qui oppose la pulsion dominatrice du capital à la résistance des autres acteurs de la société : le moment où toutes les digues qui contenaient le pouvoir de l'argent se sont affaissées. Jusqu'alors, le capitalisme avait dû s'adapter aux résistances de la société ; désormais, c'est la société qui doit s'adapter aux exigences des gestionnaires de capitaux. Cette inversion du rapport dialectique entre capitalisme et société est l'essence de la Grande Régression.

Nous verrons aussi qu'il s'agit là d'un processus politique organisé et non d'une fatalité historique indépendante de la volonté des gouvernements. Il faudra donc déconstruire deux mythes complémentaires qui structurent aujourd'hui la croyance commune : la « disparition des marges de manœuvre nationales dans un monde globalisé » et la « nécessité de retenir et d'attirer les riches sur nos territoires ». Durant les trois premières décennies de la régression néolibérale, le rôle et le poids des États ont en réalité progressé. *L'État-nation n'a pas reculé, il a été privatisé*, il a mobilisé sa puissance au service d'intérêts privés. En fait, ce n'est pas l'intensification « naturelle » de la compétition mondiale qui a contraint les nations aux mêmes politiques néolibérales ; ce sont, au contraire, ces politiques qui ont installé la compétition généralisée pour briser les résistances et les digues qui réprimaient jusqu'alors le pouvoir du capital. La vague de fond enfouie sous l'écume des crises est la victoire d'une stratégie de guerre sociale qui a livré la société tout entière aux pulsions prédatrices d'une minorité de gagnants.

Les effets de cette vague qui déferle encore jusqu'à nos jours sont analysés dans les chapitres 3 et 4. Nous ne sommes pas confrontés à « une crise », mais à une multitude de désastres affectant toutes les dimensions de la vie des sociétés et des êtres humains : l'économie, la finance, les écosystèmes, les rapports sociaux, la politique, la santé, l'équilibre psychique, la morale, les relations internationales… L'impressionnante conjonction de tous ces dérèglements n'est pas une coïncidence : ils font système, ils participent d'une sorte de marche arrière générale de la civilisation moderne. *En laissant libre cours à la jouissance individuelle et à la compétition des individus, les sociétés modernes finissent par cumuler tant de désordres économiques, écologiques, psychologiques et sociaux qu'elles ne peuvent plus tenir sans remettre en cause la liberté et la démocratie*. Plus troublant encore, il apparaît que, face à chacune des impasses où viennent buter les sociétés modernes, celles-ci n'entrevoient pas les chemins ouverts pour les contourner et s'entêtent à rebrousser chemin pour venir à nouveau se fracasser sur les mêmes obstacles. Ainsi se dessine un piège systémique qui paraît noué par une vaste régression de l'intelligence et par l'alliance politique victorieuse des cyniques, des fanatiques et des imbéciles.

Cela change la façon de poser la question qui surgit forcément à ce stade : comment éviter la régression ? Il est en effet deux façons de la poser. La première, secrètement commandée par l'urgence de l'action, s'interroge sur la fameuse « alternative ». Par quoi remplacer le système, les politiques et l'idéologie aujourd'hui dominants ?

C'est selon moi la moins urgente des questions, car il y a belle lurette que l'on connaît les réponses possibles, d'autant que celles-ci sont d'ores et déjà partiellement mises en œuvre dans nos sociétés. Des éléments de ces réponses apparaissent dans la façon même de poser le diagnostic et, dans *L'Autre Société*, j'ai déjà amplement développé tous les traits d'une alternative contemporaine au capitalisme et à l'idéologie néolibérale. Notre souci n'est donc absolument pas de savoir quoi faire pour éviter la régression ; on sait, on peut, mais on ne fait pas ! Voilà la seule énigme véritable. Je ne vais donc pas ici dessiner, une fois de plus et en détail, le chemin vers lequel nous devrions bifurquer, mais m'interroger sur les conditions et la possibilité même d'une bifurcation. Car l'existence d'un autre chemin possible ne crée pas en elle-même le mouvement collectif nécessaire pour changer radicalement de direction et surmonter la résistance de tous ceux qui trouvent leur intérêt dans le *statu quo*. Il se peut qu'une majorité de ceux qui auraient le plus urgent intérêt à la bifurcation ne le sachent pas ou bien ne disposent pas des outils politiques pour la revendiquer.

Telle est précisément la situation paradoxale de la Grande Régression dans des sociétés prétendument démocratiques :

tandis qu'une minorité semble profiter outrageusement d'une dynamique destructrice pour la vie du plus grand nombre, aucune force politique majoritaire n'émerge pour imposer une autre voie ! Même en plein désastre, quand la maison du capitalisme est en feu, bien peu d'habitants songent à quitter la maison ou à « faire la peau » aux pyromanes ; aux élections européennes de 2009, en pleine crise, les citoyens des 27 pays membres ont même redonné les pleins pouvoirs aux pyromanes ! Et les citoyens américains ne s'offusquent guère de retrouver aux postes de commande ou de conseil économique de l'administration Obama cinq figures emblématiques des politiques néolibérales déployées depuis les années 1980[25]. Si le système économique et social développé depuis trente ans est catastrophique, les électeurs ne semblent pas pour autant disposés à en changer !

À partir de ce constat déroutant, les profiteurs de la régression ont beau jeu de soutenir qu'il n'y a « pas d'autre système possible » ; car, disent-ils, s'il en était un quelconque et qui fût à l'avantage du plus grand nombre, le parti politique qui le proposerait aurait depuis longtemps et pour toujours remporté les élections.

Ceux qui prétendent qu'une autre voie est possible et conforme à l'intérêt du plus grand nombre doivent donc, de toute urgence, reporter des études superflues sur les ultimes raffinements de leur programme et s'attaquer à l'énigme dont se gaussent leurs adversaires. Comment des « idées fausses » et un « système insoutenable » pourraient-ils persister aussi longtemps dans des nations où le simple vote d'une majorité d'électeurs permet de changer d'orientation tous les quatre ou cinq ans ? Je rappelle qu'à ce stade de l'ouvrage le chapitre 2 aura déjà évacué la réponse éculée selon laquelle les

25. Timothy Geithner, Christina Romer, Robert Rubin, Lawrence Summers et Paul Volcker. Voir leurs portraits *in* Damien Millet, Éric Toussaint, *La crise, quelles crises ?*, Bruxelles-Liège-Genève, Aden-CADTM-Cetim, 2010.

politiques nationales n'auraient désormais plus aucune prise sur la réalité dans une économie mondialisée. Si donc les peuples ont encore la capacité de transformer leur société en changeant de politique, la soumission du plus grand nombre aux politiques qui nourrissent la Grande Régression suppose un étrange aveuglement général, une pandémie affectant l'entendement humain, ou l'œuvre occulte d'un piège qui inhibe l'action collective.

Je soutiens précisément dans ce livre que *les sociétés modernes ont développé une maladie de la pensée et un piège politique qui, en se renforçant mutuellement, rendent aujourd'hui improbable une renaissance pourtant à portée de leur main*. Le dernier chapitre analysera cette maladie et ce piège pour mieux cerner les conditions d'une renaissance.

La piste d'une perversion de la pensée commune, de la culture, par une idéologie nocive pour l'humanité est ancienne. Comme l'avait très tôt compris Gramsci[26], dans une société moderne, la domination brute d'une classe minoritaire est impossible sans hégémonie culturelle, c'est-à-dire sans la colonisation des esprits par des représentations collectives qui étayent le pouvoir d'une minorité et l'asservissement du plus grand nombre. Cette réinterprétation du marxisme n'allait pas de soi à une époque où la force de domination brute du capital était encore bien réelle, où la troupe pouvait encore réprimer des mouvements sociaux. Elle est désormais d'une banale évidence, dans des sociétés saturées d'information et de réseaux de communication, et où la fabrique de l'opinion est devenue un enjeu clé de la compétition politique comme économique. Dans ce contexte, une minorité peut éventuellement disposer de moyens inédits pour manipuler les esprits à grande échelle et engendrer à son profit une forme de servitude volontaire des masses.

26. Voir ses *Cahiers* (ou *Carnets*) *de prison* écrits en captivité de 1928 à 1934.

De là à considérer que la régression s'explique par l'emprise manipulatrice des capitalistes sur la fabrique de l'opinion, il n'y a qu'un pas. Mais il s'agit là d'une thèse insuffisante pour résoudre le dilemme qui nous occupe ici.

Je ne conteste ni l'existence ni l'ampleur d'une telle manipulation, mais cela ne suffit pas à expliquer vraiment la victoire des idées fausses. En effet, on ne peut faire l'impasse sur la question suivante : hormis une imbécillité généralisée, qu'est-ce qui peut bien prédisposer la majorité des esprits modernes à prendre une mauvaise société pour la bonne, à accepter des inepties grossières comme des vérités évidentes ? Quelle que soit l'ampleur des moyens dont elle dispose, la manipulation des esprits ne peut s'opérer au profit de n'importe quelle idée et sans une propension desdits esprits à la subir plutôt qu'à la combattre. Après tout, il subsiste toujours une masse de militants, de penseurs et de journalistes qui ne tombent pas dans le panneau, qui dénoncent et résistent à la manipulation, preuve que cela est possible. « Expliquer » la soumission volontaire à la régression nous engage donc à *décrypter les raisons pour lesquelles tant d'esprits modernes assimilent la culture des néoconservateurs, en dépit de sa fausseté radicale et de la critique massive dont elle est en réalité l'objet*[27].

Mes travaux précédents sur les fondements anthropologiques de la pensée politique et économique (*Dissociété*, *Autre Société*) m'ont conduit à identifier les conceptions erronées de l'être humain qui structurent l'essentiel du débat politique moderne, par-delà les clivages progressistes-conservateurs, gauche-droite, idéalistes-matérialistes, etc. L'idéologie néoconservatrice puise en grande partie sa force de conviction dans le fait qu'elle évoque, consciemment ou non, des représentations de l'homme et de la société qu'une

27. Une simple visite régulière dans les librairies permet de constater que pour un livre faisant l'éloge du régime néolibéral il en paraît cent qui en font une critique impitoyable.

large majorité d'esprits contemporains peuvent tenir pour vraies, quelles que soient leurs opinions politiques initiales. Dès lors, ce qui s'accomplit dans l'étrange convergence de nos contemporains vers des idées fausses, c'est la régression vers les erreurs primitives des modernes qui, pour le dire en raccourci, ont entretenu la marche inéluctable vers les excès individualistes et productivistes de nos temps hypermodernes.

Je montrerai ainsi que *la régression n'est pas la simple inversion du mouvement du progrès moderne, mais un effet même de ce mouvement. La victoire politique des réactionnaires antimodernes se forge dans les impasses d'une hypermodernité.* La revanche des obscurantistes sur les Lumières masque paradoxalement notre contamination générale par une maladie infantile de la pensée qui plonge ses racines au cœur même de la culture moderne.

On ne saurait donc échapper à la régression en restaurant les traits anciens d'une modernité qui aurait été dévoyée par tel groupe pervers ou telle circonstance fâcheuse. Il nous faut plutôt dépasser une modernité impuissante à tenir sa promesse, non pour l'abolir comme l'espèrent les « anti-Lumières » de tout poil, mais précisément pour en accomplir la promesse d'émancipation et de progrès pour l'humanité. À partir de là se dessinent aisément les traits possibles d'une renaissance : un retour aux sources du projet moderne, non pour restaurer l'une ou l'autre des formes anciennes qui l'ont incarné, mais pour en retrouver l'esprit et l'énergie aujourd'hui nécessaires pour penser une nouvelle émancipation. Comme l'a si joliment exprimé le philosophe Slavoj Zizek : « L'unique manière de saisir la véritable nouveauté du Nouveau est d'analyser le monde à travers l'objectif de ce qui était éternel dans l'Ancien[28]. » Comme notre première Renaissance, celle d'où surgit le monde moderne après le

28. Slavoj Zizek, *Après la tragédie, la farce ! Ou comment l'histoire se répète*, Paris, Flammarion, 2010, p. 15.

Moyen Âge, la seconde dépendra de notre capacité à réactiver la vérité éternelle que recélaient les idées révolutionnaires (et encore révolutionnaires de nos jours) de liberté, d'égalité, de fraternité, de progrès et de démocratie.

Mais dessiner une renaissance ne la fait pas advenir. La force matérielle et bien réelle des idées est indissociable de la force matérielle des intérêts, des technologies, des combats politiques et des institutions qui façonnent conjointement notre histoire. Aujourd'hui, comme naguère, de multiples penseurs sauraient bien indiquer à leurs contemporains les chemins possibles vers une autre société que la société de marché capitaliste, une nouvelle perspective pour le progrès humain. Mais, sans un débouché politique concret, ces nouvelles « Lumières » ne dissiperont guère l'obscurité au-delà de leurs bibliothèques. Ici se noue l'autre piège systémique qui entrave la renaissance. Je montrerai comment la dérive puis l'effondrement idéologique du camp progressiste et le dévoiement de la démocratie dans le marketing politique (entre autres facteurs) bloquent aujourd'hui une bifurcation décisive vers le progrès humain.

En dépit des apparences et de son titre, ce livre n'est pas pessimiste ! Il dit au fond que la voie du progrès humain est connue et possible. Il annonce que nous sommes allés à peu près au bout de toutes les impasses des temps modernes. Tant et si bien qu'au bout de la Grande Régression où nous voilà bientôt rendus l'humanité devra bien, d'une manière ou d'une autre, prendre un autre chemin. La seule question est de savoir s'il nous faudra pour cela endurer la régression jusqu'à l'effondrement, ou si une nouvelle majorité authentiquement progressiste pourra engager à temps une grande transformation[29] démocratique : celle qui nous sortira de la dissociété de marché pour nous emmener vers la société du progrès humain. Constater qu'une entreprise

29. Clin d'œil à Karl Polanyi dont il sera à nouveau question.

aussi simple à concevoir soit aujourd'hui hautement improbable peut être navrant et décourageant. Mais savoir qu'elle est aussi simple et ne dépend que de l'action humaine est plutôt enthousiasmant.

2

Sous l'écume des crises, l'engrenage d'une régression générale

À chaque nouvelle crise économique ou financière, l'establishment médiatique, politique et patronal nous rejoue la même tragi-comédie. En ouverture, on a le droit à une forme d'absolution générale sur le thème « personne ne l'avait prévu », ce qui, appliqué au fonctionnement du capitalisme, est aussi comique que de s'écrier : « Personne n'avait prévu qu'en laissant le robinet ouvert la baignoire finirait par déborder ! » Vient ensuite une phase d'exégèse sur les causes de cet accident imprévisible, qui se reproduit pourtant de plus en plus souvent pour à peu près les mêmes raisons (on a oublié de fermer le robinet !). Alors, immanquablement, tombent deux conclusions : *primo*, le bon capitalisme est victime de quelques méchants capitalistes sans foi ni loi ; *secundo*, il faut adapter et renforcer les « régulations » du système financier. Pour donner crédit à ces bonnes résolutions, on envoie en prison quelques escrocs, on convoque des sommets internationaux qui nous promettent une meilleure « surveillance » des marchés, plus de « transparence », de nouvelles normes « prudentielles » pour les banques, etc. Fin du spectacle… en attendant le *remake*. Car, quelques années plus tard, on assiste au même genre de crise, que « personne n'avait prévue », on regarde les mêmes images d'escrocs condamnés à des siècles de prison par une justice américaine qui ne plaisante pas en matière de moralisation du capitalisme. Quand on a déjà vu ce film deux ou trois fois, on peut difficilement soutenir que l'on ne prévoit pas la suite. Même si personne ne connaît ni le jour ni l'heure de la prochaine débâcle, rien n'est plus certain que la récurrence systématique des crises en régime capitaliste. De Marx à Krugman, en passant par Keynes, Galbraith et tant d'autres, cela fait plus de cent cinquante ans que les économistes ont très justement décrit et annoncé ce qui se produit quand on laisse libre cours à la concurrence pour l'accumulation des profits et du capital. Dès les années 1850, Marx nous a prévenus que la sous-rémunération du travail et la suraccumulation du capital engendraient des crises de surproduction à répétition, exactement comme elles se produisirent effectivement du milieu du XIXe siècle à 1929. Dans les années 1930, Keynes nous a expliqué la propension naturelle des marchés au déséquilibre et le risque récurrent de sous-consommation, quand la répartition des revenus se déforme au profit de la rémunération du capital. Il nous a aussi mis en garde contre l'irrationalité moutonnière des spéculateurs sur les marchés financiers. Galbraith nous a raconté l'histoire de cette irrationalité contagieuse[1]. De nos jours, des centaines d'économistes moins connus que le « Nobel » Paul Krugman[2] ont, comme ce dernier, expliqué comment la transformation du capitalisme et des politiques publiques depuis les années 1980 nous ont à nouveau livrés aux crises à répétition (après la pause des Trente Glorieuses). Un autre lauréat du « Nobel d'économie[3] », Joseph Stiglitz, a tenté en vain de

1. John Kenneth Galbraith, *A Short History of Financial Euphoria*, Whittle Books/Viking, 1993. *Brève histoire de l'euphorie financière*, Paris, Seuil, 1992, reproduit *in* J. K. Galbraith, *Économie hétérodoxe*, Paris, Seuil, 2007.

2. Paul Krugman, *The Return of Depression Economics*, New York, W. W. Norton & Co., 1999, 2009. Nouvelle édition en langue française : *Pourquoi les crises reviennent toujours ?*, Paris, Seuil, 2009.

3. L'Académie Nobel ne décerne pas de prix en économie. Le prétendu « Nobel d'économie » est un « prix en l'honneur d'Alfred Nobel », décerné par la Banque royale de Suède.

prévenir la Banque mondiale que, pour nombre de pays en développement, la conversion forcée au régime néolibéral était catastrophique[4].

Bref, on ne peut plus dire que l'on ne savait pas, que rien n'avait été prévu. On sait ! Les crises ne sont pas un dysfonctionnement énigmatique du capitalisme, mais une dimension nécessaire à son fonctionnement et dont les multiples variantes ont été expérimentées. C'est là une première différence essentielle entre les crises d'aujourd'hui et celles d'avant la guerre. Jusqu'en 1929, en effet, la plupart des dirigeants politiques étaient peu informés quant au potentiel déstabilisateur et destructeur inhérent au capitalisme[5]. Les effets ravageurs de ce dernier sur l'écosystème relevaient de la même inconscience collective. En revanche, de nos jours, on ne peut plus invoquer l'ignorance : *nous nous enfonçons allègrement dans les impasses économiques et écologiques du capitalisme, en pleine connaissance de cause !*

Une autre spécificité contemporaine tient à notre capacité apparente à limiter les dégâts, à empêcher une débâcle générale du système financier qui pourrait déclencher une profonde dépression. Les pompiers (Banques centrales, FMI, Trésor public) et les lances à incendie (injection de liquidités, prêts, nationalisations temporaires) sont là pour éteindre le feu avant qu'il ne devienne tout à fait incontrôlable. Par ailleurs, les retombées réelles d'une crise financière (sur la production, l'emploi, la consommation) sont désormais atténuées parce que nous ne sommes pas vraiment dans des économies de marché autorégulées par la loi de l'offre et de la demande. Et c'est heureux car, en temps

4. Stiglitz fut vice-président de la Banque mondiale, avant d'en démissionner en 2000, en signe de désaveu. Voir Joseph Stiglitz, *Globalization and Its Discontents*, Londres, Penguin Books Ltd, 2003.

5. La théorie économique standard garantissait la capacité des marchés libres à surmonter tous les chocs. La critique marxiste du capitalisme, confondue avec la révolution bolchevique, se trouvait souvent écartée sans autre forme d'examen rigoureux.

de crise, l'autorégulation est aussi efficace sur les marchés que dans une salle de spectacle en feu : c'est la panique, et chacun, en cherchant à se sauver, contribue au chaos général qui maximise le nombre de victimes. Ainsi, le droit du travail et l'importance du secteur public limitent les baisses de salaires et les licenciements, qui ne feraient qu'aggraver une récession. De même, la protection sociale et la fiscalité amortissent la chute des revenus (et donc celle de la demande)[6]. Autrement dit, ce qui a survécu des compromis politiques de l'après-guerre – les « rigidités » et les « charges » qui entravent le libre fonctionnement des marchés – est précisément ce qui nous protège contre les ajustements destructeurs de ces derniers en temps de crise. L'« archaïsme » présumé de nos aïeux limite les dégâts provoqués par le « modernisme » affiché de leurs descendants.

Mais cette bonne nouvelle a un revers évident. Si nos aïeux eurent la sagesse de s'écarter autant que possible d'une économie capitaliste de marché, c'est précisément parce que la dernière grande crise de cette économie avait engendré un effondrement général de la société. Inversement, *la capacité de notre société à survivre à une crise mondiale de la finance affaiblit la contestation du système fauteur de crise, et retarde le moment d'une bifurcation vitale vers un autre système*. Dès lors, à défaut d'être ravagée en quelques années par l'incendie de la finance mondiale, notre société peut continuer de brûler à feu doux, plus lentement mais plus sûrement. À défaut d'une Grande Dépression, la Grande Régression risque de cheminer insidieusement. Car l'écume turbulente des récessions, des krachs boursiers, des émeutes de la faim, des faillites bancaires, des bulles spéculatives,

6. Les économistes parlent à ce propos de « stabilisateurs automatiques » : la baisse des prélèvements obligatoires (assis sur la dépense et les revenus) et la hausse des transferts sociaux (indemnités de chômage, aide sociale, etc.) freinent automatiquement le recul du revenu national et de la dépense.

des crises de change, sature nos écrans et l'emploi du temps de gouvernants sommés tous les quatre ou cinq ans de sauver le navire. Pendant ce temps-là, trop heureux de n'avoir pas encore sombré, nous détournons nos regards d'une lame de fond qui sape les bases biophysiques, sociales, psychiques et politiques d'une humanité durable. En affranchissant le capital financier des ultimes limites à l'expansion de son pouvoir, les pays capitalistes les plus avancés ont livré la société tout entière à un engrenage régressif qui ne demande plus qu'à être regardé dans sa globalité pour être vu ; je pourrai donc bientôt me contenter de le donner à voir en articulant ses multiples effets destructeurs. Mais tel n'est pas le seul objet de mon propos, car décrire les diverses manifestations de la régression, c'est seulement regarder d'un peu plus près l'écume de notre histoire. Aussi, avant de scruter l'écume, considérons la vague de fond, la source de son énergie, son moteur et aussi les digues qui l'avaient longtemps contenue. Pour une large part, les « crises » contemporaines sont les répliques d'un séisme dont l'épicentre loge au cœur du régime économique instauré par les sociétés industrielles modernes. La vague vient donc de loin. Elle puise son *énergie* dans une libération sans précédent du pouvoir de l'argent privé (du « capital »). Son *moteur* central, c'est la compétition marchande instrumentalisée par les détenteurs du capital pour asseoir leur domination sur les autres acteurs. Sa direction et sa force résultent enfin de l'*interaction dialectique* entre la pression du capital et la résistance des autres forces sociales.

L'essence du capitalisme : un pouvoir exorbitant

L'entreprise moderne qui prend son essor à partir de la révolution industrielle met en scène quatre *acteurs de production* : les salariés qui fournissent le travail, les apporteurs de capitaux (nécessaires pour les investissements et le financement de la production), les collectivités publiques qui équipent les territoires et offrent des services collectifs (éducation, sécurité des biens et des personnes, droit des affaires, etc.) et, enfin, les entrepreneurs qui prennent l'initiative d'une production et assurent la combinaison de toutes les contributions énumérées ci-dessus. L'entreprise et sa production résultent de l'interaction complexe de tous ces acteurs et n'existent pas si l'un seul d'entre eux fait défaut. Déposez donc un capital au milieu de nulle part, sans entrepreneur, sans routes ni travailleurs : vous ne verrez jamais pousser une entreprise moderne. Rien de tel ne surgira davantage si vous rassemblez une main-d'œuvre analphabète et désargentée sur un terrain vague. Bref, c'est une évidence, mais une évidence singulièrement oubliée : l'entreprise est un fait collectif qui naît et vit par la combinaison de tous les acteurs susmentionnés.

Imaginons que l'organisation d'une telle institution complexe soit confiée à un sage désintéressé (guidé par le souci d'une production utile à la satisfaction des besoins humains) et « moderne » (confiant dans la capacité des humains à s'entendre par la raison). Ce décideur rationnel conviendrait sans doute de ceci : confions la gestion de l'entreprise à une libre association des quatre acteurs en présence. À ses yeux en effet, une production efficace (utile à la satisfaction des besoins humains) est celle qui assure aux salariés des conditions d'existence agréables, bénéficie du talent de l'entrepreneur, évite le gaspillage des fonds investis et préserve le territoire et les services collectifs qui sont indispensables pour la pérennité de l'entreprise comme pour la qualité de vie de la population. Aussi, en contraignant salariés, entrepreneurs, financiers et pouvoirs publics à s'entendre, le sage instaure un mode de fonctionnement qui, en plaçant à égalité les intérêts des quatre acteurs, conduit ceux-ci vers l'efficacité sociale.

A contrario, si l'on donne à l'un quelconque des acteurs un pouvoir exclusif de décider et d'imposer sa volonté aux trois autres, on peut redouter qu'il se comporte en prédateur aliénant à son seul avantage la contribution des autres, ce qui, outre l'injustice de cette dictature, aura des effets destructeurs pour le bien-être collectif.

De toute évidence, l'entreprise moderne n'est pas fille de la sagesse, mais de l'histoire. Et celle-ci n'est pas un Meccano délibérément construit par quelque être supérieur, mais une interaction complexe entre mutations technologiques, évolution des écosystèmes, rapports de force politiques et économiques, mouvement des idées et des mœurs, etc. L'émergence concrète des premières entreprises industrielles s'est opérée dans un contexte historique qui a installé un mode de production dominant (mais pas unique) : le capitalisme. La firme capitaliste est typiquement une société constituée par des détenteurs de capitaux en vue de réaliser des bénéfices, et dans laquelle la totalité du pouvoir est dévolue auxdits détenteurs (les capitalistes). La véritable « entreprise » – l'activité résultant de l'interaction des quatre acteurs – ne peut évidemment pas être la propriété exclusive d'un seul acteur ; elle n'a d'ailleurs pas d'existence juridique susceptible de fonder un droit de propriété. Ainsi donc, *en droit*, les capitalistes ne sont propriétaires que de la *société commerciale* qu'ils ont constituée pour investir leurs capitaux ; l'*entreprise* n'appartient à personne ! De même, les résultats annuels de l'entreprise et sa valeur économique sont imputables à la combinaison de toutes les contributions productives et non au seul apport des capitaux. Or, en dépit de cette évidente distinction entre l'entreprise et la société de capitaux, les capitalistes disposent, *en fait*, d'une quasi-propriété de l'entreprise : ils décident seuls de son activité, disposent entièrement de ses bénéfices et de la plus-value éventuelle en cas de cession de leur capital.

Dans son principe même, la firme capitaliste institue donc un *pouvoir exorbitant* qui offre à un acteur particulier de la production la possibilité de maximiser son profit au détriment des autres acteurs et qui *exproprie* ces derniers. À défaut de limites éventuelles à ce pouvoir, on peut redouter qu'une économie fondée sur un tel principe se déploie contre la liberté, la dignité et la qualité de vie des travailleurs, aux dépens des territoires (écosystèmes et collectivités publiques), aux dépens même des entrepreneurs, quand leur action est subordonnée à l'exigence d'une rentabilité financière immédiate et maximale. L'idéologie néolibérale (ou marchéiste) soutient qu'un tel risque est dissipé par la vertu autorégulatrice de la libre concurrence. Grâce à la « main invisible » du marché, les capitalistes motivés par la seule rentabilité du capital seraient conduits vers des choix conformes à l'intérêt général. Je reviendrai plus loin sur cette fable. Avant de discuter le fantasme d'une économie de marché pure qui n'a jamais existé nulle part, le réalisme commande d'observer d'abord le capitalisme dans les sociétés concrètes où il s'est développé.

Dans le monde réel, trois séries de contraintes limitent le pouvoir du capitaliste et peuvent le conduire à composer avec les intérêts des autres acteurs :

- contraintes morales : la pression des conventions sociales ou religieuses qui imposent des devoirs envers les autres et des limites au mobile de l'intérêt personnel ;
- contraintes politiques : les lois et les interventions d'un gouvernement lui-même contraint de satisfaire une majorité d'électeurs et/ou de contenir le mécontentement du peuple ; la force et les actions des organisations syndicales ;
- contraintes territoriales : les conditions de production rendent la firme dépendante d'un territoire et de ses habitants (pour disposer de main-d'œuvre, de débouchés, d'infrastructures, etc.).

Pour le dire dans les termes de Karl Polanyi, l'ensemble de ces contraintes permet un « encastrement » de l'économie dans la société, c'est-à-dire une subordination des relations productives et marchandes aux normes et institutions qui règlent la vie sociale. L'essor du capitalisme industriel au XIXe siècle exerce une pression inédite pour « désencastrer » l'économie du social. Le capitalisme ne peut pas se développer si l'usage des terrains, du travail et de l'argent reste figé dans le carcan des statuts et des normes des sociétés agricoles traditionnelles. Le « désencastrement » de l'économie passe donc par l'ouverture de marchés où le travail, la terre et la monnaie s'échangent sans autre contrainte que le contrat librement consenti entre les offreurs et les demandeurs. Ce premier mouvement vers l'« économie de marché » offre des opportunités nouvelles pour accumuler de l'argent, et donne un pouvoir inédit à ceux qui l'accumulent. Mais le potentiel prédateur propre au pouvoir du capital sera en réalité assez vite confronté à la réactivation des contraintes sociales.

Certes, le capitalisme industriel primitif a pu imposer des conditions de travail épouvantables aux ouvriers ; mais la morale puritaine ou catholique, les luttes ouvrières et syndicales, la nécessité de loger la main-d'œuvre, le développement de la démocratie parlementaire, etc., ont conjointement contraint les capitalistes à des formes variées de paternalisme et de compromis sociaux. Tant et si bien d'ailleurs que le « désencastrement » théorisé par Polanyi n'a jamais été tout à fait accompli. Polanyi lui-même montre comment la société a résisté à la mise en place d'une « société de marché », en resocialisant le travail afin qu'il ne soit pas traité comme une marchandise, en reprenant peu à peu le contrôle public de la création monétaire, etc. Ainsi, dès le dernier tiers du XIXe siècle, la première tentative de marchandisation du monde a déjà déclenché un mouvement de resocialisation de l'économie. Ce mouvement sera renforcé par l'échec fracassant des marchés dans les années 1920, débouchant sur la « grande transformation » des années 1929-1945 : l'enterrement de l'utopie des marchés autorégulateurs, la reprise en main de l'économie et de la société par l'État, parfois jusqu'aux extrémités fascistes et totalitaires.

Il semble ainsi que le pouvoir initial donné au capital et aux marchés déclenche un mouvement dialectique enchaînant les oppositions à ce pouvoir et les adaptations nécessaires du capitalisme, jusqu'à la genèse d'une économie (décrite au chapitre précédent) qui n'est plus vraiment ni de marché ni capitaliste. Et ce mouvement concerne tout autant les « valeurs » ou la culture. Dans la lignée de Max Weber, Boltanski et Chiapello ont bien montré que le capitalisme a toujours dû développer un « esprit », c'est-à-dire un corpus de valeurs et d'idées qui permettent à la fois de donner du sens (au travail, à la production, à l'entreprise) et de justifier le capitalisme face aux critiques et aux résistances qu'il suscite[7]. Et cette entreprise d'autojustification ne le laisse jamais indemne, elle le contraint à des concessions.

Toutefois, cette dialectique ne pouvait enchaîner un cycle ininterrompu de résistances-adaptations civilisant le capitalisme, car le terme probable d'un tel mouvement serait le partage intégral du pouvoir entre les différents acteurs de production, c'est-à-dire l'abolition du capitalisme. Il fallait donc s'attendre à ce que les capitalistes exploitent toute configuration historique propice à une bifurcation pour bloquer cet engrenage progressiste et pour *mettre le moteur de la dialectique en marche arrière*. Ce serait désormais aux autres acteurs de s'adapter à la nouvelle résistance opposée par le capitalisme ; chacune de leurs concessions au pouvoir du capital préparerait une nouvelle poussée de revendications capitalistes, auxquelles travailleurs et territoires devraient

7. Luc Boltanski, Ève Chiapello, *Le Nouvel Esprit du capitalisme*, Paris, Gallimard, 2002.

s'adapter à nouveau, et ainsi de suite, avec comme nouvel horizon la pleine souveraineté du capital. Si ce moment est une « grande » régression c'est d'abord en raison de ce renversement dialectique : *il ne s'agit pas d'une simple addition de reculs affectant telle ou telle dimension de la vie des sociétés modernes ; il s'agit d'une inversion principielle, systémique, qui a dès lors pour vocation de renverser le mouvement du progrès dans toutes ses dimensions.* Si je l'appelle « Grande Régression », c'est que la spécificité historique d'un tel événement méritait bien un nom propre.

Polanyi n'a pas anticipé cet événement que pourtant il nous aide à comprendre. La « grande transformation », qu'il pense comme une fin de la société de marché, n'aura été en réalité qu'une phase transitoire avant une nouvelle et bien plus efficace poussée de la société de marché. La société de marché si remarquablement analysée par Polanyi n'a en fait jamais existé au XIXe siècle, sauf à l'état de pulsion dont l'action finit par entraîner la subordination de l'économie à une société et à des gouvernements renforcés. Au XIXe siècle, la pulsion du capital et la pression des marchés faisaient une irruption violente et destructrice dans des populations encore attachées à une culture, des mœurs, des normes, des rites et des rythmes hérités des sociétés traditionnelles. Cela ne pouvait paradoxalement qu'enclencher la dialectique sociale dans le sens d'un renforcement de la société, une *dialectique positive* en somme, au risque parfois d'une nouvelle emprise excessive de la société sur les individus (« hypersociété »).

Polanyi ne pouvait évidemment pas voir, en 1944, ce qui s'est produit à la fin du XXe siècle, à savoir la véritable amorce d'une société de marché capitaliste, rendue possible parce qu'elle s'effectuait dans une société radicalement transformée par deux siècles d'industrialisation. Au XIXe siècle, la pression du capital vers une société de marché déclenchait une répulsion correctrice ; à la fin du XXe siècle, la même pression, mieux tolérée et parfois désirée par la société, a déclenché une réaction en chaîne inverse, accompagnatrice, une *dialectique négative* déconstruisant les liens sociaux (« dissociété »).

Une telle bifurcation supposait une altération suffisante des trois séries de contraintes obligeant le capitalisme à négocier des compromis. Or, précisément au stade où nous sommes parvenus depuis une trentaine d'années, celles-ci ont été laminées. L'émancipation moderne à l'égard des Églises et des communautés traditionnelles, l'essor d'un individualisme narcissique, l'addiction consumériste, les revendications libertaires contre toute entrave à la jouissance, entre autres facteurs, ont singulièrement allégé la pression morale de la société sur les capitalistes, comme sur quiconque d'ailleurs.

Dans le même temps, le développement des moyens de transport, les nouvelles technologies de l'information et de la communication, l'arrivée à maturité de nouveaux pays industriels en Asie et en Amérique latine ont fait reculer la dépendance des firmes capitalistes occidentales à l'égard de leurs territoires d'origine et donc de leurs habitants comme de leurs lois et coutumes. Quand les investissements rentables, la main-d'œuvre et les clients peuvent se trouver partout dans le monde, la rentabilisation du capital ne dépend plus d'un pays ou d'une région donnée.

En outre, les promoteurs du capitalisme ne sont pas des spectateurs passifs de l'histoire mais des acteurs qui transforment les techniques de production en vue de limiter leur dépendance envers les autres acteurs et qui s'efforcent d'orienter l'« esprit » de leur temps, de façonner les valeurs, les idées et les conventions sociales. La Grande Régression coïncide d'ailleurs avec l'arrivée à maturité d'une industrie de la communication de masse qui constitue une puissante fabrique de l'opinion publique au service d'intérêts privés.

Ainsi, dans la seconde moitié du XXe siècle, mouvements propres de la société, mutations technologiques et batailles idéologiques déterminées interagissent et se renforcent mutuellement pour relâcher les contraintes pesant sur le pouvoir du capital. Au chapitre précédent, on a vu comment, à un moment donné, la transformation du contexte historique et l'action délibérée des néolibéraux ont pu se combiner pour faire sauter l'ultime série de limites au pouvoir du capital, les limites politiques.

Si l'on a suffisamment montré pourquoi la bifurcation s'opère à une époque et dans un contexte précis, il reste à mieux comprendre l'arme principale de sa mise en œuvre, l'alliée paradoxale du pouvoir du capital, à savoir : la fameuse « libre concurrence ».

Les vertus de la concurrence en régime capitaliste

Depuis deux siècles, l'ultralibéralisme économique s'emploie à démontrer que ce ne sont pas les digues de la morale, de la loi ou de l'ancrage dans un territoire qui empêchent le capitaliste de se transformer en impitoyable prédateur. De la *Fable des abeilles*, narrée par Mandeville en 1714, aux fables contées par les *Chicago boys* à l'aube du XXIe siècle[8], une même idée forte a fait son chemin : la libre concurrence des intérêts privés exerce la meilleure des « contraintes » sociales ; le pouvoir apparemment exorbitant du capitaliste est une illusion, car, en régime de concurrence parfaite, ce dernier est forcé de satisfaire au mieux ses clients, c'est-à-

8. Bernard de Mandeville, *La Fable des abeilles : vices privés et prospérité publique* (1714), Paris, Vrin, 1990. En économie, l'École de Chicago désigne une longue lignée d'économistes néolibéraux tout au long du XXe siècle, et singulièrement les « monétaristes » emmenés par Milton Friedman, puis les « nouveaux classiques » (Robert Barro, Robert Lucas). L'expression *Chicago boys* s'est installée pour désigner les experts américains envoyés en Russie et en Europe de l'Est pour prodiguer leurs conseils néolibéraux quant à la transition des anciens pays communistes vers l'économie de marché.

dire les consommateurs qui sont dès lors et en réalité les vrais souverains. La pression de la concurrence obligerait ainsi des producteurs strictement égoïstes à satisfaire les besoins humains et à faire un usage économe des ressources. En bref, la libre compétition des intérêts individuels produirait spontanément l'intérêt général.

Les économistes orthodoxes ont tenté de transformer en théorème scientifique cette utopie des marchés efficients et autorégulés par la libre concurrence. Des années 1870 aux années 1970, les plus brillants mathématiciens de l'économie ont établi les conditions dans lesquelles des marchés parfaitement concurrentiels peuvent fonctionner, assurer un usage efficient des ressources et retrouver spontanément l'équilibre en cas de chocs exogènes. La masse des démonstrations[9] ainsi accumulée durant un siècle de recherches impose un résultat on ne peut plus robuste et sans appel : les marchés en question ne fonctionnent pas, gaspillent les ressources et aggravent les chocs au lieu de les résorber !

En fait, il en va de l'efficacité présumée des marchés comme de celle du capitaliste. Le pouvoir du capitaliste a pu coexister avec un certain nombre de progrès sociaux grâce aux contraintes morales, politiques ou technologiques qui l'ont forcé à composer avec le reste de la société. De même, ce qui permet aux marchés de fonctionner plutôt mieux qu'un système de planification autoritaire, c'est l'ensemble des normes et des institutions sociales qui canalisent et limitent la concurrence. Point besoin d'être docteur en économie pour comprendre qu'un marché où la compétition est sans limites n'institue pas un doux commerce profitable à tous les hommes, mais une guerre impitoyable où les gagnants accumulent toujours plus de moyens pour renforcer leur domination. Le sens commun comprend aussi que l'émulation entre compétiteurs peut avoir quelques vertus si et seulement si :

9. Voir *Vraies Lois*, Lois n°s 3, 4 et 7 ; *Autre Société*, chap. 6.

les concurrents ont des capacités comparables (on n'oppose pas les poids mouches aux super-welters) ; les règles du jeu sont les mêmes pour tous (les obligations légales, fiscales et sociales des firmes sont identiques) ; tous les coups ne sont pas permis, etc. N'importe quel consommateur sait également que sa prétendue « souveraineté » est souvent une vaste blague. La libre compétition sur le marché des biens d'équipements ménagers entraîne par exemple la programmation systématique d'une durée de vie limitée des produits, et des devis de réparation exorbitants en cas de panne, en sorte de forcer les clients au renouvellement de leurs achats. Sur ce « marché » comme sur tant d'autres, l'opacité de l'information et son asymétrie (entre vendeur et client) font du consommateur un parfait « pigeon », et seules des normes publiques peuvent venir à son secours. Personne n'ignore enfin que les progrès prodigieux des sociétés modernes en matière de santé et d'éducation, entre autres exemples, viennent précisément de ce que l'offre et la demande de soins et d'enseignement n'ont pas été abandonnées à des marchés libres qui auraient réservé la médecine et la culture aux seuls clients « rentables ». Inutile de multiplier indéfiniment les exemples ; tout un chacun peut aisément comprendre l'intérêt des limites imposées à la compétition. Il nous faut donc en revanche expliciter quel objectif est réellement poursuivi par les capitalistes et les politiques qui ne cessent de réclamer toujours plus de libre concurrence.

J'y viens dans deux pages. Mais insistons d'abord un instant sur cette évidence délibérément occultée par les grands prêtres de la théologie néolibérale : *les éventuels bienfaits économiques et sociaux constatés dans ce que l'on appelle des « économies de marché capitalistes » ne résultent ni de la libre concurrence ni de la nature capitaliste des firmes, mais bien au contraire de l'ensemble des institutions et conventions sociales grâce auxquelles ces économies ne sont ni vraiment « de marché » ni pleinement « capitalistes »*. Quand on oublie cela, on se prépare à accueillir bêtement le récit délirant qui attribue au capitalisme tous les progrès modernes ! Le grand mouvement de la modernité nous a assurément apporté beaucoup de bienfaits : la liberté de pensée, le droit de vote, le progrès scientifique et technique, la démocratie politique, le confort matériel, les succès de la médecine, l'allongement de la vie, les loisirs, etc. Mais seul un esprit bien indigent peut soutenir que nous devons tout cela au capitalisme, au prétexte que ce dernier fut le mode de production qui s'imposa peu à peu dans le monde moderne. C'est là une imbécillité symétrique à celle qui imputerait au seul capitalisme tous les maux de l'humanité au cours des trois siècles passés.

Le capitalisme, comme chacun des traits de la modernité, est d'abord un produit de l'histoire moderne globale, avant de devenir à son tour un facteur influent. Dans son principe essentiel, le capitalisme n'est pas né avec la révolution industrielle. Il existe, dès le XVIe siècle, sous la forme des sociétés commerciales montées par les marchands engagés dans le commerce au long cours, en vue de tirer profit des écarts entre le prix d'achat de certains produits dans des pays lointains et leur prix de vente à l'importation dans quelques riches cités européennes. Dans un contexte où les échanges monétaires sont limités et les activités économiques entièrement subordonnées aux normes sociales, religieuses et politiques, ces marchands doivent obtenir des dérogations pour mener une activité qui s'apparente à la spéculation financière : l'investissement d'un capital dans un pari à hauts risques (l'expédition lointaine d'un navire et le retour au port de sa précieuse cargaison). Ce premier capitalisme commercial prospère donc en marge des lois ordinaires, mais avec la bienveillance ou l'active coopération des pouvoirs publics qui en retirent des avantages (fiscaux, diplomatiques, etc.). Nous aurons l'occasion de constater bientôt qu'à certains égards les derniers développements du capitalisme financier ont des allures de régression vers ce capitalisme primitif.

Ce qui m'importe pour l'instant est de souligner qu'il a fallu trois siècles de mutations politiques, culturelles, technologiques (entre la Renaissance et la révolution industrielle) pour créer les conditions propices à l'émergence du capitalisme industriel contemporain. Ce n'est donc évidemment pas à ce dernier que l'on doit la science moderne, la philosophie du sujet libre, la Révolution française, la naissance de la démocratie américaine, etc. Produit du mouvement complexe de la modernité, avant de constituer une force susceptible de l'affecter, le capitalisme exploitera les traits progressistes de cette modernité (la liberté individuelle, la démocratie, la science, etc.) pour autant qu'ils servent les intérêts du capital. Mais les capitalistes soutiendront, jusqu'à nos jours, tous les mouvements réactionnaires pour contrer l'avènement d'une démocratie trop forte qui menacerait inéluctablement leur pouvoir absolu dans l'entreprise. Ce n'est pas au capitalisme et à la main invisible du marché que nous devons l'amélioration des conditions de travail et les droits sociaux. Au capitalisme primitif et à la libre concurrence nous devons le travail des enfants dans les mines et le droit de cuissage des patrons sur les ouvrières ! Aux luttes ouvrières, aux grèves, aux mouvements socialistes et communistes, au Front populaire, au New Deal et à toutes les victoires politiques des progressistes, nous devons les droits sociaux, la sécurité sociale et une distribution un peu moins inéquitable des richesses. En un mot, le capitalisme reste et demeure ce qu'il est par essence, le pouvoir exorbitant dont dispose un acteur de la production pour imposer sa volonté et le primat de son intérêt sur tous les autres. Son essor ne peut donc coïncider avec d'éventuels progrès pour les autres qu'en raison des limites imposées à son potentiel intrinsèque de domination.

Nous voici revenu au cœur de notre propos. Quand les néolibéraux et les capitalistes soutiennent que la concurrence et les marchés libres nous prémunissent précisément contre ce risque de domination prédatrice, nous savons comme eux que c'est faux. Mais quels sont alors l'intérêt véritable (pour les capitalistes) et la fonction sociale d'une extension perpétuelle de la libre concurrence ? Après tout, un capitaliste en quête de profits ne cherche certainement pas à avoir le plus de concurrents possible ; il tente au contraire d'accroître sa part de marché et d'éliminer la concurrence ; son idéal, c'est le monopole, pas la compétition qui tire les prix et les marges vers le bas. *Ce que le capitaliste revendique en réalité, dans son appel au marché libre, c'est la liberté d'agir à sa guise pour dominer tous ses concurrents au sens large, c'est-à-dire tous ceux qui se mettent en travers de sa course au profit* : les autres producteurs, les clients qui veulent des prix bas, les pouvoirs publics, les travailleurs qui exigent des salaires élevés et les managers poursuivant d'autres fins que le profit des actionnaires. Mais la revendication libérale du capitaliste n'est recevable par la société que dans la mesure où elle appelle à une égale liberté pour tous de s'adonner à la libre poursuite de son intérêt personnel.

Telle est la contradiction interne justement repérée par Marx : pour assouvir sa soif de profit, le capitalisme a besoin de l'ouverture de marchés concurrentiels dont l'effet est d'abord immanquablement de laminer les profits. Chaque capitaliste doit investir (accumuler du capital) pour développer son offre et tenter d'accroître sa part de marché. Mais pour dégager des marges en dépit d'une forte concurrence, les firmes doivent aussi maintenir les salaires au niveau le plus bas possible, c'est-à-dire à la foi réprimer le travail dont dépend pourtant leur production et contenir le revenu distribué qui détermine pourtant la demande globale des consommateurs. Cette contradiction engendre à intervalle régulier des crises de surproduction (ou de suraccumulation de capital), la montée du chômage et la faillite des entreprises les plus fragiles.

Si la crise et le chômage sont un problème pour la population, ils sont en revanche la solution pour le capitalisme.

Le risque du chômage contient les revendications des salariés et renforce le pouvoir du patron. Les crises de surproduction éliminent les capacités de production excédentaires en provoquant la faillite des producteurs les plus faibles et la concentration des entreprises. Ainsi, les marchés très concurrentiels à l'origine se transforment en oligopoles (petit nombre d'entreprises dominant un marché) facilitant les ententes explicites ou implicites entre producteurs pour tempérer la guerre des prix (au détriment des acheteurs) et pour restaurer les profits. Accessoirement, l'ouverture forcée des colonies d'outre-mer à la « libre concurrence » avec les manufactures occidentales permettra de stopper net l'expansion primitive des économies « indigènes », de piller leurs ressources naturelles et de conforter la puissance des oligopoles métropolitains.

Dès le premier âge du capitalisme, il apparaît ainsi que la libre concurrence susceptible de menacer les profits est en même temps l'outil nécessaire à l'élimination de la concurrence, car elle n'est au fond que la loi du plus fort qui élimine les plus faibles. La marche primitive vers des marchés oligopolistiques permet aux producteurs survivants de reprendre l'ascendant sur les clients, mais pas sur les autres acteurs en présence. Dans le même temps, en effet : les salariés s'organisent pour constituer un pouvoir collectif ; les pressions morales et politiques s'intensifient face aux premiers dégâts sociaux du capitalisme ; la puissance des administrations publiques s'étend et celles-ci ne tarderont pas à réglementer la concentration des entreprises pour éviter les positions dominantes ; les actionnaires peinent à contrôler la gestion de plus en plus complexe des grandes entreprises et les managers salariés sont en passe de devenir les vrais dirigeants.

En fait, *derrière l'apparente compétition des produits sur les marchés, se joue une véritable compétition pour le pouvoir*. Le capitaliste détient, potentiellement, un pouvoir absolu pour imposer sa volonté aux autres acteurs de la production, mais il ne peut réaliser ce potentiel qu'en desserrant les trois contraintes décrites plus haut et en combattant la propension des autres acteurs à se constituer en contre-pouvoirs. Et cela, il y parvient toujours grâce à une intensification de la concurrence sur les marchés. Celle-ci permet en effet de mettre les entrepreneurs, les salariés et les territoires en compétition les uns contre les autres, de laminer ainsi leur capacité à s'opposer au capital, et d'aligner peu à peu les conduites et les normes sociales sur les exigences des capitalistes survivants.

Ainsi, pour commencer, les contraintes morales perdent leur force si la concurrence entre firmes est vraiment libre et intense. Une compétition totale est en effet un processus de sélection radical qui ne laisse en vie que les entreprises capables de minimiser les coûts et de maximiser les ventes par tous les moyens disponibles, y compris, voire surtout ceux que la morale en vigueur réprouve. Un patron peut bien avoir de hautes valeurs morales, avoir le souci de la santé et du bien-être de ses salariés, détester la fraude fiscale et la falsification des comptes, etc. ; s'il se trouve sur un marché parfaitement concurrentiel, le comportement « immoral » de ses concurrents le condamne à la faillite. Un manager qui intensifie le travail à la limite du supportable, au détriment de la santé physique et mentale de ses salariés, ne le fait pas habituellement par sadisme, mais parce qu'il doit aligner sa productivité sur celle de ses concurrents s'il veut simplement rester sur le marché. Où l'on comprend du coup l'intérêt de la « libre concurrence », du « libre-échange », de l'« ouverture des marchés » pour les vrais cyniques : une fois « leur » entreprise placée (malgré eux bien sûr) en état de guerre économique impitoyable, ils peuvent se comporter en tueurs, sans encourir le moindre reproche moral, puisqu'ils « ne peuvent pas faire autrement ». À la guerre, comme chacun sait, c'est atroce, mais on a le droit de tuer !

Cela dit, si le champ de bataille reste limité, si les firmes ne peuvent déployer leur activité que dans une région ou un pays donnés, elles ont collectivement intérêt à tenir quelque compte des exigences des habitants, qui sont aussi les travailleurs-consommateurs dont elles ne peuvent se passer et les électeurs susceptibles d'être entendus pas les pouvoirs publics. Tel est le substrat du compromis fordiste passé durant le deuxième âge du capitalisme, au début du XXe siècle aux États-Unis et à partir des années 1940 en Europe de l'Ouest. Les oligopoles industriels ont besoin de développer la production en grande série de biens standardisés ; il leur faut à la fois une main-d'œuvre docile et une clientèle de masse, dans des pays où le syndicalisme et le suffrage universel sont désormais bien installés. Ne pouvant trouver les travailleurs et les clients indispensables à leurs profits ailleurs que parmi la masse des électeurs libres de leur propre pays, les plus avisés des capitalistes ont intérêt au compromis sur un partage plus équitable de la valeur ajoutée et verront d'un bon œil l'amorce d'un « État social » qui garantit la stabilité des revenus (et donc de la demande de consommation) en cas de chômage ou de maladie.

En revanche, dès l'instant où la profitabilité de ce régime fordiste s'épuise (fin des années 1960, voir chapitre 1), tous les compromis concédés imposent des charges et des contraintes qui bloquent la restauration des profits. Mais il est difficile de lever les normes sociales et politiques entravant le pouvoir du capital si les firmes restent strictement dépendantes d'un territoire donné, c'est-à-dire d'une communauté spécifique de travailleurs-consommateurs-citoyens. La solution évidente à ce dilemme, c'est encore l'intensification de la concurrence, cette fois sous la forme d'une extension planétaire du champ de bataille, en sorte de mettre les territoires et les travailleurs du monde entier en compétition les uns contre les autres. Nous allons voir à présent comment ce que l'on a appelé la « globalisation » constitue un processus politique par lequel, grâce à la compétition généralisée, le capital s'est trouvé enfin libéré de toute contrainte morale, politique ou territoriale et a pu déployer tous les effets potentiels d'un pouvoir absolu.

Le nouveau pouvoir du capital mondialisé

Bref rappel des épisodes précédents. Après un premier âge de faible régulation, le capitalisme s'est effondré une première fois dans la Grande Dépression des années 1930. Ce chaos économique et social puis la guerre ont conduit les démocraties occidentales à mettre en place, à partir de 1945, une nouvelle économie, partiellement socialisée, fortement réglementée et largement pilotée par des politiques publiques. Ce deuxième âge du capitalisme régulé a pris fin à la charnière des années 1970 et des années 1980. À la faveur du bouleversement des rapports de force décrit au premier chapitre, une droite réactionnaire (les néoconservateurs) a pris les commandes dans la plupart des grands pays industriels. Celle-ci s'est attachée à rompre tous les compromis de l'après-guerre, à rendre le pouvoir au capital et à étendre la logique marchande à l'ensemble des activités humaines. Les années Clinton (1992-2000) et la vague rose[10] qui déferlera alors sur les gouvernements européens ne remettront pas sensiblement en cause la contre-révolution conservatrice. La gauche « néolibérale », qui succède aux néoconservateurs, entend concilier la poursuite de ses objectifs sociaux avec sa pleine adhésion au modèle de l'économie de marché ouverte. Elle ne perturbera donc pas le projet des néoconservateurs qui, de toute façon, reprennent le contrôle des pays du Nord dans les années 2000.

10. Rappelons notamment l'arrivée au pouvoir du travailliste Tony Blair (Royaume-Uni, 1997), du social-démocrate Gerhard Schröder (Allemagne, 1998), du socialiste Lionel Jospin (France, 1997). Au total, à la fin des années 1990, des socialistes ou des sociaux-démocrates gouvernaient 13 pays sur 15 dans l'Union européenne.

Pour les néoconservateurs, il s'agissait de redonner aux détenteurs du capital les marges de manœuvre et le pouvoir qu'ils avaient dû partager avec les syndicats, les managers salariés et les administrations (depuis 1945). Mais, pour y parvenir, il ne suffisait pas de remporter les élections ; il fallait aussi briser toute résistance à la remise en question des compromis sociaux anciens. C'est pourquoi le premier levier de la contre-révolution conservatrice a consisté à mettre les systèmes sociaux nationaux en compétition mondiale. Les réformes internes (déréglementation, privatisations, baisses de salaires, etc.) apparaissaient ainsi comme imposées par une féroce concurrence internationale, face à laquelle la seule alternative des États était l'adaptation ou le déclin. Ce nouvel état de guerre économique fut présenté aux populations comme une fatalité historique baptisée « globalisation[11] », alors qu'elle constituait un choix politique délibéré de gouvernements nationaux. Aucune puissance extérieure n'a contraint Ronald Reagan, Margaret Thatcher et, à leur suite, la quasi-totalité des gouvernements européens à déclencher la guerre économique. Certes, l'entrée en scène de nouveaux pays industriels (NPI) asiatiques ou latino-américains intensifiait la compétition internationale. Néanmoins, l'essentiel de la concurrence se jouait encore entre les vieux pays industriels du Nord et, comme l'a notamment montré Suzanne Berger[12], l'internationalisation de l'économie à la fin des années 1970 n'était pas sensiblement plus poussée qu'au début du XXe siècle. Les pays du Nord n'ont donc pas été contraints de s'adapter à une soudaine et massive pression de NPI bien incapables de les forcer à ouvrir leurs marchés. En réalité, ce sont les gouvernements du Nord eux-mêmes qui ont décidé de mettre leurs pays sous pression. *Ils ont placé leurs propres travailleurs en état de guerre*

11. « Mondialisation » en France.

12. Suzanne Berger, *Notre première mondialisation. Leçons d'un échec oublié*, Paris, Seuil, 2003.

économique, en sorte de briser leur résistance aux nouvelles politiques ; ils ont restauré les pleins pouvoirs du capital en déréglementant les transactions financières et en étendant le principe du libre-échange.

La libéralisation des instruments et des marchés financiers a multiplié les occasions de placements spéculatifs susceptibles de procurer des gains bien plus rapides et plus importants que des investissements industriels. Ces opportunités pouvaient en outre être saisies dans le monde entier grâce à la libération des mouvements internationaux de capitaux. Durant près de trente ans, les détenteurs de capitaux avaient dû se contenter d'une rentabilité limitée, faute de pouvoir et d'avoir la liberté de trouver mieux ailleurs. Désormais, ils pourraient exiger des taux de rendement immédiats exorbitants, sous peine de délocalisation de leurs placements et investissements.

Par ailleurs, l'extension du libre-échange a fourni le prétexte pour justifier la privatisation des services collectifs ainsi que les réformes sociales et fiscales conformes aux intérêts du capital[13]. En instituant une libre concurrence entre des pays où les standards de rémunération, de droits sociaux, de sécurité sociale et d'imposition des revenus sont très différents, la généralisation du libre-échange ne peut avoir d'autre effet ni d'autre but que de miner la compétitivité de ceux qui ont les standards les plus élevés. Pour rester compéti-

13. L'extension du libre-échange s'est faite par trois canaux :

1) le FMI et la Banque mondiale ont imposé aux pays en développement un modèle de croissance fondé sur l'insertion dans la libre compétition internationale ;

2) le GATT puis l'OMC se sont attaqués aux protections non tarifaires (normes sanitaires, environnementales, etc.) et ont engagé une extension progressive du libre-échange aux services (AGCS), aux investissements (AMI), aux marchés publics, à l'agriculture (accords de Doha) ;

3) la création ou l'extension de vastes zones de libre-échange (ALENA en Amérique du Nord, Marché unique dans l'Union européenne).

tifs, éviter les fermetures massives d'usines, les délocalisations, les destructions d'emplois, la fuite des capitaux et des dirigeants, les pays socialement avancés sont contraints à la régression sociale (recul des coûts salariaux et des droits sociaux) et à la « réforme fiscale » (baisse des impôts grevant les revenus du capital et les plus hauts salaires). La « nécessité » d'alléger les « charges » sociales et fiscales est alors invoquée pour justifier la privatisation de services autrefois publics (transports collectifs, distribution d'énergie, poste, télécommunications, etc.) et le recul des assurances sociales publiques au profit des assurances privées. Ainsi se trouvent ouvertes de nouvelles sources de profit pour le capital.

Il faut prendre ici la mesure du pouvoir effectivement transféré à une minorité détentrice du capital financier. Dans une démocratie, le choix d'un système fiscal ou de sécurité sociale ou encore l'affectation d'un service collectif au secteur public relèvent bien entendu des citoyens, par l'intermédiaire de leurs élus. Or, le libre-échange entre des pays qui ont des modèles de société très différents impose d'adapter ceux-ci non à la volonté du peuple, mais aux intérêts des détenteurs du capital. *Le pouvoir de l'argent se substitue à celui du citoyen.*

La mutation du pouvoir est tout aussi radicale au sein des grandes entreprises. Le pouvoir passe des mains des entrepreneurs, des ingénieurs, des managers salariés, aux mains des actionnaires et des fonds d'investissement qui détiennent le capital social. Sans libre circulation du capital, et sans les opportunités de profits démultipliés par la mondialisation du capitalisme, la grande entreprise était gouvernée par des entrepreneurs poursuivant des stratégies propres à moyen et long terme et plus ou moins obligés de composer avec les syndicats pour maintenir la paix sociale. Désormais au contraire, le profit immédiat et la valeur de l'action deviennent les seules priorités de l'entreprise. Sur le marché international des managers, les actionnaires peuvent toujours trouver ceux qui seront les plus habiles pour atteindre ces objectifs. Et pour mieux assurer la convergence d'intérêt entre actionnaires et dirigeants, on multiplie les mécanismes liant la rémunération de ces derniers aux bénéfices et à la valeur de l'action (primes, bonus, et stock-options).

Ces nouveaux patrons disposent en outre d'un pouvoir de chantage inédit face aux travailleurs. C'est soit la soumission volontaire aux exigences des actionnaires, soit la suppression des emplois pour défaut de compétitivité et de rentabilité : telle est l'alternative cyniquement présentée aux salariés. Fort de ce bouleversement du rapport de force, à partir des années 1980, le patronat restructure radicalement l'organisation de la production pour maximiser le taux de rendement du capital : recentrage sur le « cœur de métier » et externalisation des activités périphériques, développement de la sous-traitance, délocalisations, production à flux tendus pour éliminer les stocks, « qualité totale », etc. Ce nouveau mode de production induit une révolution dans la gestion du personnel qui, significativement, est rebaptisée en gestion des « ressources humaines ». Les travailleurs sont soumis à la flexibilité, l'intensification du travail, la précarité des contrats, l'exigence d'une performance accrue avec des moyens plus limités et la généralisation de la compétition interne entre collègues (individualisation des carrières et des salaires), entre ateliers ou entre services. Le tout accompagné par la stagnation des salaires réels et parfois la baisse (pour les salariés peu qualifiés).

Au total, les marges de manœuvre des salariés, des entrepreneurs soucieux de l'entreprise au sens propre et des collectivités publiques semblent s'effacer au profit d'une liberté complète d'action pour le capital financier. Il faut toutefois éviter ici le contresens qui accompagne trop souvent ce dernier constat, à savoir que *l'économique (ou la finance) aurait pris le pas sur le politique*, ou encore que *les nations auraient perdu toute marge de manœuvre du fait de la globalisation.*

Tel n'est en réalité ni le malheur du monde dénoncé par certains altermondialistes, ni son bonheur claironné par les apôtres de la religion néolibérale. *Le vrai malheur des sociétés démocratiques n'est pas le prétendu recul de l'État, mais sa privatisation.*

Le mythe des « marges de manœuvre disparues »

Comme au temps de sa genèse chez les marchands vénitiens, le pouvoir du capital demeure celui que le politique lui a donné et le pouvoir des gouvernants n'est pas essentiellement altéré par la mondialisation du capitalisme.

En effet, on l'a suffisamment démontré, la bifurcation opérée dans les années 1980 n'a pas été imposée par le complot et le coup d'État d'une organisation capitaliste, mais par les choix politiques délibérés de gouvernements élus et régulièrement réélus trente années durant. Dans les pays riches, c'est évident. Dans certains pays en développement ou émergents, les plans d'ajustement structurels imposés par le FMI ont pu détruire les marges de manœuvre des États, en plaçant les gouvernements quasiment sous tutelle. On peut même parler d'une domination néocoloniale exercée sur les petits pays les plus pauvres. Pour les plus grands (Argentine, Brésil, Mexique) en revanche, le tournant néolibéral s'explique aisément par l'état des rapports de force politiques internes, dominés par une oligarchie agissant souvent en connivence avec Washington pour défendre ses propres intérêts. Par conséquent, dans l'immense majorité des cas, *la mise en œuvre des « réformes » néolibérales ne manifeste aucune défaite du politique, mais bien au contraire la victoire durable d'une politique.*

Par ailleurs, en trente ans de globalisation libérale, la part des dépenses publiques et des prélèvements obligatoires dans le PIB s'est maintenue ou a progressé dans la plupart des grands pays industriels. En même temps, avec des variantes selon les pays, la structure générale des budgets publics s'est modifiée dans un sens conforme aux intérêts des capitalistes et aux nouvelles politiques sécuritaires : progression des aides aux entreprises mais baisse des indemnités de chômage et des remboursements de la sécurité sociale ; gonflement de l'administration pénitentiaire, mais compression de personnel dans l'enseignement public ; exonérations de cotisations sociales pour les employeurs, mais hausse des prélèvements sociaux pour les salariés ; baisse des impôts sur les bénéfices, les placements financiers, le patrimoine, les hauts revenus et les successions, mais hausse des tarifs publics, des taxes sur la consommation et l'habitation.

Le bilan est clair. On ampute les services collectifs accessibles à tous et on demande néanmoins aux travailleurs de contribuer davantage à leur financement, non pour réduire les déficits et la dette publique conformément à la doxa officielle, mais pour remplir les poches des plus fortunés. Tandis que le sens commun dans les démocraties a toujours considéré une redistribution minimale des plus riches vers les moins riches comme une fonction essentielle de l'État, depuis trente ans, la tendance des finances publiques est de mettre les pauvres à contribution pour améliorer la fortune des riches.

La puissance et l'ampleur des interventions de l'État n'ont donc pas reculé avec la globalisation ; jamais elles n'ont été aussi impressionnantes, mais rarement elles ont été aussi détournées du bien commun et mobilisées au service quasi exclusif d'une minorité. *Le défi contemporain des démocraties n'est donc certainement pas de remettre l'économie sous le contrôle du politique, vu qu'elle ne l'a jamais autant été, et rarement au service d'un projet aussi antidémocratique. Le seul vrai défi est de remettre les États sous le contrôle effectif des citoyens et au service du bien commun.*

Les pays européens ont particulièrement mis en évidence l'étonnante puissance du politique et la non moins évidente détermination des gouvernements à mettre cette puissance au service de l'idéologie néolibérale. À partir d'une petite Union douanière à six pays (la CEE), ils ont construit une Union européenne à 27, une Union monétaire à 16 (zone euro) et un marché unique des biens, des services et des capitaux. Ce n'est pas là un mince exploit politique, pour des États en proie à la rivalité croissante de leurs intérêts dans un monde en pleine guerre économique. Pour « vendre » leurs traités aux citoyens, les gouvernements n'ont pas manqué de souligner que l'union des Européens faisait leur force face à la compétition croissante des autres régions du monde. Mais au fil des ans, les citoyens ont constaté que cette « Union » ne servait pas à renforcer la coopération interne pour mieux armer l'Europe face à la compétition externe ; ils ont découvert que les traités et les politiques de la Commission avaient pour principale fonction de les exposer toujours plus à la compétition non seulement mondiale, mais aussi et surtout à la compétition entre eux. Un marché unique européen sans harmonisation de la fiscalité et des droits sociaux instaure une compétition déloyale et néanmoins sans limites entre les travailleurs et les territoires, en sorte de favoriser la stagnation des bas salaires, l'allégement des impôts sur les bénéfices, le recul des droits sociaux, la baisse des cotisations et des dépenses sociales, en deux mots : les intérêts du capital.

L'Europe de l'Ouest aurait pu poursuivre sa stratégie ancienne de convergence générale vers les standards sociaux et salariaux les plus hauts, soutenue par la solidarité financière des pays les plus avancés à l'égard des nouveaux entrants. Cela était non seulement possible[14], mais encore souhaité par des populations attachées à tous les acquis

14. Cela était possible en dépit de la concurrence des nouveaux pays industriels d'Asie, car plus des deux tiers des échanges des pays membres de la Communauté européenne sont intracommunautaires ; des accords commerciaux pouvaient alors aisément tempérer la compétition avec le reste du monde.

du progrès social. Le seul moyen de briser la résistance à l'offensive néolibérale était d'exacerber brutalement la compétition entre salariés et territoires européens. Telle était la fonction du marché unique : étendre progressivement la libre concurrence (jusqu'alors limitée aux marchandises) aux services privés, aux investissements, aux marchés financiers, au marché du travail et finalement aux services collectifs. Restait à étendre aussi le champ de bataille, en « élargissant » l'Union aux anciens pays communistes de l'Europe centrale et orientale (dix pays en 2004 et deux autres en 2007), sans leur donner les moyens de rattraper rapidement leur retard salarial et social par rapport au reste de l'Union. Exposés soudainement à la libre compétition avec les pays les plus avancés, ils n'avaient d'autres armes que le *dumping* fiscal et social pour asseoir leur compétitivité. Ils y étaient d'ailleurs officiellement invités par la Commission européenne.

Et pour mieux soutenir les gouvernements nationaux face à la résistance de leurs électeurs, les traités européens retiraient aux États membres le libre usage des principaux instruments de la politique économique (crédit, budget, taux d'intérêt, taux de change). Ainsi, les citoyens pourraient toujours s'agiter et protester dans la rue ou dans les urnes en réclamant « une autre politique », les gouvernants quant à eux, s'étant volontairement désarmés, pourraient soutenir que cela n'était « plus possible dans un monde globalisé ». Comme les généraux fanatiques qui brûlent leurs vaisseaux d'invasion avant la bataille, ils pouvaient dire à leurs citoyens : « Impossible de revenir en arrière, vous devez vaincre ou mourir – ce qui donne, traduit en novlangue néolibérale : soyez compétitifs ou restez au chômage. »

Alors bien sûr, si l'on est idiot, on peut se lamenter sur la « perte des marges de manœuvre » des gouvernements : « Ah, les malheureux États qui ont perdu leur monnaie et la possibilité d'une politique du crédit, leurs droits de douanes, leur liberté budgétaire, la capacité d'affronter la concurrence de pays à bas salaires et à faibles charges sociales. » Mais l'esprit le plus simple et juste en bonne santé ne peut échapper à cette évidence que ce sont les gouvernements eux-mêmes qui ont décidé de tout cela en vue de mettre en œuvre leur politique préférée. Aussi est-on médusé de constater combien de journalistes, d'intellectuels ou de responsables politiques tiennent encore ce discours imbécile sur la disparition des marges de manœuvre.

Citons un seul exemple emblématique de cette épidémie de bêtise. Luc Ferry (un des philosophes français les plus en vue, comme on dit) a rédigé le rapport *Face à la crise* au nom du Conseil d'analyse de la société (CAS)[15] dont il assure la présidence. Après avoir évoqué une telle dissémination des foyers de compétition sur la planète que « nul ne peut en avoir une vue globale », il écrit : « Les mêmes causes entraînent une perte de contrôle des politiques sur un cours du monde qui leur échappe manifestement de plus en plus. Au reste, si tel n'était pas le cas, il serait incompréhensible qu'il y ait encore du chômage, de la récession, de la dette, des déficits, etc. Si la politique avait gardé son emprise sur l'histoire, tous ces problèmes seraient réglés depuis longtemps, ou en voie de l'être[16]. »

Il faut vraiment le relire pour croire que c'est écrit ! Si, si, c'est bien ça : « Ah, s'ils avaient pu, ils l'auraient fait ! Donc ils n'ont pas pu. » Fin de l'analyse. Devant une telle niaiserie, j'ai peur de faire insulte à mes lecteurs en la soulignant par mes commentaires. Le théorème posé par Luc Ferry (et les

15. Placé auprès du Premier ministre, le Conseil d'analyse de la société (CAS) a pour mission d'« éclairer les choix politiques du Gouvernement par l'analyse et la confrontation des points de vue, lorsque les décisions à prendre présentent des enjeux liés à des faits de société » (article I). Il est composé de 32 personnalités de tous horizons « choisies en fonction de leur compétence » (article II). Voir http://www.cas.gouv.fr.

16. Luc Ferry (avec le Conseil d'analyse de la société), *Face à la crise. Matériaux pour une politique de civilisation*, rapport au Premier ministre, Paris, Odile Jacob, 2009, p. 25.

trente-deux membres du CAS ?) est donc le suivant : *quand un problème persiste dans une société, c'est qu'elle n'y peut rien !* Car, est-il sous-entendu, si une solution existe, il est évident que les saints désintéressés et omniscients qui nous gouvernent la mettront aussitôt en œuvre. Car, évidemment encore, on ne saurait imaginer que les choix politiques eux-mêmes soient à la source d'un problème. Car il est inconcevable que certains profitent du chômage quand d'autres en souffrent, et encore moins concevable que des gouvernements se mettent au service des premiers plutôt qu'à celui des seconds. Car tout le monde a les mêmes intérêts, les mêmes idéaux et le même désir de servir l'intérêt général. Car, en conséquence et pour finir, il n'existe qu'une seule façon d'agir raisonnable dont tous pourraient convenir, si d'archaïques politiciens ne restaient pas englués dans des clivages idéologiques surannés.

« Oui, oui, c'est bien cela ! » semble nous confirmer Luc Ferry en alignant trois nouvelles âneries un peu plus bas dans la même page : « Voilà pourquoi il faut avoir le courage de dire que, dans un monde "globalisé", dans un monde où la crise fait apparaître au grand jour la menace réelle du dumping social liée à l'émergence de nouveaux acteurs tels que l'Inde et la Chine, le problème politique numéro 1 n'est plus un problème droite/gauche, mais, bien plus en profondeur et avant toute chose, un problème de marges de manœuvre : comment les retrouver dans un monde qui nous échappe de toute part[17] ? » Il faut en effet un sacré « courage » et davantage encore d'ignorance pour empiler tant de contresens.

Primo : les Indiens et les Chinois ne sont pour absolument rien dans la « crise » en question (celle de 2008-2009) qui trouve son catalyseur direct, comme en 1929, dans le dérèglement de la finance américaine, et sa source dans les politiques décidées par les gouvernements occidentaux depuis

17. *Ibid*, p. 25.

les années 1980. *Secundo* : la première menace de dumping social est intra-européenne, délibérément programmée par les traités européens, et c'est encore la Commission européenne qui nous a livrés au libre-échange avec l'Asie. *Tertio* : si des marges de manœuvre nationales ont donc été perdues, c'est parce que des gouvernements convertis à l'idéologie néolibérale l'ont voulu et décidé. Cette dernière question relève donc « bien plus en profondeur et avant toute chose » du clivage droite-gauche.

Le discours de Luc Ferry active grossièrement les deux ficelles populistes de la droite réactionnaire. D'abord, la grande peur de l'étranger, sous la forme d'un nouveau *péril jaune*, histoire de détourner notre attention d'un vrai péril blanc (l'idéologie néolibérale). Ensuite, l'effacement de la différence gauche-droite qui, comme nous en prévenait le philosophe Alain, est toujours une idée de droite[18]. Le philosophe Ferry, quant à lui, feint d'ignorer à quel point le mythe des « marges de manœuvre disparues » est construit et manipulé par les néoconservateurs, pour mettre au compte d'une fatalité naturelle la régression qu'ils planifient, pour effacer la pertinence du débat progressistes-réactionnaires en niant la possibilité de croire au progrès.

Tout problème de société relève nécessairement du clivage gauche-droite, car l'homme de droite dit toujours qu'il n'y a qu'une seule politique possible (la sienne), quand l'homme de gauche soutient qu'il en existe plusieurs qui servent des fins et des intérêts différents. Voilà aussi pourquoi la droite privilégie la compétition entre les hommes quand la gauche préfère la coopération. Car, en livrant la société à la libre compétition des individus et des intérêts, il n'y aura bien à la fin qu'une seule politique possible, celle qui profite au plus fort. Si en revanche on choisit la coopération, il faudra

18. « Quand quelqu'un me dit qu'il n'est ni de droite ni de gauche, je sais que c'est un homme de droite », Alain, cité par Norberto Bobbio, in *Droite et gauche. Essai sur une distinction politique* (1994), Paris, Seuil, 1996.

bien considérer les divergences d'intérêt et la multiplicité des « solutions » différentes par les coûts et les avantages qu'elles entraînent pour les uns et les autres. Alors, le choix ne pourra être guidé par aucune autre nécessité que celle de rechercher une solution juste et qui conforte la possibilité de vivre mieux ensemble.

On retrouve ici *la fonction politique fondamentale d'une extension globale et d'une intensification locale de la compétition : contourner et finalement abolir le débat démocratique en instituant des conduites à sens unique imposées par une nécessité artificielle de survivre à la compétition.* C'est ainsi qu'ont opéré les gouvernements néolibéraux, plus particulièrement en Europe. Ils ont en effet amputé des marges de manœuvre en instituant la compétition généralisée, et en abolissant l'usage national de nombreux leviers d'action. Mais c'était bel et bien pour étendre leur propre liberté d'action dans la mise en œuvre de leur politique qui, n'en déplaise à Luc Ferry, ne vise ni le chômage ni la récession, mais l'émancipation de la nouvelle classe dominante à l'égard de tous ceux qui prétendent remettre l'État au service des peuples. Les néolibéraux voulaient donc purement et simplement interdire les politiques progressistes, les politiques de gauche. Mais puisqu'ils ne pouvaient pas inscrire cela dans la constitution démocratique de leurs pays respectifs, ils l'ont inscrit dans les traités européens en y interdisant l'harmonisation fiscale et sociale, en retirant aux États les principaux instruments de la politique économique, en y écrivant qu'aucune politique d'aucune sorte ne peut contrevenir au principe de la libre concurrence. Ils ont même tenté symboliquement de transformer ces traités en une « Constitution européenne », puisque c'est bien en réalité de cela qu'il s'agit : une constitutionnalisation des politiques néolibérales. En 2005, avec le « non » des Français et des Néerlandais à cette Constitution, ils ont perdu le symbole de leur victoire mais pas sa substance.

Désormais, en Europe, quel que soit le résultat des élections, l'orientation générale des politiques économiques et sociales *paraît* prédéterminée, le long d'un sentier étroit tracé par les « directives » de la Commission européenne. J'insiste sur « paraît » car, dans les faits, en dépit de la pression croissante de la compétition, des menaces de délocalisations, du dumping fiscal et social pratiqué par des dizaines de pays, malgré donc tous ces facteurs censés contraindre tous les pays et tous les gouvernements à suivre la même voie, ceux-ci suivent souvent des voies différentes à bien des égards. Aujourd'hui encore, les systèmes de protection sociale, les inégalités salariales, le droit du travail, les systèmes fiscaux, la part des biens publics, et bien d'autres caractéristiques, restent très différents d'un pays capitaliste à un autre. Comme l'a notamment montré Bruno Amable[19], malgré la pression de la globalisation, il n'y a pas qu'un visage du capitalisme mais plusieurs ; les traits majeurs des sociétés reflètent encore des spécificités nationales dans les rapports de force politiques, les cultures, les héritages historiques et les conventions sociales. Et, on le verra plus loin, le bilan comparé de ces nations en termes de bien-être collectif est sans ambiguïté : la palme revient aux pays qui conservent le plus haut niveau de dépenses publiques, d'impôts, et de sécurité des revenus pour les salariés.

La pression de la concurrence ne bouleverse donc pas les sociétés aussi bien et aussi vite que l'espéraient les néolibéraux ; c'est pourquoi ceux-ci, impatients d'aboutir, usent et abusent du mythe des marges de manœuvre disparues. C'est parce que cet argument est faux qu'il est urgent de persuader l'opinion du contraire, avant que le poison de la vérité ne fasse son office : si d'aventure les citoyens prenaient conscience

19. Bruno Amable, *The Diversity of Modern Capitalism*, Oxford, Oxford University Press, 2004. Traduction française : *Les Cinq Capitalismes : diversité des systèmes économiques et sociaux dans la mondialisation*, Paris, Seuil, 2005.

que ce sont encore les rapports de force politiques qui déterminent principalement le destin collectif de leur pays, les capitalistes et les néoconservateurs auraient bien du souci à se faire. C'est pourquoi, avec le concours zélé de la presse, des télévisions et des intellectuels courtisans, un bourrage de crâne intensif nous assène depuis trente ans le mythe des marges de manœuvre disparues. *Ce monde néolibéral qui a tant de mal à advenir dans les faits doit advenir dans les esprits, de telle sorte que chacun agissant et pensant comme s'il était déjà là, plus personne ne songe à lui résister, le jour où il s'avance pour de bon.* C'est la tactique grossière qui tente de persuader les soldats ennemis que la bataille est déjà finie, en sorte qu'ils cessent effectivement de combattre. C'est une tentative d'hypnose collective : on voudrait nous suggérer que nous n'avons plus de bras jusqu'à nous faire oublier la scie qui est en train de nous amputer. Oublier non pas le passé, mais ce qui est encore là, sous nos yeux ! Les historiens qui se pencheront peut-être un jour sur notre civilisation, si elle vient à disparaître, relèveront sans doute cette amnésie singulière. Ils constateront médusés que, dans notre cas, l'amnésie collective soulignée par Jacobs n'était pas postérieure, mais antérieure à l'effondrement. Un auteur du futur pourrait bien faire ce récit étrange sur notre époque :

> Les intellectuels expliquaient que les États n'avaient plus de pouvoir, quand ceux-ci étaient en réalité au faîte de leur puissance ; les socialistes ne concevaient plus l'idée d'une alternative au capitalisme alors même que les trois quarts des entreprises n'étaient pas capitalistes ; la plupart des individus estimaient la compétition marchande nécessaire à la société, mais la bannissaient dans leurs propres relations sociales ; ils vouaient un culte à l'épanouissement individuel, mais ne s'épanouissaient vraiment que dans les espaces d'amitié fraternelle ou d'action collective fondées sur l'égalité, le partage et

le don ; tous, en somme, honnissaient le communisme mais n'étaient heureux que dans les relations où ils le pratiquaient ; à la fin, plus personne ne votait, et pourtant c'était toujours des gouvernements élus qui faisaient les lois ! Ils semblaient ainsi avoir oublié tout ce qui, au moment même où ils l'oubliaient, soutenait encore leur vie et leur société. C'était comme si les piliers fondant leur civilisation avaient disparu dans leurs esprits, bien avant de s'effondrer dans la réalité. Il se pourrait bien alors que, dans ce cas, contrairement à ce que l'on avait constaté pour les civilisations précédentes, l'amnésie n'ait pas été la conséquence de l'effondrement, mais sa cause.

La fable des marges de manœuvre disparues tend à effacer de nos esprits tout ce que nous savons et pouvons faire, et même tout ce que nous faisons encore ; elle nourrit ainsi une *amnésie autoréalisatrice*, un oubli de l'existant qui facilite sa disparition effective.

Cette manipulation psychologique à grande échelle a pu fonctionner parce que ses maîtres d'œuvre se présentèrent insidieusement comme les ennemis d'un État omniprésent, coûteux et liberticide, et comme les défenseurs de l'initiative individuelle et des marchés libres. Ce positionnement idéologique était ainsi en pleine cohérence avec un discours qui disait en substance : « N'attendez plus rien de cet État-nation qui a perdu tous ses pouvoirs, hormis celui de taxer vos revenus et d'entraver votre liberté d'agir. » Personne ne pourrait alors soupçonner que ce discours sur l'impuissance de l'État et la vertu du marché libre n'était qu'un écran de fumée masquant *un nouvel étatisme antilibéral* !

Comme je l'ai montré, les néolibéraux n'ont ni affaibli ni combattu le pouvoir de l'État, ils l'ont colonisé et étendu comme jamais pour le mettre au service d'intérêts très privés. Le capitalisme a tout à gagner à la puissance de l'État, à la seule condition que celui-ci ne devienne ni vraiment « libéral » (qui protège l'égale liberté de tous les citoyens), ni démocratique (gouverné par une réelle souveraineté populaire). *Les ennemis du capital et des néolibéraux ne sont donc certainement pas l'État et la politique, ce sont tout à la fois la nation, le peuple, le citoyen et la démocratie.* Si les artisans de la Grande Régression ont tant nourri les mythes de l'État-nation impuissant et de la politique dominée par l'économie, c'est pour dissuader les peuples de convoiter un pouvoir toujours bien réel, mais que les riches entendent exercer à leur seul profit.

Cette stratégie a plutôt bien fonctionné jusqu'aux années 1990, au point que les mythes en question finirent par constituer une part du sens commun, des idées reçues qui ponctuaient les discours dans tous les courants politiques, sans que personne n'estime encore utile de les étayer par une quelconque argumentation. Toutefois, cette épidémie d'imbécillité, qui, certes, affecte encore de beaux esprits, a perdu de sa vigueur à la fin des années 1990. En effet, après vingt ans d'un régime néolibéral, il devenait trop évident que celui-ci constituait une politique extrêmement active et efficace au service des classes supérieures. La critique altermondialiste et progressiste ne pleurait plus la puissance perdue du politique et des États-nations ; elle contestait davantage la domination exercée par les États les plus riches et, en leur sein, les politiques inégalitaires d'une oligarchie réactionnaire. L'enjeu de la critique et du combat politique n'était plus de retrouver des « marges de manœuvre », il était avant tout d'installer une nouvelle et réelle démocratie, en un mot de reprendre le pouvoir aux riches.

Dès lors, pour justifier leurs politiques, les néolibéraux ne pouvaient plus se cacher derrière une improbable impuissance de l'État. Il devenait trop évident que la politique n'était pas impuissante pour tout le monde, que l'argent manquait toujours pour les dépenses sociales, mais jamais pour enrichir les riches et sauver les banques fautrices de crises. Puisque le masque de l'impuissance allait bientôt tomber, dévoilant une puissante politique de classe, les néolibéraux devaient mobiliser une nouvelle justification, assumer, voire revendiquer la part belle faite aux plus fortunés… au nom de l'intérêt général ! Ainsi, depuis les années 2000, une nouvelle droite décomplexée a fait miroiter la perspective d'un nouveau salut pour les pauvres : la prospérité d'un territoire qui sait être agréable aux riches.

Le mirage de l'attractivité des territoires

L'ultime défense des néoconservateurs, avant que les gueux en colère ne leur coupent la tête, consiste à convaincre ces derniers que la prospérité des riches allège la misère du monde.

À cette fin, le nouveau discours économique « moderne » réactive la plus vieille et la plus fausse des thèses ultralibérales :

1) l'épargne accumulée par les riches finance les investissements et le développement économique, grâce auxquels l'emploi et les revenus de tous peuvent progresser ;

2) les gains collectifs ainsi engendrés financent la protection sociale et permettent de secourir les perdants de la libre compétition ;

3) il ne faut pas déplorer l'inégalité, même croissante, entre les gagnants et les perdants, car celle-ci stimule l'initiative, l'investissement et le travail des plus habiles auxquels la société doit sa prospérité ; pénaliser les gagnants au nom de l'égalité aurait donc pour seul effet de casser le moteur du développement collectif et de livrer les plus défavorisés à une condition bien plus misérable ;

4) encourager l'accumulation privée des richesses est un impératif encore plus pressant de nos jours, dans un monde globalisé où les investisseurs les plus fortunés et les entrepreneurs les plus habiles peuvent aisément fuir les territoires inhospitaliers pour dispenser ailleurs leurs bienfaits.

Tout cela a la force apparente de la logique et des « lois de l'économie ». Il s'agit en réalité d'une série de postulats erronés que nous discuterons l'un après l'autre.

1) Le premier postulat inverse le sens réel de la causalité. L'épargne des riches n'est pas la cause du développement économique mais sa conséquence. C'est le travail qui constitue la source du produit et du revenu d'une nation, comme le soulignait Adam Smith (père fondateur de l'économie politique libérale, excusez du peu !) : « Le Travail annuel d'une nation est le fonds primitif qui fournit à sa consommation annuelle toutes les choses nécessaires et commodes à la vie[20]... » Le travail engendre la production et le revenu ; la partie du revenu qui n'est pas consommée constitue une épargne disponible pour financer des investissements. L'épargne sert éventuellement à l'investissement productif dans l'entreprise, mais pas nécessairement, car ses détenteurs peuvent juger plus utile ou rentable de l'investir dans des biens de luxe, des terrains, des immeubles ou encore dans la spéculation financière. L'investissement productif sera d'autant plus soutenu que les autres opportunités de profit ou d'accumulation sont limitées et que la croissance globale de l'économie est soutenue (on n'investit pas dans la production si on anticipe une stagnation ou une réduction de la demande).

On sait assez bien aujourd'hui ce qui soutient la croissance à long terme, après cinquante ans de recherches empiriques et théoriques[21]. La quantité des « facteurs » de production (travail et capital) n'explique qu'un tiers environ de la croissance, le reste provenant d'un progrès général de la qualité et de la productivité des facteurs. Ce progrès général lui-même est largement imputable à l'éducation, à la santé, aux infrastructures, à la recherche, à la stabilité politique, à la réduc-

20. Ce sont les premiers mots de son œuvre la plus célèbre : *Recherches sur la nature et les causes de la richesse des nations* (1776).

21. Voir *Vraies Lois*, « Loi n° 15. La loi des rendements croissants ».

tion des inégalités sociales, à la démocratisation de l'accès au crédit, bref, au progrès des services collectifs principalement financés par l'impôt.

Les faits sont donc les suivants : c'est l'efficacité du travail productif qui engendre la richesse nationale et l'épargne ; c'est ensuite l'affectation d'une part importante du revenu national aux services collectifs qui nourrit le développement économique et permet le progrès social. On peut donc aisément prédire l'avenir sombre d'une société qui réduit la part du revenu destinée aux travailleurs et aux biens publics, pour accroître celle des profits. Quand, de surcroît, cette société libère et encourage toutes les formes de spéculation qui permettent de réaliser d'énormes plus-values en ne produisant rien et en ne créant aucun emploi, alors elle réunit les deux mécanismes pervers qui engendrent toutes les crises du capitalisme.

2) Ce n'est donc pas davantage à la richesse des riches que nous devons le progrès social. Les néolibéraux qui avancent cet argument « ne manquent pas d'air » ! Comme si la protection sociale et les droits sociaux étaient l'effet d'une générosité naturelle des capitalistes, et non le résultat de combats politiques et de luttes ouvrières contre lesquelles les patrons demandaient naguère qu'on envoie la troupe ! « Certes, conviendront les riches d'aujourd'hui, mais c'est quand même nous qui finançons les dépenses sociales. » Eh non, justement, cela ne leur coûte pas un sou ! Répétons-le (avec Adam Smith), c'est le travail de tous qui engendre le revenu national et donc l'ensemble des moyens financiers répartis entre la consommation, l'investissement privé, les dépenses publiques et... les profits ! *Ce sont en réalité les riches qui coûtent cher à la société et non l'inverse*. Quand les profits ne sont que la part du revenu de l'entreprise qui retourne à l'entreprise (pour financer son développement), leur coût social (prélèvement sur le revenu national) est compensé par une utilité sociale (production, emplois, etc.). Mais

quand ils viennent gonfler la spéculation qui fait grimper les loyers, qui fait bondir le prix des denrées alimentaires dans les pays pauvres, qui provoque les crises financières, les récessions, le chômage et qui, pour finir, se solde par des sacrifices imposés aux travailleurs pour sauver les spéculateurs de la faillite, alors, vraiment, les riches coûtent scandaleusement trop cher au reste de l'humanité.

Du point de vue de l'intérêt économique global, la distribution de profits est désormais une simple nuisance. À force d'extorquer des taux de rendements exorbitants pour les actionnaires et de préférer les jeux financiers à l'investissement industriel, les gestionnaires du capital ont transformé la Bourse en sangsue qui pompe bien plus de revenus aux entreprises qu'elle ne leur fournit de capitaux propres. Depuis la fin des années 1990, le marché financier n'a même plus l'alibi de constituer une source de financement de l'économie réelle : les entreprises capitalistes disposeraient de plus de moyens financiers si on fermait la Bourse !

L'élévation de la part du revenu distribué aux détenteurs du capital est donc une nuisance économique. À l'opposé, les prélèvements qui financent des dépenses de santé, d'éducation, de recherche ou d'équipements collectifs ne sont pas une simple consommation du revenu national pour la satisfaction immédiate de la population ; ils constituent des investissements socialement utiles à long terme qui étendent la productivité globale (sans intensification du travail) et engendrent les ressources fiscales nécessaires à leur financement.

3) Le troisième postulat énonce que les inégalités, par leurs effets incitatifs, soutiendraient le développement et par conséquent le progrès du niveau de vie général et surtout celui des plus défavorisés. C'est là une double erreur, anthropologique et économique.

Dans *L'Autre Société*, j'ai abondamment développé l'enseignement des sciences de l'homme sur cette question.

En très bref, l'énergie des êtres humains n'a pas un besoin impératif d'être stimulée par la compétition pour avoir plus qu'autrui (rivalité mimétique et acquisitive) ; la compétition symbolique pour la reconnaissance sociale est le seul moteur sans doute incontournable. Les inégalités économiques (de revenus ou de patrimoines) peuvent avoir des effets stimulants, mais ils sont parfaitement superflus : si les conventions sociales en décident ainsi, vous obtiendrez des individus toute l'énergie souhaitable, sans débourser un centime, en les récompensant uniquement par l'estime générale. Les inégalités économiques deviennent en revanche très démobilisatrices, quand elles profitent exagérément à une minorité et que la majorité des individus les jugent injustes : l'effet d'incitation positive sur la minorité de gagnants est alors plus que compensé par la démotivation générale des perdants.

La réalité économique vient renforcer ces premiers enseignements. D'abord, on sait que les inégalités salariales n'ont aucune explication économique rationnelle liée à l'efficacité relative des différents types d'emplois[22]. La seule explication plausible repose sur les conventions sociales spécifiques à chaque société. Ainsi, par exemple, les Suédois et les Norvégiens ne tolèrent qu'un niveau d'inégalité deux fois et demi inférieur à celui qu'acceptent les Américains. Et, soit dit en passant, cela ne rend pas les premiers moins dynamiques et moins compétitifs que les seconds.

Ensuite, on sait que l'accroissement des inégalités sociales est un frein au développement[23]. Au XXe siècle, toutes les expériences de sortie rapide du sous-développement sont associées à une forte réduction des inégalités sociales grâce aux services collectifs (éducation, prestations sociales), aux normes salariales, au partage des gains de productivité, etc.

22. Voir Thomas Piketty, *L'Économie des inégalités* (6e éd.), Paris, La Découverte, 2008.

23. Voir *Vraies Lois*, « Loi n° 18. La loi du gâteau : plus on le partage, plus il y en a ».

On peut certes observer des pays où la forte progression du PIB par habitant coïncide avec un haut degré d'inégalités. Mais la croissance du PIB n'est justement pas un indicateur de « développement » ou de bien-être collectif. Dans les pays émergents, les exemples ne manquent pas de croissance très inégale, combinant un niveau de vie élevé pour une classe supérieure et une vie plus ou moins misérable pour le reste de la population. Parmi les pays industriels les plus avancés, au milieu des années 2000, les États-Unis sont simultanément les champions pour : le PIB par habitant, les inégalités de revenus, le taux de pauvreté, l'analphabétisme, l'illettrisme, l'insécurité de l'emploi, le taux d'emprisonnement, la probabilité de décéder avant 60 ans, la prévalence de l'obésité chez les individus âgés de 15 ans et plus. Les pays qui réduisent au minimum cette avalanche de calamités sont la Suède et la Norvège, c'est-à-dire les pays où les inégalités de revenus sont les plus faibles[24]. Ce sont aussi, comme on sait, des pays où la part du revenu national consacrée aux biens publics est parmi les plus élevées dans le monde. En bref, une nation se porte toujours mieux en limitant la part que les gagnants de la compétition économique peuvent prélever au détriment des autres membres de la société et des services collectifs.

4) Au point où nous en sommes arrivés, on se demande bien quel imbécile souhaiterait retenir ou attirer les riches sur son territoire en se pliant à leurs exigences ? Aucun être sensé ne livre allègrement son pays aux prédateurs. À l'exception des néolibéraux bien sûr, puisqu'ils sont les prédateurs.

Dans les années 2000, constatant la trop lente progression de leur projet dans quelques bastions de la vieille Europe de l'Ouest, les néolibéraux ont fabriqué la grande peur d'une

24. On se réfère à l'étude comparée réalisée par Mica Panic, « Does Europe need neoliberal reforms ? », *Cambridge Journal of Economics*, vol. XXI, n° 1, janvier 2007. Une présentation de l'étude se trouve dans : Jean-Pierre Pagé, *Penser l'après-crise*, Paris, Autrement, 2009.

hémorragie des capitaux, des managers et même (ôh comble du déshonneur national !) des rock stars et des champions de football. À défaut de renoncer encore plus vite à l'imposition des profits des hauts revenus, de détruire encore plus vite nos services sociaux, d'abolir encore plus de droits sociaux, nos territoires seraient bientôt exsangues, désertés par les talents et les investisseurs, livrés au chômage et abandonnés à un inéluctable « déclin ».

Ce discours n'est pas seulement d'une redoutable perversité (je la soulignerai bientôt) ; il est d'abord tout simplement inepte sur le terrain même où il prétend se placer : celui de l'efficacité économique.

Le risque d'hémorragie des meilleurs dirigeants et entrepreneurs est une vaste blague dont on ne repère d'ailleurs aucune trace significative dans les faits. Les néolibéraux voudraient nous faire croire que tous les chefs d'entreprise sont (comme eux sans doute !) de cyniques sauvages, sans foi, ni loi, ni famille, ni patrie, sans attaches sociales et symboliques à un territoire, à l'entreprise (au plein sens du terme), bref, des machines à calculer qui, à partir d'un seuil critique de rentabilité ou de salaire, abandonnent du jour au lendemain les lieux et les gens qui ont construit leur propre histoire. En réalité (faut-il le rappeler ?), les entrepreneurs et les dirigeants sont des humains, pas des choses, ce qui explique pourquoi, dans la plupart des cas, ils se battent d'abord pour déployer leur activité là où ils sont et pour obtenir la reconnaissance sociale qui soutient leur existence. Cela n'empêche évidemment pas que quelques mercenaires dissociés choisissent l'exil pour une poignée de dollars, ni qu'une vedette de la chanson ou un footballeur demande l'asile fiscal en Suisse. On conviendra que, dans ces derniers cas, ce n'est vraiment pas une grande perte !

Venons-en au cœur du sujet. Les travaux sérieux et les données sur l'attractivité économique des territoires et les stratégies de localisation des investissements ne manquent pas. Il en ressort une évidence : le choix d'investir dans un territoire donné prend en compte un vaste ensemble de paramètres (coûts salariaux, fiscalité, réglementations, coûts de transport, productivité, qualification de la main-d'œuvre, qualité des infrastructures, taille et distance des marchés, conditions de vie pour les cadres expatriés, sécurité publique, corruption, interaction avec les entreprises déjà installées, stabilité politique, etc.). Par conséquent, un territoire attractif pour de vrais entrepreneurs (qui investissent pour développer une activité productive) n'est pas nécessairement un territoire respectant les canons de la beauté néolibérale (pas d'impôts, peu de salaires et peu de droits sociaux).

Voilà pourquoi la France, ce pays tellement laid aux yeux des néolibéraux, oscille constamment entre la deuxième et la quatrième place mondiale dans les destinations préférées par les investisseurs. Un pays où les impôts, les cotisations sociales, les réglementations du travail restent parmi les plus importants dans le monde n'a aucun mal à attirer des investisseurs qui viennent chercher autre chose (tous les autres facteurs énoncés dans la liste ci-dessus). Autrement dit, les investisseurs peuvent payer cher la main-d'œuvre quand sa qualité est à la hauteur ; ils sont disposés à payer des impôts si les services collectifs et les infrastructures sont à la hauteur, bref, s'ils en ont pour leur argent.

Alors, bien sûr, il existe aussi des « investisseurs » qui cherchent uniquement des territoires où les travailleurs sont mal payés, maltraités, à la merci du bon vouloir des dirigeants, et où les prélèvements obligatoires excessivement bas permettent à peine de payer la police et l'armée, mais pas l'instruction et la santé pour tous. Mais le fait est là, têtu, béant, ineffaçable : les « vieux » pays industriels ont le pouvoir de choisir quel type d'investisseurs ils veulent séduire – les prédateurs ou les entrepreneurs, les barbares ou ceux qui apprécient les atouts et les bienfaits de leur civilisation.

Telle est l'autre « marge de manœuvre » bien réelle que les néolibéraux s'efforcent d'occulter contre l'évidence, car si le voile de l'ignorance vient à être levé, les citoyens ont tôt fait de choisir la bonne manœuvre. Vous-mêmes, qui souhaiteriez-vous attirer dans votre pays ? Ceux qui respectent et admirent votre société, qui sont disposés à vivre selon vos lois et coutumes et pour qui les progrès sociaux de votre pays sont des atouts et non des handicaps ? Ou bien les mercenaires postés à vos frontières, attendant pour vous rejoindre que vous ayez renoncé à vos droits, fermé vos écoles et vos hôpitaux, baissé vos salaires et institué le droit de vous traiter comme des bêtes au service exclusif de leur cupidité ? La réponse va de soi et, n'était la fausse certitude que vous n'avez plus vraiment le choix « dans un monde globalisé », on sait bien ce que vous diriez tous en chœur aux riches qui préfèrent « fuir » vers des cieux plus cléments pour leur portefeuille : « Bon débarras ! Allez-vous-en ! On ne veut pas de vous ! » D'où la désinformation systématique déployée pour persuader les citoyens qu'ils n'ont plus le choix. Sans cette illusion constamment entretenue, la perversité des gouvernements apparaîtrait au grand jour : eux ont fait un vrai choix, celui de nous livrer aux prédateurs.

Or cette illusion, justement, est tenace ; après trente ans de propagande intensive, elle a gagné trop d'esprits et acquis la force d'une croyance peu sensible aux faits et aux arguments rationnels. Aussi, je le sais, mes propres arguments laisseront sceptiques bien des lecteurs convaincus que, même si cela est déplorable, on ne peut plus échapper aux contraintes imposées par la généralisation du capitalisme et par la compétition mondiale intensive qui s'ensuit. Alors je vais m'y prendre autrement en soulignant l'enjeu réel et la gravité de ce débat.

Admettons, par hypothèse, que l'extension mondiale de la compétition ait réellement détruit nos marges de manœuvre nationales et nous force à céder aux attentes des gestionnaires du capital. Si cela est exact, la bonne question trop rarement posée est alors la suivante : quelle conclusion devrions-nous en tirer ? Qu'il faut continuer indéfiniment à nous adapter aux exigences de la compétition ? Ou bien qu'il faut adapter l'intensité et les modalités de la compétition à nos exigences ? La réponse dépend de ce que nous voulons sauver en priorité : une société démocratique pacifiée par la justice et la solidarité, ou bien la liberté de gagner le plus d'argent possible, dans une dissociété brutale où seule une minorité pourra effectivement accumuler des richesses ?

Préserver la démocratie suppose de limiter autant que nécessaire toutes les pressions extérieures qui tendent à anéantir le pouvoir des citoyens. Des millions d'individus acceptent durablement de vivre ensemble en bonne harmonie, sous l'autorité d'une loi votée par la majorité, à la seule condition minimale qu'ils aient une influence effective sur cette loi, une possibilité réelle de faire entendre leurs aspirations, une chance quelconque de faire évoluer la loi par le vote, le débat public ou l'action syndicale. Si la compétition mondiale a pour effet qu'une part essentielle du système social doive désormais être alignée sur les préférences de marchés, de pays plus compétitifs ou d'investisseurs avides de profits, et non plus sur les préférences de la majorité politique issue des urnes, alors la compétition anéantit la démocratie et celle-ci ne peut donc survivre qu'en limitant la compétition.

Bien des démocrates convaincus pensent néanmoins qu'il n'est plus possible, au niveau national, de limiter la pression de la compétition mondiale : ils proposent alors la mise en œuvre d'une « démocratie mondiale », *via* des institutions mondiales représentatives qui élaboreraient des normes économiques, sociales et environnementales pour l'ensemble de la planète. Ce n'est là qu'un fantasme, et c'est heureux, car un tel projet n'est en réalité guère démocratique. Les Chinois ont-ils envie de vivre selon les mêmes lois que les Suédois ? Les Ivoiriens sont-ils enclins à adopter les conventions sociales des Américains, et réciproquement ? Une communauté de citoyens décidés à vivre ensemble n'est pas une construction abstraite ; elle présuppose une expérience concrète de vie commune, une histoire vivante où se sont forgés au moins des éléments d'une culture commune, des langages, des rites sociaux, des règles de bienséance, une certaine idée de la société, des valeurs partagées, bref, tout ce qui constitue, concrètement et symboliquement, un peuple ou une nation. Car, à l'évidence, un individu dont les vues sont minoritaires accepte de se soumettre à la loi de la majorité si, et seulement si, il partage déjà avec tous un monde commun dont la pérennité n'est menacée par aucune majorité[25]. Alors on peut, en théorie, dessiner les contours d'une communauté mondiale des citoyens du monde ; mais celle-ci ne saurait exister pour le temps présent, car il n'est à ce jour ni culture du monde ni peuple mondial. Le seul espace possible pour une démocratie reste celui *des* peuples et *des* nations.

On en revient donc à cette seule et unique « contrainte » incontournable pour une nation démocratique : elle doit préserver la souveraineté de son peuple pour décider les modalités du vivre ensemble. *Le territoire d'une démocratie ne doit pas être attractif pour des capitaux ou des investisseurs, ni pour une quelconque catégorie sociale, qu'elle soit étrangère ou indigène ; il doit être attractif pour tous ceux qui y vivent selon les lois qui émanent de leur souveraineté !* Ce principe étant posé, l'ouverture aux échanges internationaux est une excellente chose, dans la seule mesure où elle se fait dans l'intérêt commun des peuples concernés, et donc selon des modalités négociées qui n'imposent à aucun d'entre eux

25. Cette question est naturellement plus complexe, notamment parce que la liberté des citoyens suppose à la fois un monde commun et une multiplicité de mondes propres et d'identités singulières. Pour le dire grossièrement, un espace démocratique doit être assez vaste pour assurer la diversité sociale nécessaire à la liberté personnelle, mais assez limité pour maintenir l'unité et la vie commune des identités singulières. Voir *Autre Société*, chap. 7, pour un traitement détaillé de cette question.

de se soumettre à des lois étrangères. Telle est la voie sur laquelle s'étaient engagées les nations démocratiques, après la Seconde Guerre mondiale, et en particulier celles qui fondèrent la Communauté économique européenne. Elles ont depuis pris le chemin inverse, glissé de la *coopération internationale* à la *compétition mondiale*. Il ne s'agit plus d'organiser les échanges dans l'intérêt commun des peuples ; il s'agit de désorganiser les échanges pour détruire la souveraineté des peuples dont les aspirations pourraient faire obstacle aux intérêts du capital.

Alors, si mes lecteurs sceptiques estiment que l'« on ne peut pas faire autrement » (*i.e.* qu'il est impossible de limiter la compétition mondiale), je les invite à bien considérer ce que cela signifie : « On ne peut pas faire autrement que de renoncer à une société démocratique. »

Si vous acceptez la compétitivité et l'attractivité du territoire comme des impératifs préalables et irrépressibles, alors vous acceptez par avance de faire comme les autres acteurs du marché mondial, quoi qu'ils fassent : si tous les pays interdisent l'imposition des bénéfices, abolissent le droit de grève, suppriment les congés payés, vous devrez en faire autant. Et rien ne peut arrêter cet engrenage en raison du paradoxe absurde d'une compétition illimitée : si tout le monde fait comme les autres pour rester compétitif, personne ne prend jamais l'avantage, et chacun doit reprendre la course au moins-disant fiscal, social, environnemental, jusqu'au point où il ne reste de la société et de ses lois que les ultimes lambeaux nécessaires à la sécurité et à la jouissance des maîtres. Vous devrez boire la coupe de la compétitivité jusqu'à la lie ; quoi que décident vos compétiteurs, vous serez forcés de les suivre ; la question de savoir s'ils ont raison ou non, si c'est bien ou mal, ne se posera pas puisque, c'est vous qui le dites : « Vous ne pouvez plus faire autrement. »

Alors, même quand cela paraît impossible, le désastre potentiel où nous entraîne la résignation nous commande de

« faire autrement ». Entre l'impossible et la mort, une démocratie tente d'abord l'impossible. C'est précisément parce qu'elles n'étaient pas de vraies démocraties que, voici une trentaine d'années, les sociétés modernes se sont engagées sur la voie mortelle de la compétition généralisée. Elles ont rompu les digues qui contenaient le potentiel destructeur de la course aux profits. La vague déferle encore jusqu'à nos jours, et son œuvre prévisible est là sous nos yeux : l'immense gâchis économique, écologique et social, la dislocation de la société, l'effondrement moral, le déclin de la démocratie, la résurgence du fascisme et des pulsions haineuses, la victoire de la peur et de la bêtise. La civilisation moderne a enclenché la marche arrière.

Une civilisation en marche arrière

La manipulation des esprits commence par la colonisation du langage, par l'altération insidieuse du vocabulaire ordinaire du débat public. Le terme « moderne » est l'un des plus intensivement manipulés par les artisans de la Grande Régression ; ceux-ci l'ont dépouillé de sa signification historique et philosophique pour étendre jusqu'à l'absurde le sens usuel qui oppose l'actuel à l'ancien et que les dictionnaires résument en substance à l'expression « être de son temps ». En ce sens, et dès lors que la victoire politique des néolibéraux a imposé au monde une idéologie et un projet de société dominants, ces derniers sont *de facto* « modernes » puisque conformes à l'air du temps. Désormais, la « modernité » désignerait donc la qualité des moutons qui font comme tout le monde et des abrutis qui adhèrent sans réfléchir au discours ambiant. L'archaïsme serait *a contrario* la tare des penseurs et des résistants qui s'opposent à la destruction systématique des progrès sociaux conquis par les peuples justement les plus modernes ! Ce que les néolibéraux appellent « modernisation », c'est l'*adaptation* des peuples au mouvement naturel et irrépressible de l'histoire que constitueraient la guerre économique mondiale et la marchandisation des sociétés. Rien n'est en réalité plus antimoderne qu'une telle conception de l'histoire. Mais qui le sait encore, après trente ans de contamination de tous les discours par la novlangue néolibérale ?

Il est donc bien nécessaire de rappeler à nos contemporains en quoi consistait la promesse de la modernité en Occident, du siècle de Galilée (XVIIe) au siècle des Lumières (XVIIIe) :

- le règne de la raison en lieu et place de l'obscurantisme religieux ;
- la quête de l'autonomie individuelle à l'égard des déterminismes sociaux ;
- la maîtrise technique de la nature au lieu de la soumission des humains aux aléas d'un ordre naturel ;
- une communauté de citoyens liée par un contrat social et non par une autorité despotique ;
- les droits de l'homme et les libertés publiques ;
- l'idée d'une histoire ouverte à l'action humaine et donc au progrès ;
- la démocratie, c'est-à-dire l'égalité des individus et la souveraineté du peuple pour définir les modalités du vivre ensemble.

Pour le dire en raccourci, c'était là une promesse d'émancipation et de progrès pour tous les êtres humains, grâce à la connaissance, à l'égale liberté et à la loi démocratique.

Cette promesse moderne fut portée par trois siècles de combat des progressistes pour l'émancipation humaine, contre l'obscurantisme, le despotisme, l'exploitation économique, la maladie, la pauvreté, l'insécurité. Trois siècles agités par des révolutions et des contre-révolutions, par la guerre quasi permanente des nations en quête de territoires et de ressources, par l'affrontement souvent violent des idéologies. C'est dans le tumulte des luttes sociales et des guerres que l'histoire moderne a accouché, cahin-caha, des libertés publiques, des droits sociaux, des nations démocratiques, de l'affranchissement des esprits à l'égard des clercs et des puissants, etc. Or, avant ma génération (celle des années 1950), jamais la victoire des progressistes et des démocrates ne parut définitivement assurée. Mes grands-parents virent même trois siècles de progrès si durement conquis momentanément anéantis par la Grande Dépression et par la victoire du fascisme et du nazisme.

L'après-guerre, en Europe et en Amérique du Nord, fut la première période de l'histoire où la victoire des modernes et des libéraux sur les conservateurs et les réactionnaires parut assurée (au moins dans une partie du monde). Quelle que soit la part d'ombre des Trente Glorieuses, la confiance dans l'avenir caractérisait ma génération. Nous avions la chance d'être nés dans l'une de ces rares nations où les idées progressistes avaient remporté une interminable bataille. Restait certes un long chemin à parcourir pour les inscrire pleinement dans la réalité, mais nous n'imaginions pas que les démocraties occidentales puissent régresser vers un âge sombre et réactionnaire, et surtout pas au moment où leur modèle de développement commencerait à séduire le reste du monde. C'est pourtant ce qu'il advint...

Depuis trois décennies, on l'a vu, déferle la vague néolibérale. La généralisation de ce nouveau « modèle » occidental était censée diffuser au monde entier les acquis de la modernité : le *progrès matériel*, une société pacifiée par le *progrès social* plutôt que par la police, un État de droit garant de l'intérêt général, les libertés publiques, la *démocratie* et l'*autonomie* croissante des individus. Or, non seulement nous n'assistons pas à la diffusion planétaire de ces « acquis », mais encore nous constatons leur déconstruction et leur régression générale dans le monde occidental[26] lui-même. Mon propos sera par nature concentré sur ce retournement en Occident. Les dégâts de la vague néolibérale sur le reste du monde méritent certes autant d'attention, mais ils sont déjà amplement documentés et, surtout, ils ne constituent pas le sujet de ce livre. Il s'agit ici de comprendre comment et pourquoi le mouvement du progrès moderne s'inverse en une régression générale. Cela suppose de concentrer l'attention sur les pays qui étaient les plus avancés dans ce mouvement.

Or, dans ces pays les plus « modernes », la promesse du progrès matériel pour tous s'évanouit dans *l'autodestruction du système économique* et *le saccage des écosystèmes* ; la cohésion sociale se dissout dans *une dissociété atomisée ou communautarisée* ; la démocratie s'efface devant l'*État privé* et *la montée d'un « fascisme néolibéral »* ; le culte officiel de l'autonomie individuelle masque *un effondrement moral et intellectuel* qui livre à nouveau les individus à diverses servitudes. Telles sont les multiples dimensions concomitantes de la Grande Régression. Le chapitre 3 traite de la régression économique et écologique, le chapitre 4, de la régression sociale, morale et politique.

26. Je sais bien que le mouvement réactionnaire affecte aussi l'Orient, comme nous l'apprend notamment Daniel Lindenberg dans son essai sur la mondialisation des idées (*Le Procès des Lumières*, Paris, Seuil, 2009). Mais je traite ici non du seul mouvement des idées, mais plus largement des changements effectifs de la société. En dehors des vieux pays industriels occidentaux et du Japon, on ne peut pas parler, par exemple, de déconstruction des droits sociaux ou de la démocratie, car ceux-ci restent très largement à construire. Le diagnostic d'une régression générale ne s'applique donc qu'aux sociétés qui avaient jusqu'alors développé tous les traits culturels, politiques, économiques et sociaux de la modernité.

3

La régression économique et écologique

La phase précédant la Grande Régression avait enclenché une dialectique positive dans laquelle le capitalisme s'adaptait aux exigences de la société. La contre-révolution néolibérale des années 1980 a mis ce moteur dialectique en marche arrière, contraignant désormais la société à s'adapter continuellement aux exigences toujours plus hautes du capital. Des esprits simples ou trop pressés ont interprété ce retournement comme l'avènement du primat de l'économique sur le politique. J'ai déjà montré qu'il n'en était rien et, si d'aucuns en doutent encore, l'examen des effets concrets de ce retournement sur l'économie achève de le démontrer. *L'économie ne s'est jamais aussi mal portée et la raison économique a rarement été aussi mise à mal qu'à partir du moment où les politiques ont tenté d'imposer à la société réelle le moule fantasmagorique d'une pure société de marché*. Le résultat n'est assurément pas la suprématie de la rationalité économique sur la raison politique. C'est au contraire la victoire d'une folie politique contre l'efficacité et le progrès économiques.

Des années 1980 aux années 2000, la contre-révolution néolibérale a provoqué en cascade krachs boursiers, crises financières internationales, faillites retentissantes (Enron, caisses d'épargne américaines, LTCM, Arthur Andersen, etc.), éclatement de « bulles spéculatives » (bulle immobilière, bulle Internet). Le déclenchement de toutes ces crises est *in fine* imputable à la déréglementation financière qui a donné aux détenteurs du capital la capacité (juridique et pratique) de faire quasiment n'importe quoi pour gagner le plus d'argent possible, sans se soucier des risques et des conséquences de leurs actes.

Ainsi, des mécanismes de rémunération (stock-options, bonus) ont été conçus pour inciter les gestionnaires d'entreprise ou de fonds d'investissement à maximiser la valeur instantanée d'une action ou d'un portefeuille de titres. On a donc ouvert un boulevard aux paris spéculatifs et aux montages financiers les plus fous à long terme, mais susceptibles de créer de la « valeur pour l'actionnaire » à court terme, c'est-à-dire juste le temps nécessaire pour que les gestionnaires empochent leurs faramineuses récompenses. À chaque fois que ce système insensé conduit à des pertes colossales ou à la faillite d'une grande entreprise, on accuse des dirigeants ou des *traders* indélicats qui auraient dévoyé le système. En réalité, ces derniers n'ont le plus souvent rien fait d'illégal ; ils ont juste appliqué la logique d'un système qui récompense des performances immédiates et évince ceux qui tardent à contenter les attentes des actionnaires. Dans les cas où ces « voyous » ont vraiment commis des délits, il faut rappeler qu'ils n'auraient peut-être pas gardé leur *job* s'ils n'avaient pas satisfait, par n'importe quel moyen, les exigences de leurs employeurs. C'est donc bien le système lui-même, et la pression concurrentielle qu'il impose à ses acteurs, qui constitue une usine à catastrophe financière, voire, accessoirement, une fabrique à voyous.

Pour jouer à des paris fous, il faut des marchés libres de monter tous les jeux possibles et imaginables ; tel était justement l'objet de la libéralisation de la finance globale.

La libre circulation des capitaux a amplifié les conséquences du comportement moutonnier des investisseurs. Des investisseurs du monde entier peuvent acheter un instrument financier en pariant sur une hausse de son cours en

Bourse et, ce faisant, provoquer eux-mêmes la hausse qu'ils espèrent (anticipations autoréalisatrices) ; tant que le cours monte, la plus-value potentielle attire de nouveaux investisseurs qui poussent le cours toujours plus haut, et ainsi de suite… Jusqu'au moment où, pour une raison quelconque (mauvaise nouvelle, besoin de liquidités, etc.), les investisseurs se mettent à vendre pour empocher la plus-value avant que le cours ne dégringole. Et quand tous les moutons jouent à la baisse et vendent leurs titres, le cours s'effondre (éclatement de la « bulle spéculative »). Ainsi, entre autres exemples, des flux massifs de capitaux à court terme s'investissent en Asie du Sud-Est, au début des années 1990, avant de refluer brusquement en 1995 et de provoquer une grave récession dans toute cette région.

Ce jeu à hauts risques est d'autant plus tentant que l'on n'est même pas tenu de posséder l'argent nécessaire pour jouer : il suffit de l'emprunter et de le rembourser plus tard en liquidant les actifs acquis à crédit et en empochant une plus-value (c'est l'« effet de levier[1] »). Mais quand la bulle éclate, les investisseurs ne peuvent plus rembourser leurs emprunts, mettant en difficulté les établissements prêteurs qui cessent de prêter et éventuellement de rembourser leurs propres dettes. Et l'ampleur des capitaux en jeu est telle que c'est l'ensemble du système financier international qui entre en crise et réduit ses crédits ; une crise financière locale peut ainsi dégénérer en crise économique internationale. Le FMI, les banques centrales et les gouvernements interviennent alors pour éviter l'effondrement du système de crédit. On sauve les grandes banques, mais pas les salariés qui ont perdu leur emploi, ni les petits entrepreneurs qui ont fait faillite, faute

1. L'effet de levier désigne toute augmentation de l'endettement qui a pour effet de faire monter la rentabilité des fonds propres investis. Quel que soit le profit dégagé par une opération, le taux de rentabilité du capital (profit-fonds propres) est mécaniquement plus élevé si cette opération est financée à crédit plutôt qu'en investissant davantage de fonds propres.

de liquidités et de clients. Le message est clair : les plus gros spéculateurs fauteurs de crises sont assurés d'être sauvés par les pouvoirs publics parce qu'ils sont justement trop gros pour qu'on les abandonne à leur faillite ; ils peuvent donc tranquillement reprendre leur course aux profits artificiels, puisque leurs pertes potentielles seront socialisées.

Pour limiter plus sûrement encore les risques privés, une grande variété de nouveaux instruments a vu le jour (« innovations financières »). Par exemple, l'établissement qui fournit un crédit peut se débarrasser de sa créance (et donc du risque de défaut) en la « titrisant » : la créance est transformée en titre négociable (obligation) qui est vendu sur le marché financier à des fonds d'investissements. Encore plus malin, les banques construisent des obligations composites (les fameux CDO[2]) constituant un paquet de créances présentant des degrés de risques différents ; des dettes à peu près sûres sont ainsi mêlées à des dettes beaucoup plus risquées. Les spéculateurs peuvent aussi souscrire une sorte de contrat d'assurance (CDS[3]) contre le risque de perte sur un titre de dette, même s'ils ne détiennent pas ce titre. Imaginez que vous puissiez vous assurer contre le risque d'incendie non seulement chez vous, mais aussi chez n'importe qui : voilà de quoi susciter des vocations de pyromanes. Surtout si, comme c'est le cas dans la finance, vous pouvez par ailleurs parier des millions sur la survenue desdits incendies !

L'effet le plus critique de toutes ces innovations financières est évident : elles permettent aux prêteurs de ne pas assumer directement le risque associé aux crédits qu'ils distribuent et engendrent ainsi un redoutable « aléa moral » (une incitation à maximiser les risques contre lesquels ils se trouvent de fait assurés). L'aléa moral peut atteindre le comble de l'absurdité économique : grâce aux possibilités d'assurance contre le risque de défaut d'un emprunteur, une banque peut avoir

2. *Collateralized Debt Obligations.*
3. *Credit Default Swaps.*

intérêt à mener son client à la faillite en le poussant au surendettement ; elle empoche un maximum d'intérêts tant que le pigeon peut payer et touche un jackpot spéculatif quand ce dernier est à la rue ! Une banque peut aussi vendre un produit de placement à ses clients et, au même instant, spéculer sur les marchés à terme sur l'effondrement de ce même produit ; dans ce cas de figure, la banque ne maximise pas son profit quand elle vend le meilleur produit à ses clients, mais au contraire quand elle parvient à vendre un maximum de produits pourris ; elle profite de la ruine de ses clients[4]. (Et il y a encore des zozos qui croient à la « souveraineté du consommateur » !)

Un autre effet de la multiplication des innovations financières (et particulièrement des instruments de couverture des risques) est l'opacité croissante du degré effectif d'exposition au risque des opérateurs financiers. Pour reprendre l'image de Pierre-Noël Giraud[5], la finance globale est un gigantesque jeu de mistigri, dans lequel les opérateurs font circuler le risque en permanence jusqu'à ce qu'il éclate à la figure du malchanceux qui l'a en main au mauvais moment. Si, à cette circulation incessante, on ajoute la complexité des instruments financiers, le fait est que personne ne peut plus aisément évaluer qui porte réellement les risques et dans quelle mesure. En situation de crise, cette opacité nourrit une défiance générale entre les opérateurs financiers ; ne sachant plus qui détient quoi, ceux-ci cessent de se prêter des liquidités entre eux (sur le marché monétaire) et c'est alors l'ensemble du système de crédit qui menace de s'effondrer.

4. Soupçonnée de mener ce double jeu, la banque américaine Goldmann Sachs a été poursuivie par la SEC (Security Exchange Commission) au printemps 2010. Cela, uniquement parce que des dirigeants de la banque ont eu la bêtise de s'en vanter dans de multiples courriels. Des centaines d'autres opérateurs qui ne s'en vantent pas font exactement la même chose, parce que rien n'interdit *a priori* de le faire et que tout incite à le faire.

5. Pierre-Noël Giraud, *Le Commerce des promesses. Petit traité sur la finance moderne* (2001), Paris, Seuil, « Points Économie », 2009.

Bien sûr, il n'en sera jamais rien ; les États, là encore, sauveront les fauteurs de crises, et laisseront la facture réelle aux salariés et aux petits entrepreneurs.

Je n'ai donné ici qu'un très sommaire aperçu des principaux mécanismes pervers de la nouvelle finance dérégulée. Je voulais seulement démontrer aux lecteurs les moins avertis que le simple bon sens suffit à réaliser la dangerosité et l'absurdité de ces mécanismes. Si la vraie modernité consiste, notamment, dans le règne de la raison, alors on mesure ici la régression colossale qu'a constituée la prétendue « modernisation » des néolibéraux. Mais la déraison du capitalisme financiarisé et globalisé trouve sa source principale ailleurs que dans la finance.

La multiplication de chocs incontestablement liés à l'emballement d'une finance débridée a nourri l'illusion que les défauts du capitalisme résidaient principalement dans la sphère financière. La perversité d'une finance mal régulée viendrait ainsi entraver le bon fonctionnement de la sphère réelle (le capitalisme producteur des biens et des services non financiers) ; c'est Wall Street qui pourrirait la vie de Main Street. Or, comme le résume bien Robert Reich, ancien ministre du Travail de l'administration Clinton : « La véritable source du problème n'a jamais été dans la finance, et la faillite de Wall Street ne fut qu'un événement de second plan. Le vrai problème était sur Main Street ; dans l'économie réelle. Avant le krach, une bonne partie de l'Amérique s'était enfoncée dans un endettement insoutenable parce qu'elle n'avait pas d'autre moyen de préserver son niveau de vie. Tout cela parce que, depuis des années, la plupart des gains de la croissance ont profité à une minorité en haut de l'échelle sociale[6]. »

L'illusion d'une origine financière de la crise est savamment entretenue par le consensus tonitruant qui diagnostique, après

6. Robert Reich, « 2009: The Year Wall Street Bounced Back and Main Street Got Shafted », http://robertreich.blogspot.com. C'est moi qui traduis.

chaque crise, la nécessité de « mieux réguler la finance ». Car s'interroger sur ses origines dans l'économie réelle remettrait plus directement en question les vertus supposées du système économique en place. Tous les défenseurs du système s'entendent donc pour accuser plutôt les banquiers et les spéculateurs. Comme on le sait, ce consensus d'apparat voile à peine un consensus réel pour ne jamais entraver sérieusement la liberté du capital et des marchés financiers. Mais pourquoi diable ne règlemente-t-on pas davantage cette vilaine sphère financière qui dérange le bon capitalisme « réel » ? Tout simplement parce qu'elle l'arrange au lieu de le déranger ! N'oublions pas (voir chapitre 2) que le capital a conquis son pouvoir quasi absolu dans l'entreprise grâce à la libre circulation des capitaux. Par ailleurs, et surtout, *ce ne sont pas les crises financières qui engendrent un dysfonctionnement du capitalisme productif, mais l'inverse*. Comme on va l'expliquer à présent, la contradiction interne au secteur productif trouve une issue de secours temporaire dans la spéculation financière qui déclenche des crises en cascade.

Tout commence donc dans la sphère réelle, celle de la production des biens et des services privés ou publics. On l'a montré, la croissance économique à long terme a besoin d'une demande globale soutenue et de biens publics[7]. Or, depuis les années 1980, les exigences de rentabilité financière, la pression de la compétition internationale, la peur du chômage et la menace des délocalisations justifient le recul ou la stagnation des bas salaires et une redistribution fiscale inversée (privatisation de l'État au profit des riches). Il s'ensuit donc une augmentation de la part des profits distribués aux détenteurs du capital au détriment du revenu disponible

7. Je ne me soucie pas ici des dégâts écologiques associés à la croissance (traités dans la section suivante), car il s'agit de montrer que, même en l'absence d'une contrainte écologique quelconque, la dynamique propre de la société de marché est parfaitement déraisonnable.

pour les dépenses du plus grand nombre[8] et pour le financement des biens publics. Ce faisant, le capitalisme réactive sa contradiction interne : pour soutenir les profits immédiats, il réprime ce qui soutient l'activité et la rentabilité des entreprises à long terme. Contrairement à la fable néolibérale, le supplément de revenus pour le capital ne stimule en rien l'investissement productif national, car des opportunités de profits bien plus considérables sont désormais offertes par l'investissement dans des pays émergents (faibles coûts salariaux) ou par la spéculation financière. Entre les années 1980 et les années 2000, dans tous les pays du G7, l'augmentation de la part des profits dans le PIB s'est accompagnée d'une baisse du taux d'investissement. Et depuis la fin des années 1990, les actionnaires prélèvent plus de dividendes aux entreprises qu'ils ne les alimentent en capitaux propres. Loin d'être productive, la hausse des taux de profits est clairement un frein à la croissance économique.

Dans le capitalisme industriel primitif, cette contradiction interne débouchait sur une grave crise de surproduction tous les six à huit ans. Dans le capitalisme financiarisé et mondialisé, soutenu par un puissant *État privatisé*, d'autres issues temporaires sont possibles. Si un État veut à la fois augmenter la part du capital improductif dans le revenu national et maintenir le niveau de la dépense intérieure des autres acteurs (travailleurs et/ou collectivités publiques), il faut nécessairement développer l'endettement privé et/ou public. Mais cette dette ne sera remboursable à terme que dans deux cas de figure : soit les revenus réels des acteurs endettés augmentent fortement au détriment des profits et des cadeaux fiscaux distribués aux riches, soit les acteurs endettés devront subir une réduction drastique de leurs dépenses et/ou la saisie de leurs biens. *Surmonter*

8. Entre le début des années 1980 et le milieu des années 2000, la part des salaires dans la valeur ajoutée perd 6 points dans les sept pays les plus industrialisés (G7), 9 points dans l'Union européenne et 10 points en France.

la contradiction interne du capitalisme par l'endettement revient donc à ouvrir une porte de sortie qui débouche sur une nouvelle impasse, sur une crise de solvabilité des ménages ou des gouvernements. Telle est la source de la crise contemporaine du capitalisme. Comme la contrainte de solvabilité est toujours bien plus forte pour des particuliers que pour des États, la crise apparaît d'abord et plus violemment dans le monde anglo-saxon qui a privilégié l'endettement privé ; elle est pour un temps atténuée, mais en réalité seulement reportée, dans quelques pays qui ont eu davantage recours à l'endettement public.

Ainsi, dans un premier temps, certains pays européens[9] ont privilégié l'endettement public pour financer leur transition vers un modèle néolibéral. Sauf pour une minorité de travailleurs laissés pour compte, les salaires ne baissent pas mais, au nom de la compétitivité et pour satisfaire les exigences des riches, l'État transfère des sommes croissantes vers les détenteurs du capital et des plus hauts revenus (exonérations de cotisations sociales, réduction des taux d'imposition des hauts revenus et des profits, etc.). Ce sont encore les budgets publics qui compensent la précarité du travail, les fermetures d'usines et le chômage de longue durée par des aides sociales. Dans ce régime, la dépense intérieure n'est pas momentanément affectée par la ponction croissante du capital, mais seulement au prix d'une dette publique croissante.

Cette issue n'est pas soutenable à long terme. Quand la dette finance des investissements publics productifs (dans l'éducation, la santé, la recherche, etc.), elle soutient l'activité et la productivité à long terme et génère donc à terme les ressources fiscales nécessaires au remboursement de la dette. En revanche, quand la dette finance de la « dépense fiscale » (la baisse des prélèvements sur les riches) ou de la fraude

9. En particulier la France, la Grèce, l'Italie et le Portugal.

fiscale[10], elle est improductive ; la charge de la dette absorbe alors une part croissante du budget, limitant toujours plus la part disponible pour financer les autres dépenses publiques. À un moment ou à un autre, *grâce* à la dégradation des comptes publics qu'il a lui-même programmée, le gouvernement peut justifier la « nécessaire » réduction des dépenses publiques.

Ce qui apparaît alors comme une fatalité est en réalité le dénouement d'une stratégie en deux temps. Premier temps (jusqu'au début des années 2000) : on vide les caisses de l'État, car il est plus aisé de rendre l'impôt aux riches que de réduire en proportion les services collectifs ; le gonflement permanent des déficits publics est alors instrumentalisé pour persuader l'opinion que le pays « vit au-dessus de ses moyens » et que l'État providence d'antan n'est plus soutenable. Second temps : à un moment variable selon l'état des rapports de force propre à chaque pays, la propagande anti-dépenses publiques a suffisamment progressé pour que les gouvernements néolibéraux s'engagent dans la réduction effective des services collectifs et des dépenses sociales, et favorisent leur remplacement progressif par des services marchands et des assurances sociales privées. Ce faisant, ils accomplissent leur idéal : l'abolition du modèle social européen hérité des années 1940, pour lui substituer un modèle américain. Mais ce faisant aussi, ils ferment l'issue à la contradiction interne du système ; ils sortent d'une impasse (la dette publique) pour s'engager dans une autre impasse. Si la dépense publique ne compense plus la ponction du capital sur les salaires, qu'est-ce qui va soutenir l'activité, et l'emploi ? Les États-Unis avaient trouvé une « solution » à ce dilemme : le surendettement des ménages pour maintenir une dépense bien au-dessus de leurs moyens. L'Espagne et

10. La fraude et l'évasion fiscales à grande échelle peuvent être assimilées à une dépense fiscale ; elles manifestent en effet le choix politique de ne pas déployer les moyens nécessaires à la collecte des ressources fiscales.

l'Angleterre avaient également préféré ce « modèle », et la France était sur le point de s'y ranger à son tour juste avant qu'il ne s'effondre. En effet, au printemps 2007, le futur président Sarkozy en campagne, grand admirateur du modèle américain, multiplie les propositions en ce sens : « Les ménages français sont aujourd'hui les moins endettés d'Europe. Or, une économie qui ne s'endette pas suffisamment, c'est une économie qui ne croit pas en l'avenir [...]. Je propose que ceux qui ont des rémunérations modestes puissent garantir leur emprunt par la valeur de leur logement [...]. Il faut réformer le crédit hypothécaire. Si le recours à l'hypothèque était plus facile, les banques se focaliseraient moins sur la capacité personnelle de remboursement de l'emprunteur et plus sur la valeur du bien hypothéqué[11]. » Nicolas Sarkozy voulait être le « président du pouvoir d'achat », mais, bizarrement, il ne voulait pas augmenter le salaire minimum ! Ce qu'il entendait par « pouvoir d'achat » n'était donc que le pouvoir de s'endetter davantage, même quand la capacité de remboursement ne progresse pas ? Ironie cinglante de l'histoire, ce qu'il proposait alors à la France était précisément le non-sens économique qui, dès l'été 2007, entraînait l'Amérique dans une grave crise financière, avant de plonger finalement le monde dans la première crise globale du XXIe siècle.

De l'impasse américaine à la crise mondiale

Le capitalisme américain, au moment où s'engage la Grande Régression, s'inscrit dans une société déjà très ouverte à la libre compétition des intérêts privés, au culte de l'argent, à l'exaltation de la performance individuelle, aux inégalités, aux assurances sociales privées, à la faible réglementation du

11. Extraits de trois entretiens repris sur un site de l'UMP : http://archives.u-m-p.org/propositions/?id=credit_hypothecaire.

marché du travail, etc. ; en somme, une société qui accepte le principe d'une compétition économique et sociale assez rude, tempérée par un mince filet de protection sociale pour les perdants de la compétition. Cela a permis au modèle néolibéral de se déployer plus vite et plus fort que dans certains pays européens ; en conséquence, le transfert du revenu national au profit des plus riches a aussi été plus brutal. Cette singularité en produit une autre : le risque accru d'un effondrement de la consommation des classes populaires, qui menacerait la croissance économique et l'ordre social. Le nouveau défi américain, au tournant des années 1980, était donc de concilier un nouveau régime économique qui amputait les bas salaires et creusait les inégalités avec le progrès maintenu de la consommation de masse.

Voilà pourquoi, dans les années Reagan et Bush père (1980-1992), les États-Unis combinent un néolibéralisme microéconomique (déréglementation, privatisation, baisse des salaires, etc.) et un keynésianisme macroéconomique (relance par les déficits publics et politique industrielle). La politique monétaire, après une brève phase excessivement rigoureuse pour casser l'inflation (jusqu'en 1982), réduit rapidement le coût du crédit pour soutenir la consommation et l'achat de logements. Les normes qui encadraient le financement du logement depuis le New Deal (apport personnel des acheteurs et taux fixe réglementé) sont abolies : les banques peuvent prêter 100 % du prix d'achat à taux variable et protègent leur créance par une hypothèque. Tandis que le revenu des classes moyennes et populaires stagne ou diminue, leurs dépenses seront soutenues par l'épuisement rapide de l'épargne et par le crédit facile. Entre 1985 et 1995, le taux d'épargne des ménages s'effondre de 11 % à 4 %, et leur taux d'endettement s'envole à 90 %[12]. Et ce n'est qu'un début : dans la décennie sui-

12. Taux d'épargne = épargne en pourcentage du revenu disponible. Taux d'endettement = endettement en pourcentage du revenu disponible.

vante, l'épargne va quasiment s'annuler et le taux d'endettement dépasser les 130 %.

Ainsi s'installe une consommation exubérante, sans épargne de précaution pour les coups durs, et de plus en plus déconnectée des revenus réels des ménages. Car la maison ne sert pas seulement de garantie pour l'emprunt souscrit à son achat, elle sert aussi de garantie pour des crédits rechargeables à la consommation (le crédit autorisé croît automatiquement avec valeur du bien hypothéqué). Tant que les prix de l'immobilier montent, un ménage peut donc consommer des revenus futurs qu'il ne gagnera peut-être jamais, en se disant que s'il ne parvient plus à rembourser il pourra toujours emprunter à nouveau. *So far so good*[13] *!* Tant que ça monte !

Tout esprit sensé comprend bien que cette fuite en avant dans la dépense à crédit n'est pas soutenable à long terme, si le revenu réel des emprunteurs ne garantit pas leur capacité de remboursement. Celui qui perd son emploi le constate instantanément quand sa maison est saisie par la banque. Mais la banque s'en fiche puisque le boom immobilier fait monter la valeur des maisons. Et le gouvernement s'en fiche aussi manifestement, puisque son seul souci est que l'économie se porte bien « globalement », quelle que soit l'inégalité des situations personnelles.

Mais ce modèle de croissance n'est pas davantage soutenable globalement. Il suppose en effet que les taux d'intérêt restent toujours bas (pour que les ménages dont le revenu n'augmente pas continuent à payer leurs crédits) et que le prix des maisons ne baisse jamais (pour que la banque puisse récupérer ses fonds en cas de défaut de l'emprunteur). La moindre hausse sensible des taux expose des ménages au défaut de paiement de leur crédit et à la saisie de leur maison. Ce n'est pas dramatique (sauf pour les familles concernées) si cela ne concerne qu'une infime minorité des ménages

13. Jusqu'ici, ça va !

endettés. Si, en revanche, les prêteurs doivent saisir et mettre en vente un million de maisons, la valeur de celles-ci s'effondre et ne permet plus de rembourser les créances. Des établissements financiers se retrouvent en difficulté et cessent de prêter de l'argent; la crise de confiance s'installe, le crédit recule; les ménages en difficulté ne peuvent plus gager de nouveaux emprunts sur leur maison dépréciée et ne sont du coup plus en mesure de payer le crédit sur la maison, et ainsi de suite. Il est donc évident que l'équilibre fragile d'un tel système est extrêmement sensible à la proportion de ménages dont les revenus risquent d'être trop faibles par rapport à leurs charges de crédit.

Cette évidence n'a pas empêché les financiers américains de se lancer dans la distribution massive de crédits hypothécaires aux ménages les plus pauvres et les moins solvables (les crédits dits « *subprime* »). Avec l'éclatement de la bulle Internet (2000), la spéculation sur les *start up* de l'informatique et du Web ne fait plus recette. Il faut trouver un nouveau terrain de jeu. Ce sera celui du rêve américain vendu clés en main aux ménages qui ne peuvent pas se l'offrir : tous les foyers jusqu'alors trop pauvres pour emprunter pourront désormais acheter leur maison à crédit, avec des mensualités très faibles. Très faibles au début, pour appâter le chaland, mais plus élevées ensuite et indexées sur les taux de base de la Fed. De 2000 à 2006, le volume distribué de crédits *subprime* est multiplié par cinq. Pourtant, les marchands de *subprimes* savent pertinemment qu'une bonne proportion de leurs nouveaux clients n'aura jamais les moyens d'assumer les mensualités jusqu'au bout. Mais qu'importe, puisque le prêteur est protégé par la titrisation de ses créances qui vont se retrouver dans les CDO concoctés par les banques et placés auprès de fonds d'investissement; ces derniers émettent à leur tour des titres d'emprunt à court terme pour acheter les CDO… Bref, une chaîne sans fin de montages financiers produit ce résultat que des centaines de banques et des millions d'épargnants dans le monde détiennent, parfois sans le savoir, des placements et des créances qui sont exposés au risque d'effondrement des titres liés aux *subprimes*. L'inéluctable catastrophe est dès lors programmée ; il ne manque plus qu'une hausse des taux d'intérêt et le recul du marché de l'immobilier pour la provoquer.

Cela se produit à partir de 2006. Pour contenir l'inflation provoquée par la surabondance du crédit, la Fed relève régulièrement son taux de base, de 1 % en 2004 à 5 % en 2006. Les mensualités des crédits explosent et un nombre croissant de ménages ne peuvent plus payer. En 2007, le taux de non-remboursement des *subprimes* atteint 15 %, et plus d'un million de foyers ont déjà vu leur logement saisi et mis en vente. La valeur des logements est en chute libre et ne permet plus de couvrir la dette. On connaît la suite logique : faillite en cascade des établissements financiers les plus engagés en *subprimes*, défiance des investisseurs qui retirent leurs capitaux en vendant massivement des titres, premiers krachs boursiers (été 2007), défaillance des assureurs face à la masse des risques à couvrir, et ainsi de suite, jusqu'à la crise de confiance générale (automne 2008) qui bloque le marché monétaire interbancaire et nécessite l'intervention massive des gouvernements pour fournir des liquidités, garantir les crédits entre les banques, empêcher les faillites ou nationaliser des banques, etc. Si ces interventions évitent le blocage complet du système financier, elles n'empêchent pas le reflux des crédits à l'économie, un ralentissement mondial de l'activité économique et la remontée du chômage. Ainsi, par la magie de la déréglementation financière et de la libre circulation des capitaux, la cupidité cynique des courtiers de *subprimes* américains peut bouleverser la vie de centaines de millions de travailleurs.

Et les méfaits réels induits par cette crise financière ne s'arrêteront pas là. Ils iront jusqu'à affamer les populations de nombreux pays en développement. En effet, quand les capitaux refluent sur un terrain de jeu gagné par la crise, les spéculateurs s'empressent de chercher un nouveau terrain de jeu pour se « refaire », pour fabriquer une autre source de plus-values rapides. Après le déclenchement de la crise des *subprimes* (été 2007), les investisseurs institutionnels[14] vont investir massivement sur les marchés à terme de matières premières, plus spécialement sur le pétrole et les denrées alimentaires de base (blé, maïs, riz, soja)[15]. Les prix de ces dernières étaient déjà orientés à la hausse depuis le début des années 2000, en raison de la forte demande américaine et européenne en agrocarburants. Sur ces marchés déjà tendus, l'afflux massif de capitaux entraîne une flambée des prix agricoles. « Entre 2007 et 2008, en un an, les prix du riz et du blé ont doublé, celui du maïs a progressé de plus d'un tiers[16]. » Résultat : dans des dizaines de pays du Sud, les plus pauvres ne peuvent plus payer leur nourriture.

Cette abomination n'est pas l'effet d'un simple dysfonctionnement conjoncturel du capitalisme. C'est d'abord le résultat d'une régression structurelle qui a détruit l'indépendance alimentaire des pays du Sud. Forcés par le FMI et la Banque mondiale à déréglementer leurs économies et à s'inscrire dans la libre compétition mondiale, les pays en développement ont transformé des cultures vivrières en cultures de produits exportables pour l'agro-business mondial. En conséquence, ils doivent importer une part de leur nourriture, notamment des aliments largement subventionnés par l'Union européenne. Mais surtout, comme dans toute économie de marché ouverte, les prix des denrées alimentaires

14. Les fonds communs de placement, les banques d'affaires, les fonds de pension et les sociétés d'assurances.

15. Sur toutes les questions relatives à la crise alimentaire, voir l'étude de Jacques Berthelot : « Démêler le vrai du faux dans la flambée des prix agricoles mondiaux », 15 juillet 2008, www.cadtm.org/spip.php ?article3762. Les principales données et conclusions sont reprises dans le livre déjà cité de D. Millet et Ph. Toussaint : *La crise, quelles crises ?*, chap. 6.

16. *Ibid.*, p. 81.

locales se trouvent déterminés non par les seules conditions locales d'offre et de demande, mais aussi par le cours mondial des denrées qui, en l'occurrence, est fixé sur les Bourses américaines. Le coût de l'assiette de riz d'un villageois thaïlandais peut ainsi varier du simple au double si les grandes banques d'affaires, les fonds de pension et les fonds d'investissement décident de déplacer 1 % ou 2 % de leurs capitaux sur les contrats de vente à terme des récoltes négociés sur la Bourse de Kansas City ou de Chicago.

Les investisseurs institutionnels ont donc le pouvoir de faire certains prix ; ils le savent et se servent délibérément de leur pouvoir pour maximiser la valeur de leurs actifs, quelles qu'en soient les conséquences pour le reste du monde. Ainsi, au premier trimestre 2008, ces investisseurs ont déplacé vers les marchés à terme de matières premières des sommes représentant jusqu'au quart de la valeur totale des contrats négociés sur ces marchés. Ils ne pouvaient évidemment pas ignorer l'effet dramatique qu'un tel excès de la demande aurait sur le prix des denrées alimentaires. Une banque belge faisait même de cet effet dramatique un argument publicitaire pour vendre un produit spécialement conçu pour en tirer profit[17] !

Le cynisme abject de certains capitalistes a parfois le mérite d'ouvrir les yeux sur la nature réelle d'un système qui donne les pleins pouvoirs aux détenteurs de l'argent. Mais il risque aussi d'alimenter l'illusion que les pires méfaits du capitalisme sont causés non par le système lui-même, mais par le

17. « KBC a commercialisé une assurance-vie qui investit dans six denrées alimentaires. "Tirez avantage de la hausse du prix des denrées alimentaires !" Tel est le slogan vantant un produit financier de la banque KBC qui investit dans plusieurs matières premières agricoles. Choqués par ce message qui considère comme une "opportunité" la "pénurie d'eau et de terres agricoles exploitables" ayant pour conséquence "une pénurie de produits alimentaires et une hausse du prix des denrées alimentaires", plusieurs clients et prospects de la banque ont dénoncé une "attitude purement spéculative" alors qu'à l'autre bout de la planète des gens meurent de faim… » http://www.lalibre.be, « Un produit financier qui dérange », 6 mai 2008.

comportement singulièrement immoral d'une minorité d'individus. La première leçon de tout l'exposé qui précède est exactement inverse. *Les comportements qui suscitent notre indignation sont le reflet d'un système qui les autorise, les stimule, les récompense grassement et les rend quasi obligatoires par la pression permanente de la compétition.*

Le triomphe de la déraison

C'est bien le système dans son ensemble qui est fou. Dans la sphère réelle, il installe une croissance inégale et de ce fait insoutenable. Une partie croissante de la population n'a plus les moyens de se procurer, grâce à la rémunération de son travail, les biens produits par tous. Ces biens doivent donc soit être achetés à crédit (renouvelable) par une population qui n'aura pas globalement les moyens de rembourser ses dettes, soit être affectés à la surconsommation croissante des plus riches. La première option est insoutenable financièrement, la seconde l'est socialement et politiquement. La raison commanderait donc d'instaurer un partage plus égalitaire des revenus, en sorte que tous les travailleurs puissent, grâce à leur travail, financer leur consommation de biens privés et publics et la charge d'un endettement raisonnable pour leurs investissements immobiliers et productifs. Elle commanderait aussi de limiter la circulation des capitaux et le crédit à ce qui est nécessaire pour le financement des échanges réels et des investissements productifs. Tel est le bon sens économique qui avait gagné du terrain au cours des trois décennies précédant la Grande Régression. Cette dernière, en libérant comme jamais le désir d'argent et le pouvoir de ceux qui le détiennent, détruit la raison économique. Elle détruit aussi l'utilité sociale de la monnaie et de la finance.

Les instruments financiers devraient favoriser un financement adapté et sécurisé d'une économie réelle tendue vers la satisfaction équitable des besoins de tous. Au lieu de cela, ils sont conçus pour soutenir artificiellement une économie insoutenable qui épuise les hommes et les ressources pour satisfaire l'appétit insatiable des plus riches. La déréglementation de la sphère financière permet ainsi d'aller au bout d'une première impasse, celle du surendettement privé soutenant une bulle immobilière et/ou financière. Mais une fois au bout de l'impasse, au moment où la catastrophe financière se déploie (2007), la pression du capital reflue pour aller s'exercer sur les matières premières et déclencher une explosion sociale dans des dizaines de pays (2008). À ce stade, il est grand temps de sonner la fermeture du casino mondial et de reprendre le contrôle public des instruments et des flux financiers. Mais les pouvoirs publics, qui n'ont plus grand-chose de « public » hormis l'étiquette, décident de sauver le casino plutôt que leurs concitoyens. Il est dès lors certain que *la crise globale du capitalisme ne fait que commencer*.

En effet, le sauvetage de la finance par les gouvernements ne règle strictement rien. La finance reste assise sur une montagne de dettes impayées dont les effets destructeurs sont seulement gelés par l'intervention publique. Soit l'État reprend ces dettes à sa charge, soit la faillite des banques est seulement masquée par un artifice comptable (on autorise les banques à ne pas afficher leurs pertes réelles dans les comptes), jusqu'au moment où cette ruse ne trompe plus les créanciers, où la faillite virtuelle se mue en faillite imminente qui sera à nouveau évitée par transfert des dettes pourries aux États. *Ainsi, les gouvernements ont délibérément choisi de transformer une crise de surendettement privé en une crise de surendettement public !* Au lieu de laisser les spéculateurs assumer leurs risques, ils ont converti les pertes privées de ces derniers en charges publiques. Qu'ils l'aient fait par cynisme, cupidité, servilité ou pure imbécillité ne change rien au résultat. Les spéculateurs, toujours parfaitement libres de jouer à leur guise, et dûment avertis que le risque de défaut ne pèse plus sur la finance privée mais sur la finance publique, s'en vont tous spéculer contre les bons du Trésor. Dès 2009, à peine sauvées par l'argent public, les grandes banques s'en vont spéculer contre la dette publique ! En commençant par les pays les plus fragiles, la Grèce, le Portugal, l'Irlande, l'Espagne…

Sur ce nouveau terrain de jeu, une mécanique bien rodée provoque elle-même les profits escomptés par les spéculateurs qui parient sur la décote des titres d'emprunts publics : des investisseurs institutionnels et des fonds spéculatifs vendent à découvert[18] des obligations publiques, en sorte de dégager des gains importants en cas de chute des cours ; ils achètent par ailleurs des CDS sur les titres visés (contrats d'assurance contre le risque de défaut de paiement) ; il ne leur reste qu'à doser les achats de CDS pour faire monter la prime d'assurance et la défiance à l'égard des titres visés jusqu'à ce que le cours de ceux-ci dégringole ; pour réussir à placer leurs nouvelles obligations, les gouvernements doivent alors payer un taux de rendement plus élevé (ce qui gonfle au passage les profits des banques) ; le service de la dette publique et le taux d'endettement des États s'envolent ; les agences de notation dégradent la note desdits États qui doivent compenser cette défiance accrue par des taux encore plus élevés ; les gouvernements doivent emprunter toujours plus à un coût croissant, et ainsi de suite jusqu'à la cessation de paiement ou le « sauvetage » par des institutions internationales.

Tel est l'engrenage fatal qui a d'abord frappé la Grèce en 2010. Le traitement de la crise grecque est emblématique de l'hypocrisie des gouvernements européens et d'une impasse spécifique à l'Union européenne. Cette crise pouvait

18. Consiste à vendre à terme (pour une date ultérieure donnée) des titres que le vendeur ne détient pas encore (il est à découvert). À l'échéance, le vendeur devra s'être procuré les titres et les livrer à l'acheteur au cours convenu. Le vendeur est gagnant en cas de chute des cours (il peut alors se procurer les titres à un cours inférieur au prix de livraison) et perdant en cas de hausse (il achète les titres à livrer plus cher qu'il ne les a vendus).

théoriquement être évitée par des interventions simples et immédiates : institution d'une garantie solidaire des dettes publiques des membres de l'Union, contrôle des mouvements de capitaux impliquant des opérateurs extérieurs à l'Union et concours financiers de la Banque centrale européenne (ensemble des instruments qui sont par exemple mobilisables aux États-Unis). Mais toutes ces interventions sont prohibées par les traités de l'Union. L'Union européenne s'est donc elle-même interdit l'usage de tous les instruments de la puissance publique mobilisables partout ailleurs dans le monde pour faire face à une attaque des marchés financiers. Ce n'est pas là un oubli malencontreux, mais un choix délibéré pour soumettre les États européens à la tutelle des marchés financiers. Si un pays tarde trop à se couler dans le moule de la rigueur budgétaire, il finira par subir les assauts des spéculateurs contre les titres de sa dette publique. Et comme il ne peut alors compter ni sur le secours d'une banque centrale ni sur une garantie apportée par ses partenaires, il sera obligé de s'engager dans une cure d'austérité budgétaire pour « restaurer la confiance » des prêteurs internationaux.

L'attitude de l'Allemagne, au début de la crise grecque, reflète parfaitement ce mode de raisonnement : les Grecs sont considérés comme les seuls responsables de la punition infligée par les spéculateurs et il n'est pas question que les Allemands déboursent un euro pour les secourir ; des députés allemands suggéreront à la Grèce de vendre ses îles pour honorer ses dettes ! Si d'autres pays, dont la France, semblent moins égoïstes, c'est uniquement qu'ils sont plus clairvoyants quant aux effets désastreux qu'aurait un effondrement financier de la Grèce sur leurs propres systèmes bancaires et sur la stabilité de l'euro. Aussi, quand les gouvernements européens finissent par s'entendre sur un plan de « sauvetage de la Grèce », il faut bien comprendre qu'ils volent d'abord au secours des banques. Les banques empruntent de l'argent à 1 % auprès de la BCE, prennent 3 % d'intérêts pour prêter cet argent aux États qui vont à leur tour en faire généreusement crédit à la Grèce… à 5 % ! Tout le monde y gagne, sauf les Grecs qui doivent en contrepartie de tant de générosité adopter un plan de rigueur brutal (suppression d'emplois publics, baisse des salaires, baisse des pensions, amputation des dépenses sociales et des services collectifs, prélèvements, etc.). Les citoyens payent au prix fort une crise fabriquée par les spéculateurs, après que d'autres citoyens ont déjà payé cher pour sauver lesdits spéculateurs !

Et le tout en pure perte, car une cure brutale d'austérité aggrave le problème de la dette en déclenchant une récession et l'assèchement des rentrées fiscales. Les investisseurs qui anticipent les effets pervers du plan d'austérité spéculent de plus belle contre les obligations publiques ! Il n'y a aucune raison pour que ce jeu de massacre tellement juteux pour les joueurs s'arrête avant la fin de la partie. La partie est finie quand l'État est en cessation de paiement, ne rembourse plus sa dette et ne peut plus emprunter. Les derniers à tenir le mistigri en main (les bons du Trésor pourris) en sont *théoriquement* pour leurs frais, mais une part de ces frais est compensée par les profits accumulés tout au long de la partie et, en outre, les banques étrangères maladroites qui se retrouveraient alors en difficulté sont sûres d'être sauvées par la dette publique de leur propre gouvernement. Tant qu'il reste des États privés pour payer les frasques de leurs amis capitalistes, ce n'est que partie remise ! À moins que des gouvernements, enfin décidés à protéger leurs peuples, ne sonnent la fin de la partie en reprenant le contrôle des marchés, aucun pays ne peut échapper à cette mécanique folle.

Face à la crise grecque, les gouvernements européens ont choisi de ne pas s'attaquer à la liberté des marchés. Cela explique à la fois l'absurdité apparente et la logique effective de leur comportement. L'absurdité est de loin la plus flagrante : les gouvernements installent des institutions et des règles qui leur interdisent d'intervenir efficacement en cas d'attaque spéculative massive contre leurs titres de dettes ; mais le jour où cette attaque est engagée, ils prétendent néanmoins la combattre avec tous les handicaps inhérents aux interdits qu'ils se sont eux-mêmes imposés ! Ils veulent la tutelle des marchés financiers, pour empêcher leurs partenaires de creuser trop leurs déficits publics ; tels des collégiens néophytes en économie, ils semblent découvrir que cette tutelle n'empêche aucune catastrophe financière, car elle intervient forcément après que les excès ont eu lieu ; ils prennent soudain conscience qu'en laissant faire les marchés ils subiront tous des effets systémiques négatifs ; ils sont donc obligés d'agir pour contrer ces effets, dans un cadre qu'ils avaient conçu pour s'interdire d'intervenir ; ils doivent alors engager des négociations délicates et imaginer des mécanismes complexes pour contourner les traités et monter un « plan de sauvetage » de la zone euro ; ce long délai pris pour se résoudre à intervenir est précisément ce qui nourrit les attaques spéculatives contre la dette publique et rallonge la facture à payer pour stopper ces dernières ; et, pour finir, leur plan de sauvetage n'impose aucune contrainte aux spéculateurs et alourdit seulement les charges publiques dont l'excès était supposé être la cause du mal ! D'un point de vue strictement économique, et de bout en bout, la conduite de cette affaire baigne en pleine irrationalité.

L'instrumentalisation politique de la crise

Toutefois, la déraison économique des néolibéraux peut manifester une logique politique plus subtile, si l'on considère les intérêts et les fins qu'elle sert à moyen ou long terme. Le psychodrame orchestré autour du cataclysme prétendument provoqué par le surendettement public de quelques pays sert objectivement à justifier la purge en cours et à venir des dépenses publiques. La crise grecque et ses conséquences sont ainsi instrumentalisées comme une leçon en grandeur nature sur les méfaits d'un État trop lourd, trop cher. En choisissant une stratégie purement défensive vis-à-vis des marchés financiers, au lieu d'en reprendre simplement le contrôle, les gouvernements désignent un coupable – les services collectifs et sociaux – pour nous soumettre à l'évidente nécessité d'une purge des dépenses publiques. C'est la phase deux de la stratégie néolibérale européenne en deux temps évoquée plus haut. Son déploiement est parfaitement irrationnel au regard de l'intérêt économique général : imposer la rigueur budgétaire en temps de crise, c'est pratiquer la saignée sur un patient en pleine hémorragie ! Quand, en outre, la rigueur est imposée simultanément à un ensemble de pays qui réalisent entre eux l'essentiel de leur commerce, on prend le risque d'un effet dépressif cumulatif, la récession de chaque pays renforçant celle de chacun de ses partenaires commerciaux. Au début de la Grande Dépression, en 1929, les gouvernements commirent la même faute, tous contaminés par la doxa erronée d'alors selon laquelle l'apparition d'un déficit public (en fait provoquée par la récession) était une calamité qu'il fallait combattre aussitôt par la réduction des dépenses et la hausse des prélèvements ; l'État, croyait-on alors, pourrait restaurer la confiance en donnant l'exemple d'une gestion plus rigoureuse. Mais c'était là donner le pire des exemples : quand tous les acteurs anticipant des jours sombres suivent un même programme d'austérité, ils provoquent l'effondrement conjoint de leurs activités et de leurs revenus. La rigueur budgétaire ne restaurait donc ni l'équilibre des finances publiques ni la confiance ; elle accélérait juste la marche vers la Grande Dépression. À l'époque, on pouvait tenir cela pour une simple erreur ; aujourd'hui, avec le recul de l'expérience, raisonner à l'identique ressemble juste à une pure folie. Mais cette folie est cohérente avec le projet politique des néolibéraux : *leur but n'est pas d'éviter la crise, mais d'en profiter pour privatiser plus avant l'État et la société et pour se rapprocher de leur idéal américain.*

Comme les psychopathes, les fanatiques ont leurs raisons que la raison ignore ! Tant qu'ils suivent leur modèle sacré, les néolibéraux européens sont repus d'autosatisfaction et demeurent par nature incapables de voir la faillite évidente de leur idéal sur leur propre « terre sainte », les États-Unis.

Si des Américains inconscients ou malintentionnés ont pu être soulagés de voir un temps la folie spéculative se réorienter vers le théâtre européen, ils ne tarderont pas à déchanter. Une fois que les spéculateurs en auront fini avec la zone euro – qu'ils soient parvenus ou non à la mettre par terre –, ils s'attaqueront au dollar. Les Américains seront alors très vite rattrapés par leur montagne de dettes douteuses. S'ils en diffèrent trop le règlement réel, ils pourraient se retrouver dans la situation des Grecs, contraints de se plier aux exigences de leurs bailleurs de fonds étrangers. Car, pour assumer les dettes privées d'un système financier en faillite potentielle, l'État américain doit lui aussi s'endetter toujours davantage. Le taux d'épargne des ménages américains étant proche de zéro, les États-Unis ne peuvent emprunter qu'aux étrangers (notamment aux Chinois). Et l'emprunt n'est pas seulement indispensable pour assurer les dépenses publiques, il l'est aussi pour payer les importations dont dépend une part importante de l'approvisionnement en biens manufacturés. Or, le placement d'une dette croissante à l'étranger sera problématique au moindre recul sensible de la valeur du dollar (qui amputerait la valeur des créances en dollars détenues par les prêteurs étrangers). Si la Maison-Blanche pratique la fuite en avant par la dette publique, l'avenir sera marqué par une défiance croissante à l'égard des créances en dollars, défiance qui pourrait provoquer un recul du dollar et donc une nouvelle dépréciation des obligations américaines. Et les marges de manœuvre pour réduire les dépenses publiques sont ici nettement plus limitées qu'en Europe, puisqu'elles sont déjà au plus bas niveau au classement des grands pays industriels.

Le gouvernement pourrait alors convaincre la Banque centrale de laisser filer plus avant la création monétaire : l'État rembourserait l'excès de dette avec des dollars créés *ex nihilo*. Mais une telle injection massive de liquidités pourrait entraîner une forte accélération de l'inflation qui serait insoutenable pour les classes populaires comme pour les exportations américaines ; le besoin de financement extérieur exploserait, ce qui, combiné à l'inflation, entraînerait la chute du dollar et la défiance accrue des bailleurs de fonds envers la dette américaine.

Et le jour où l'endettement extérieur deviendra problématique et trop coûteux, les États-Unis ne pourront pas échapper à la purge réelle et d'autant plus brutale qu'elle aura été longtemps reportée : ils devront subir la spéculation contre leurs bons du Trésor, payer des intérêts de plus en plus élevés et se trouver à la merci de quelques gouvernements étrangers ou institutions financières qui imposeront leurs conditions pour de nouveaux prêts. À peine mise en place, la nouvelle sécurité sociale ne sera plus financée et les biens manufacturés importés cesseront d'affluer dans les magasins. Entendrons-nous alors un député allemand suggérer aux Américains de vendre les Bahamas ? Le FMI leur imposera-t-il un « plan d'ajustement structurel » ? Certainement pas, car l'Amérique ne se laissera pas faire et elle donnera ses ordres au FMI ; comme toujours, elle usera de tous les instruments de la puissance publique pour défendre son indépendance et ses intérêts. Mais elle devra bien d'une manière ou d'une autre payer la facture réelle d'une dette qui sera alors un multiple d'une dette d'ores et déjà vertigineuse. La déraison consiste ici à attendre que cet inéluctable ajustement devienne inévitable et infiniment plus douloureux.

Car, aux États-Unis comme ailleurs, il y aurait une autre solution immédiate, plus juste et moins coûteuse. Le seul moyen d'échapper durablement au dilemme posé par une montagne de dettes privées pourries consiste à apurer ces dettes rapidement et « pour de bon », en répartissant le coût de l'opération de la façon la plus équitable possible. Pour cela, il faut accepter la faillite des opérateurs financiers privés, et intervenir uniquement pour protéger les agents non financiers victimes de la crise. Des banques publiques garantissent alors les dépôts, les emplois et les crédits précédemment gérés par les établissements défaillants. L'État décide quelles dettes devront être remboursées normalement (en fonction de leur utilité économique et sociale réelle) et quelles dettes seront restructurées ou annulées ; il met en place un système de garantie mutuelle du crédit interbancaire et des crédits à l'économie productive ; il reloge les ménages expulsés de leur maison et restructure leur dette ; il prélève une contribution exceptionnelle sur la fortune des plus riches et sur les profits des établissements financiers ; il a enfin recours à la création monétaire directe pour apurer une part du solde restant à sa charge, dans des limites compatibles avec une inflation soutenable.

Un tel plan repose sur des principes très simples : laisser les fauteurs de crises et les spéculateurs supporter leur perte nette de richesse (ce qui élimine l'aléa moral provoqué par la socialisation des pertes privées) ; garantir les avoirs et créances des salariés et des entrepreneurs victimes de la crise ; financer partiellement la facture résiduelle par une ponction sur le patrimoine privé immobilier et financier accumulé par les plus riches depuis trente ans grâce au système qui a engendré la crise. Pour que la « solution » soit durable, il faut bien entendu immuniser le pays contre la réactivation du modèle à l'origine de la crise. Cela suppose de suivre quatre axes de réforme :

1) le pouvoir exorbitant des gestionnaires de capitaux est aboli et partagé entre tous les acteurs de la production ;

2) le financement de l'économie redevient un bien public réglementé, produit ou encadré par des institutions financières publiques ;

3) la politique des revenus réduit fortement les inégalités et autorise chaque citoyen à vivre décemment de son travail ;

4) les relations économiques internationales sont refondées sur la coopération solidaire des peuples au sein d'instances de réglementation des échanges et de stabilisation des taux de change.

Inutile de souligner qu'à ce jour, pour la plupart des gouvernements, ces quatre axes de réforme ne sont tout simplement pas concevables ! Ce refus quasi unanime ne change rien au fait qu'il n'y a pas d'autre solution durable. La fuite en avant par l'endettement privé ou public a clairement atteint ses limites ; elle n'est plus désormais une issue soutenable à la contradiction interne du mode de développement déployé depuis trente ans.

Le fantasme d'un « capitalisme pur »

Alors, vers quoi pourrait tendre désormais la pulsion du capital, dans les pays « les plus avancés » ? Soit la société arrête son cours dévastateur en reprenant le contrôle de l'État et en réencastrant les relations économiques dans les relations sociales, soit la quête obstinée du rendement financier mène la société au bout de l'ultime impasse sociale et politique. Si le capital ne peut plus contourner la contradiction de la croissance inégale par la dette, il cherche forcément à « faire avec » et donc à l'approfondir. *Si les travailleurs mal payés et les États ne peuvent plus s'endetter pour soutenir la consommation, il faut déployer un modèle industriel dans lequel le capital n'a plus besoin du travail et de la consommation de masse.* Le travail salarié stable est réservé à une fraction de la population très qualifiée, bien rémunérée, et dont la gabegie de consommation suffit à rentabiliser une production adaptée au seul marché des riches. Le reste de la population survit en marge de ce

« progrès » et l'État privé se charge de garder la frontière entre les riches et les pauvres.

Autrement dit, si la régression déjà engagée pouvait suivre son cours sans résistances, les pays « les plus avancés » avanceraient désormais à reculons vers une économie et une société duales dignes d'une « république bananière » sous-développée, où le capitalisme moderne n'est qu'une succession d'enclaves pompant toutes les ressources profitables d'un pays sans rien redistribuer dans le reste de la société, où la classe supérieure salariée et les capitalistes vivent retranchés dans des réserves fortifiées pour échapper à la convoitise et à la rancœur des pauvres.

Cette perspective nous paraît évidemment surréaliste, car une telle évolution du capitalisme impliquerait le remplacement de notre société moderne et démocratique par une société éclatée et tenue par un État policier au service exclusif des riches. Comment la partie de la population destinée à l'exclusion pourrait-elle accepter pareille mutation sans se révolter ? Pourquoi des individus grandis dans une culture individualiste adopteraient-ils soudain une mentalité de serfs soumis à leurs maîtres ? On a donc sans doute raison de tenir cette perspective pour une vue de l'esprit qui serait concrètement insoutenable pour les Américains ou les Européens d'aujourd'hui. Mais on aurait tort d'ignorer qu'elle est pourtant la destination insensée d'une société soumise au pouvoir de l'argent. Tant que la société renonce à abolir la liberté et le pouvoir du capital, le capitalisme poursuit son mirage d'une puissance absolue émancipée de toute contrainte. Il faut être aveugle pour ne pas voir que *le fantasme ultime du capitalisme – qui a commencé de s'accomplir – est précisément de n'avoir plus besoin de rien ni de personne pour prospérer, plus besoin des travailleurs, ni de la société, ni de la démocratie, ni d'un territoire, ni même finalement d'une quelconque production !*

Ce fantasme est celui d'un « capitalisme pur » et c'est la régression vers ce qui constituait déjà l'essence du capitalisme primitif : le pouvoir de jouer avec l'argent, pour accumuler plus d'argent, sans se soucier de produire quoi que ce soit. La firme transnationale contemporaine tend vers cette utopie en externalisant peu à peu l'essentiel des activités de production vers un vaste réseau de sous-traitants disséminés sur la planète. Son idéal serait celui d'une « entreprise sans usine[19] » ; une firme qui se concentre sur la recherche, le marketing et la captation des profits générés par ses sous-traitants. À la limite, la grande société d'actionnaires idéale n'a plus pour objet de produire et de vendre ; elle abandonne ce souci aux entreprises ordinaires (non cotées en Bourse) qui sont engagées de force dans une guerre impitoyable pour rester à son service. Les entrepreneurs sous-traitants assument donc la charge de mobiliser et d'intensifier le travail pour créer le maximum de valeur en vue de transférer celle-ci vers les « donneurs d'ordre ». Tel est l'ultime et unique métier de la firme capitaliste idéale : donner des ordres à une armée de vassaux chargés de pressurer à l'extrême les travailleurs pour en extraire le précieux « liquide ».

Voilà une firme parfaitement adaptée à la croissance inégale puisqu'elle n'a plus besoin d'un seul ouvrier, ni comme travailleur ni comme consommateur. Où qu'elle soit installée, son activité est désencastrée et indépendante des relations sociales singulières qui se nouent sur un territoire particulier. Certes, dans la sphère réelle, cette firme globale parfaitement désocialisée et déterritorialisée n'est encore qu'un fantasme très éloigné de la réalité pour la plupart des firmes contemporaines. Mais c'est bien l'idéal que le capital poursuit obstinément tant qu'on lui en offre la liberté ; le fait

19. Ainsi, en 2001, le P-DG du géant français des télécommunications (Alcatel) annonçait que son groupe passerait de 120 usines à 12, en dix-huit mois, tout en précisant : « Nous souhaitons être très bientôt une entreprise sans usine » (*Le Monde* du 28 juin 2001).

que cet idéal soit une fiction impossible ne fait qu'accentuer les tensions auxquelles le capitalisme soumet la société. Ce fantasme du capitalisme pur devient néanmoins réalité dans la finance spéculative, qui peut désormais accumuler des profits faramineux sans le moindre détour par une quelconque production et sans grands risques, puisque désormais, avec le secours de l'État privatisé, les risques pris par les prédateurs sont assumés par leurs victimes. Alors, bien sûr, ce capitalisme émancipé, parfaitement désencastré, ne peut prospérer qu'au prix de désastres cumulatifs pour le reste de la société, et tant que celle-ci tolère la cupidité cynique des capitalistes au lieu de l'interdire. On sait, en outre, qu'il ne prospérera guère longtemps avant de venir buter sur les limites matérielles de l'écosystème (voir la section suivante).

On comprend à ce stade que la question urgente n'est pas de savoir si les sociétés capitalistes les plus avancées vont cheminer jusqu'à la destination logique de la régression en cours, à savoir un capitalisme pur parfaitement émancipé, dans une société intégralement asservie où la misère s'étend en proportion de l'opulence des maîtres. Nous échapperons forcément à une destinée qui n'est pas soutenable, ni matériellement ni socialement. *La seule question est de savoir si nous y échapperons grâce à une réorientation radicale et pacifique des politiques et du système économique, ou bien après l'effondrement violent de la société où nous conduit la dynamique enclenchée par la Grande Régression.* Il n'y a pas d'autre issue à cette alternative.

Si nous croyons échapper au pire des mondes seulement parce qu'il nous paraît aujourd'hui incompatible avec notre attachement à la paix sociale, à la démocratie et à l'autonomie des individus, nous nageons en pleine illusion. Car toutes les facettes de la régression vont ensemble, même si l'on ne peut les décrire que l'une après l'autre. Ce n'est pas la régression économique qui, à elle seule, entraîne les autres ; elle n'a été possible que dans un contexte d'affaiblissement de la démocratie, de délitement des liens sociaux, d'abêtissement des élites et de soumission des individus. Et tous ces mouvements se renforcent l'un l'autre, dans une dialectique négative, une spirale régressive qui n'a aucune raison de s'éteindre d'elle-même, avant le grand chaos peut-être nécessaire pour ouvrir la voie d'une renaissance. Il se pourrait bien que la *société* soit aujourd'hui plus disloquée, la *démocratie* plus faible, et les *individus* plus fragiles qu'ils ne l'étaient voici trente ans. Comment ces trois remparts ébranlés pourraient-ils nous prémunir contre l'achèvement de la Grande Régression, alors qu'ils furent déjà incapables d'en contrarier le commencement ?

Il demeure que, si le pire des mondes devait advenir, il serait assurément insupportable et s'effondrerait dans un déchaînement de violences aux conséquences imprévisibles. Mais il faut être insensé pour faire de cette évidence un argument rassurant sur le mode enfantin de « c'est trop atroce pour être possible » ! Car les sociétés occidentales sont aujourd'hui gouvernées par diverses castes alliées qui, pour des motifs divers, sont bien décidées à ne rien changer des comportements et des institutions qui ont conduit au désastre. Peu leur chaut que leur modèle ne soit pas soutenable pour les individus, la planète ou la société : ils sont résolus à forcer sa mise en œuvre, même impossible, c'est-à-dire à tendre toutes les contradictions jusqu'à ce qu'elles explosent. Cet entêtement peut manifester le cynisme des nantis qui, même en pleine crise, s'empiffrent comme jamais au détriment de tous les autres et se fichent pas mal de l'état du monde présent ou à venir ; il révèle aussi, chez certains responsables politiques, un fondamentalisme idéologique imperméable à tous les faits et/ou une bêtise abyssale ; il peut encore résulter d'une compétition politique carnavalesque qui sélectionne parfois les gouvernants les plus cabots, les plus fats ou les plus incompétents ; il est enfin soutenu par une armée de faiseurs d'opinion, désertée par l'intelligence et où s'entremêlent toutes les « qualités » susdites.

Quelles qu'en soient les raisons variées, force est de constater l'entêtement absurde des élites aux commandes face au désastre économique de leur modèle préféré. Devant l'impasse où ce modèle nous a enfermés, la seule action décisive de nos gouvernants a consisté à reporter sur les peuples le coût de la crise engendrée par les spéculateurs et à redonner à ceux-ci des marges de manœuvre qu'ils s'empressent d'employer pour spéculer de plus belle. Face au cul-de-sac du capitalisme, ils nous disent qu'il faut sauver le capitalisme. Face aux méfaits de la libre concurrence, ils répètent qu'il faut sauver le libre-échange. Autrement dit : « Tant que le poison ne vous a pas tué, continuez à en prendre ! » C'est à peine si, devant l'indécence des rémunérations patronales, ils osent risquer un « c'est pas bien », en espérant que la populace sera réconfortée par une telle audace politique. Et même parmi leurs opposants, les soi-disant « progressistes », les soi-disant « de gauche », on peine à entendre les rares voix qui proposent une réelle bifurcation vers le progrès humain.

Ainsi, trois ans après le déclenchement de la première crise mondiale du XXIe siècle, le citoyen américain ou européen peut contempler un quasi-consensus surréaliste pour s'efforcer de persévérer dans la même direction. Face à l'impasse, il y a comme une impuissance collective à reconnaître que c'est une impasse. Au lieu de cela, on invente de nouvelles fables merveilleuses où l'on raconte qu'en faisant comme avant on obtiendra d'autres résultats, qu'en reprenant le même chemin on ira ailleurs ! C'est, hélas, j'y viens maintenant, le même genre d'affabulation qui tend à s'installer désormais face au désastre écologique.

La régression écologique

Le saccage des écosystèmes a commencé bien avant la Grande Régression. Jared Diamond[20], entre autres, a raconté l'histoire de ces civilisations anciennes qui s'effondrèrent en épuisant elles-mêmes la terre qui les supportait. Ce phénomène, d'abord local, a commencé à constituer un défi global, au cours des deux siècles derniers, avec la destruction progressive des sociétés agraires traditionnelles au profit des sociétés industrielles. L'extension planétaire d'un productivisme destructeur n'est donc pas une propension spécifique au néolibéralisme contemporain, mais plutôt un trait ordinaire de la modernité.

En revanche, la contribution propre de la Grande Régression est d'avoir créé les conditions qui enferment l'humanité dans une impasse écologique globale et autoentretenue.

Le capitalisme globalisé n'a pas seulement accéléré et approfondi une crise écologique déjà programmée par deux siècles de croissance industrielle. Il a surtout bloqué la possibilité d'une bifurcation salutaire, au moment même où le monde occidental prenait conscience de sa nécessité. En effet, dès la fin des années 1970, après les « chocs pétroliers », on savait que la prospérité moderne était en sursis, suspendue à des livraisons de pétrole promises à l'épuisement. L'opinion s'émouvait déjà des dégâts de la pollution chimique sur la santé et sur l'environnement. Il était alors temps, et déjà urgent, de penser la planification d'une nouvelle économie soutenable à long terme. Or, c'est précisément le moment où, avec la contre-révolution néolibérale, le monde a emprunté le chemin inverse, celui de l'approfondissement et de l'extension

20. Jared Diamond, *Collapse: How Societies Choose to Fail or Survive*, New York, Viking Books, 2006. Traduction française : *Effondrement. Comment les sociétés décident de leur disparition ou de leur survie*, Paris, Gallimard, 2006.

planétaire d'une économie insoutenable pilotée par la seule exigence d'une rentabilité financière maximale.

Dans ce tournant, l'humanité a pris trente ans de retard dramatiques dans la conception d'un autre mode de vie et de production. Trente années perdues, qui auraient été si précieuses pour préserver des ressources (ressources halieutiques et minérales, forêts, biodiversité, nappes phréatiques, qualité des sols), pour réduire les pollutions (CO_2, déchets, rejets), pour restaurer une agriculture durable, pour repenser une urbanisation économe en énergie et en trajets quotidiens, pour étendre l'usage des transports collectifs, pour nous désintoxiquer progressivement de la surconsommation matérielle et pour aider les pays pauvres à s'engager sur une voie de développement soutenable. Or, plus personne n'ignore aujourd'hui qu'en presque tous ces domaines le monde a régressé, en dépit des prétendues « politiques de l'environnement ». Non seulement les pays riches, qui disposaient des moyens pour progresser, ont régressé, mais en outre, via les plans d'ajustement structurel, ils ont imposé leur modèle insoutenable à l'ensemble des pays en développement.

La globalisation libérale a dégradé l'autonomie alimentaire des pays pauvres ; elle a exacerbé la recherche de surplus de production exportables ; elle a allongé les distances entre les lieux de production et les lieux de consommation, faisant ainsi exploser la consommation d'énergie pour le seul transport des marchandises ; elle a accéléré la déforestation au profit des agrocarburants, etc. Inutile de détailler plus longuement des dégâts aujourd'hui bien connus et dont la présentation fait désormais recette auprès du grand public. Livres, films, DVD, émissions de télévision dédiées… jamais on n'aura vendu autant de papier, d'images et de publicité en expliquant à tout un chacun pourquoi lui-même et la planète vont crever de soif, de faim, d'asphyxie, d'intoxication chimique, de chaleur…

Mais cette hyperconscience du défi écologique planétaire est trompeuse. Si les Occidentaux si friands de *thrillers* écologiques prenaient vraiment au sérieux les menaces mortelles qu'on leur annonce au quotidien, ils seraient morts de trouille bien avant que ne s'abattent sur eux tous les désastres annoncés. Or, en réalité, c'est l'inverse qui risque de se produire : ils attendront peut-être l'avènement de véritables désastres avant d'en crever de peur. Le parallèle avec un constat déjà fait à propos de la régression économique est ici frappant : tout se passe comme si des décennies de connaissances et d'expériences accumulées, et même la répétition effective de catastrophes annoncées, n'avaient aucune incidence décisive sur l'orientation des politiques.

Ce parallélisme n'est pas qu'une simple coïncidence. En effet, on sait bien pourquoi la marche des politiques écologistes s'arrête si souvent au seuil des ministères ou des conférences internationales : la voie n'est vraiment ouverte qu'aux politiques qui sont bonnes (ou neutres) pour la prospérité de l'économie marchande. En revanche, dès que l'écologie entre en contradiction avec la rentabilité et la compétitivité immédiates des économies, les grands discours remplacent les grandes réformes. Dans une guerre économique mondiale, même si tous les acteurs peuvent avoir conscience d'un intérêt écologique commun, chaque acteur a intérêt à attendre que ses concurrents s'imposent en premier les coûts et les contraintes nécessaires au bien commun. C'est là précisément pourquoi on a besoin de gouvernements, pour substituer la logique de l'intérêt général à la compétition paralysante des intérêts privés. Et c'est aussi là qu'intervient la Grande Régression : *la privatisation des États et les pleins pouvoirs donnés au capital ont inversé le sens de l'intervention publique ; celle-ci vise désormais à ajuster les demandes formulées au nom de l'intérêt général en sorte qu'elles n'entravent pas la libre compétition des intérêts privés.*

Une fois encore, cette régression ne reflète pas le primat de la raison économique sur la volonté politique, mais l'inverse. Dès le début du XXe siècle[21], la science économique orthodoxe a analysé la pollution et la surexploitation d'une ressource naturelle comme des « externalités » négatives, c'est-à-dire : effets nuisibles d'une action individuelle sur le bien-être collectif que les individus ne sont pas en mesure d'intégrer spontanément dans leurs décisions. En présence de tels « effets externes », le libre jeu des contrats et des échanges ne permet pas un usage efficace des ressources ; il conduit toujours à une sous-production des externalités positives (dans l'éducation et la santé, par exemple) et à la surproduction des nuisances. Sauf dans les cas n'impliquant qu'un petit nombre de protagonistes susceptibles de s'entendre aisément (relations de voisinage, petit village, etc.), l'intervention de l'autorité politique est donc nécessaire pour régler la production des externalités (taxes, subventions, réglementation, production publique).

La préservation d'une ressource naturelle limitée comme la protection des populations contre les pollutions sont donc des « biens publics ». Tout le monde a intérêt à leur production, mais sans gendarme public pour ordonner et régler celle-ci, chaque individu a aussi intérêt à attendre que les autres produisent le bien public, en sorte d'en profiter sans prendre sa part des coûts de production (comportement dit du « passager clandestin »). Telle est donc la conclusion de la science économique moderne en matière d'écologie : la nécessaire intervention d'une autorité publique pour produire un bien public. Or, les néolibéraux ont colonisé l'autorité publique et l'ont dénaturée en acteur privé au service d'intérêts privés. *L'État privatisé n'est dès lors plus en mesure de produire vraiment des biens publics. La seule « politique » écologique qu'un tel État puisse concevoir sera par définition une écologie qui optimise les profits privés.*

21. Voir Arthur Cecil Pigou, *The Economics of Welfare*, Londres, Macmillan, 1920.

Par ailleurs, certains biens publics écologiques présentent la difficulté supplémentaire de constituer des « biens publics mondiaux » (l'atmosphère, la biodiversité, etc.) : leur production efficace suppose que les dispositions nécessaires soient convenues et mises en œuvre conjointement par tous les pays ! Dans ce cas, chaque pays devient en quelque sorte un acteur privé concurrent de tous les autres ; il n'a intérêt à s'engager dans la production d'un bien public mondial que si tous ses concurrents prennent aussi leur juste part dans cette production. En théorie donc, seule une autorité politique mondiale pourrait garantir la production d'un tel bien. En pratique, néanmoins, quand la volonté politique existe au plan national, les États peuvent s'entendre sur une logique coopérative en vue d'assurer leur sécurité réciproque, la santé et qualité de vie de leurs populations à long terme, la protection d'un patrimoine commun, etc. La coopération internationale peut s'exercer sans attendre l'avènement d'un peuple mondial et de la démocratie mondiale. Cela est suffisamment attesté par la montée en puissance des organisations internationales et par les progrès rapides de l'intégration européenne, au lendemain de la Seconde Guerre mondiale. Mais c'est là précisément la logique qui s'est trouvée bloquée, puis inversée par la Grande Régression. En instituant un état de guerre économique intensive entre eux, les gouvernements se sont eux-mêmes contraints à devenir, sur la scène internationale, des représentants de commerce chargés de défendre leurs boutiques. Ils ne peuvent plus se comporter vraiment en agents publics producteurs de biens publics nationaux et qui cherchent, par le biais des traités ou des institutions internationales, à produire des biens publics mondiaux. Ils doivent agir comme des compétiteurs privés, sous peine d'être sévèrement rappelés à l'ordre par la sanction du marché mondial. *Le dogme du libre-échange inscrit dans les traités internationaux (OMC, Union européenne, etc.) place l'exigence de compétitivité marchande au sommet de la hiérarchie des finalités guidant l'action publique.*

Dans ce cadre, un gouvernement peut bien s'occuper d'écologie, à la seule condition que l'écologie contribue ou ne s'oppose pas à la compétitivité marchande. On retrouve en ce domaine l'inversion principielle caractéristique de la Grande Régression. Durant deux siècles, le capitalisme a dû composer avec diverses résistances décrites plus haut. Il a dû notamment s'adapter au souci de protéger le cadre de vie contre les destructions inhérentes à la quête perpétuelle d'une exploitation marchande des ressources naturelles. Désormais, après trente ans de contre-révolution néolibérale, *la préoccupation croissante pour les écosystèmes est en train de s'adapter aux exigences du capitalisme*. Et dès lors, la principale concession du capitalisme à l'écologie est sémantique : sous le nouveau label de « capitalisme vert », il visera à exploiter les ressources plus sûrement et plus longtemps au profit du capital.

Le capitalisme vert et la régression de l'écologie politique

Même si elle manifeste parfois une prise de conscience du défi écologique, la conversion générale des gouvernements et des entreprises au thème du « développement durable » consiste au mieux à considérer le souci des écosystèmes comme une contrainte exogène au modèle capitaliste, une contrainte qu'il faudrait intégrer d'une manière ou d'une autre pour assurer la pérennité de ce modèle, malgré les limites physiques de la planète. C'est ainsi en réalité un « capitalisme durable » qui est visé.

Il importe ici de ne pas confondre le « capitalisme vert » avec l'« économie verte », l'« éco-économie » ou encore la « croissance verte ». Cette confusion est entretenue pour effacer la spécificité du capitalisme (le pouvoir du capital), attribuer à celui-ci des vertus qu'il n'a pas et l'immuniser contre la critique. On peut aisément concevoir une économie et une croissance non capitalistes (*i.e.* qui ne soient pas gouvernées par la volonté des détenteurs et des gestionnaires du capital) ; c'est d'ailleurs là une condition préalable si l'on entend les « verdir » dans la masse, et pas seulement en surface. On doit en effet reconsidérer le fonctionnement de l'économie et la substance du progrès, en sorte qu'ils soient compatibles avec une coévolution harmonieuse entre productions humaines et écosystèmes. On peut aussi explorer l'idée qu'une économie refondée autour de préoccupations écologiques recèle un gisement considérable d'emplois et d'activités et donc une autre forme de croissance (compatible avec la nécessaire décroissance de diverses consommations matérielles) : croissance de l'emploi agricole, des services collectifs, du temps libre, du recyclage, de la recherche, etc. Il s'agit, en un mot, de concevoir une économie au service d'un projet de préservation d'un cadre de vie agréable et soutenable pour l'humanité. Or, *cette instrumentalisation de l'économie comme moyen au service d'une fin sociale est précisément l'inverse de ce que nous promet un « capitalisme vert », à savoir : l'instrumentalisation de l'écologie comme nouvelle perspective de croissance du capital.*

L'argument affiché du capitalisme vert est l'éternelle rengaine selon laquelle le capital libéré de toute entrave s'empresse spontanément de satisfaire au mieux les besoins humains, car c'est ainsi qu'il peut maximiser le profit. On a suffisamment montré plus haut qu'il s'agissait là d'une fable. À la limite, et pour les esprits peu au fait des questions économiques, cette fable pouvait encore faire illusion, voici trente ans, quand aucune société ne s'était encore vraiment risquée à la mettre en pratique. Mais, trente ans après la grande liberté enfin donnée au capital de faire ce qu'il veut là où il veut, on sait où il va et ce qu'il y fait ! Après trente ans de libre circulation du capital, un sixième de l'humanité reste malnutrie et n'a toujours pas accès à l'eau potable. Moins de 2 % des flux financiers servent à financer une activité réelle ;

tout le reste finance… la finance[22] ! L'ouverture des pays en développement au capital « libéré » entretient une catastrophe écologique qui prépare une catastrophe alimentaire. Avant la « mondialisation heureuse » du capital, la « révolution verte » présentait bien des défauts aux yeux des écologistes, mais elle avait le mérite de viser l'autosuffisance alimentaire de populations en expansion. Il fallait préserver cette visée et corriger les méthodes de production pour les rendre soutenables. Au lieu de cela, la révolution néolibérale a contraint les pays en développement à repenser leur agriculture, non plus comme une source de nourriture pour leur population, mais comme une source de devises nécessaire à leur insertion dans le commerce international.

Depuis lors, année après année, on exproprie illégalement des tribus indigènes ou des petits paysans, on rase les forêts primaires pour créer de véritables déserts verts : des monocultures destinées à fournir les multinationales de l'agroalimentaire ou l'industrie des agrocarburants, des plantations gigantesques qui éradiquent toute autre forme de végétation, détruisent les habitats de la faune sauvage et épuisent les sols. Pour quelle utilité ? Pour faire rouler nos voitures à essence plus longtemps, au lieu de développer des énergies vraiment renouvelables et de nouveaux moyens de transport. Pour nourrir nos moteurs plus sûrement que nous-mêmes et pour bien d'autres « raisons » déraisonnables. Ainsi, entre autres, « grâce » à la destruction des forêts primaires, les Indonésiens fournissent aux Roumains l'huile de palme avec laquelle ils fabriquent leur « savon de Marseille » qui sera vendu pour tel sur la Canebière ! Vendu (pourquoi pas ?) à des touristes roumains qui, en fait de souvenir « typiquement provençal », rapporteront de l'huile indonésienne transformée à deux pas de chez eux et dont la production saccage la biodiversité, prive de ressources des paysans pauvres et détruit les emplois des

22. Voir les rapports annuels de la BRI et du FMI, et François Morin, *Un Monde sans Wall Street*, Seuil, à paraître en 2011.

savonniers marseillais. Pourquoi tant d'échanges insensés et trompeurs dont le transport consomme des tonnes de carburants polluants ? Pour satisfaire le « besoin de devises ». Devises qui serviront à quoi ? Peut-être à importer la nourriture que les Indonésiens auraient pu produire eux-mêmes, voire à importer du faux « savon de Marseille » !

Pour la même « raison » (besoin de devises), à travers le monde, on rase des champs de cultures vivrières traditionnelles pour produire le soja qui nourrit notamment des vaches parquées par dizaines de milliers dans des fermes industrielles américaines. Résultat : d'un côté, des pays pauvres dépendant des importations pour leur alimentation, de l'autre, la surconsommation de graisses animales et l'épidémie d'obésité que même l'administration Bush a fini par identifier comme un problème national de santé publique (voir *Dissociété*, chapitre 3).

Pénurie et dépendance pour les pauvres, surabondance et « malbouffe » chez les riches, circulation absurde et énergivore de marchandises, voilà les bienfaits de la libération du capital. Loin de se précipiter vers la satisfaction des besoins humains les plus urgents, les flux de capitaux libérés vont simplement là où ils peuvent dégager les profits immédiats les plus élevés, quelles que soient les conséquences pour les écosystèmes, la santé publique, les territoires et leurs populations. L'agriculture livrée à la logique capitaliste, c'est à ce jour l'aggravation de tous les méfaits d'une agriculture intensive qui est responsable de 20 % des émissions de gaz à effet de serre, pollue et appauvrit les sols, accélère la déforestation et le déclin de la biodiversité, assèche les nappes phréatiques, dénutrit les uns et engraisse les autres. Ce modèle n'est plus soutenable à long terme. Or, en sus du milliard de personnes souffrant aujourd'hui de malnutrition, l'agriculture devrait nourrir trois milliards d'êtres humains supplémentaires d'ici à 2050. À ce jour, on ne sait pas comment cela sera possible, mais on sait au moins que la libre concurrence capitaliste ne peut être l'issue à l'impasse qu'elle a elle-même engendrée. L'usage et le partage de l'eau devront être planifiés, le libre échange des denrées alimentaires devra laisser la place à la relocalisation de l'agriculture (chaque région proposant une production adaptée aux besoins locaux), il faudra développer l'emploi agricole et des modes de production biologique économes en eau et en énergie. Comme toutes les autres dimensions de la gestion des écosystèmes, l'alimentation ne pourra plus être gérée comme un bien privé ordinaire, elle devra l'être comme un bien public à la fois national et mondial et suivre un plan arrêté par des instances politiques. *Il n'y aura donc aucun progrès écologique décisif sans l'abolition du pouvoir exorbitant dévolu depuis trente ans aux gestionnaires des capitaux et sans remise en question du libre-échange qui constitue le levier principal de ce pouvoir.*

Cette évidence a toutefois cessé d'être un constat partagé par l'ensemble des écologistes. En effet, l'inversion du rapport dialectique entre le capitalisme et la société n'a pas seulement concerné la conduite des politiques publiques (qui rappelons-le adaptent désormais les exigences sociales à celles du capital) ; elle a aussi affecté la culture politique d'une large part du mouvement écologiste. Jusqu'au début des années 1980, l'écologie était principalement pensée comme un paradigme incompatible avec la croissance économique en régime capitaliste et, de ce fait, les partis écologistes se situaient plutôt à gauche, même s'ils s'opposaient aux autres partis de gauche qui tenaient alors la croissance maximale pour une condition *sine qua non* du progrès social. Mais ensuite, avec le déferlement de la vague néolibérale, une partie du mouvement écologiste a connu une dérive commune à l'ensemble de la gauche : la conversion au paradigme de l'économie de marché capitaliste. Le constat commun qui fonde cette dérive est simple : le réalisme économique commande de reconnaître que le capitalisme est « le moins mauvais des systèmes », que son expansion mondiale (la globalisation) est un fait irréversible et que les politiques publiques doivent s'adapter à un univers de libre compétition mondiale. Ce postulat étant posé, l'écologie devra être repensée en sorte d'être compatible avec un univers capitaliste, exactement comme les « troisièmes voies » travaillistes ou sociale-démocrates repenseront des politiques sociales compatibles avec l'exigence de la compétitivité dans une économie mondialisée. Ainsi avons-nous vu émerger des écologistes marchéistes et procapitalistes et disposés à gouverner avec les néolibéraux[23].

C'est dans ce contexte qu'il faut interpréter l'engouement général de la gauche et d'une large fraction des écologistes pour la thématique du « développement durable » (ou « soutenable ») qui fit rapidement consensus après son institutionnalisation dans le rapport Brundtland (1986)[24]. Tout est dans le terme lui-même : il s'agit de rendre le développement durable, en sorte, précise le rapport, de répondre « aux besoins des générations présentes, sans compromettre la capacité des générations futures à répondre aux leurs ». Cette définition est assez vague pour que tout le monde la charge du contenu qui satisfait au mieux ses intérêts économiques et politiques. Les capitalistes veulent bien évidemment un développement « durable »... du capitalisme ; les écologistes veulent une planète durable ; la gauche molle des années 1990 ne veut plus grand-chose, hormis suivre l'air du temps. Un nouveau compromis politique « réaliste » avec

23. Le parti des Verts allemands, créé en 1980, se positionnait à l'origine dans la gauche radicale. Il est aujourd'hui considéré comme nettement moins à gauche que le SPD (sociaux-démocrates) qui est déjà lui-même converti aux thèses néolibérales ! Les Verts sont donc un parti centriste qui gouverne d'ores et déjà certains *Lands* allemands avec la droite (la CDU).

24. « Notre avenir à tous », rapport de la commission des Nations unies sur l'environnement et le développement, présenté en 1986 par Gro Harlem Brundtland (présidente de la commission et ministre norvégienne de l'Environnement).

le capitalisme mondialisé est dès lors possible. Les écologistes et la gauche renoncent à contester le pouvoir du capital dans l'entreprise et le primat du libre-échange marchand ; en contrepartie, le mode de développement du capitalisme doit évoluer en sorte que chaque génération lègue à la suivante un environnement naturel préservé et des ressources suffisantes pour atteindre un niveau de vie au moins équivalent au sien. Et pour remplir sa part du marché ainsi conclu, le capitalisme n'aurait plus qu'à se saisir de l'écologie elle-même comme nouvel axe de développement économique, comme nouveau créneau d'expansion des profits.

Mais c'est là, pour commencer, un marché de dupes. Si le capital reste effectivement libre d'agir à sa guise, il n'y a aucune espèce de chance pour qu'il opère une reconversion massive de nos modes de production et de consommation assez rapidement pour inverser les désastres écologiques déjà en cours. Les gestionnaires de capitaux sélectionneront les activités « vertes » qui ont les débouchés les plus solvables dans les pays riches et dans les catégories sociales supérieures, c'est-à-dire des biens écologiques semi-privés pour lesquels il existe des acheteurs disposés à payer un avantage quelconque qu'ils peuvent s'approprier (économie d'énergie, santé, environnement immédiat, etc.). Par nature, la libre concurrence des capitalistes ne peut pas soudain se mettre à produire massivement des biens publics purs (écologiques ou autres) dont chacun jouit autant que tous, même s'il n'a pas déboursé un centime. Les acteurs privés ne développent ou ne participent au financement des biens publics qu'en raison de normes réglementaires et fiscales qui les contraignent et qui réorientent radicalement leurs choix.

L'entourloupe des « capitalistes verts » et des « écologistes procapitalistes » consiste ici à soutenir que le « capitalisme » vert serait précisément ce capitalisme encadré par une régulation incitative. Mais c'est un jeu de mots ! Soit la régulation en question est à la hauteur des enjeux et, de fait, le capital perd son pouvoir, il ne peut plus gagner d'argent autrement qu'en se pliant aux choix sociaux, soit les capitalistes conservent le pouvoir effectif et ils subordonneront l'intérêt écologique général à leur intérêt privé. En outre, si la « régulation » est vraiment à la hauteur, elle ne se contentera pas de réorienter les choix de production ; elle devra aussi réduire la part du capital dans le revenu national pour financer les investissements publics nécessaires (recherche fondamentale, transformation des transports collectifs, restructurations urbaines, etc.) et l'aide aux pays trop pauvres pour assumer intégralement leur propre reconversion écologique.

Comprenons donc bien que l'expression « capitalisme régulé » est soit une plaisanterie (il n'est pas vraiment « régulé »), soit une impossibilité logique. Si l'entreprise est effectivement soumise à des règles exogènes qui engendrent un mode de production, des investissements, une gestion de la main-d'œuvre et une répartition du revenu radicalement différents de ceux que décideraient spontanément les gestionnaires du capital (hors « régulation »), le pouvoir effectif passe des mains des gestionnaires du capital à celles du régulateur, les capitalistes ne sont plus que les propriétaires de leurs capitaux, acteurs parmi d'autres d'une entreprise qu'ils ne contrôlent plus et qui, dès lors, n'est plus à proprement parler « capitaliste ». *La révolution écologique aujourd'hui nécessaire pourra bien préserver le statut privé de la plupart des acteurs économiques, mais pas leur éventuelle nature capitaliste (*i.e. *le pouvoir du capital) ; elle ne procédera donc jamais d'un capitalisme vert, mais seulement d'une planification écologique.*

Le compromis entre les écologistes procapitalistes et les capitalistes verts n'est pas seulement un marché de dupes, c'est une entente de classe à courte vue. Pour les besoins du raisonnement, et quoique l'on puisse en douter, admettons que ce compromis soit susceptible d'imposer une contrainte écologique relativement forte sur des capitalistes par ailleurs libres de mener leurs affaires à leur guise. Il s'agirait alors de combiner le sauvetage de la planète avec celui du capitalisme, c'est-à-dire d'instaurer un « capitalisme durable », c'est-à-dire encore l'inégalité et la surexploitation du travail durables, la spéculation et l'instabilité financières durables, bref, une planète en partie sauvegardée pour les riches et les gagnants de la compétition généralisée, un monde où une minorité préserve les moyens de s'adonner à sa pulsion d'avoir toujours plus en condamnant le reste de l'humanité à l'aliénation et à la privation. Une telle perspective n'est pas soutenable dans une société libérale, elle induit une montée exponentielle de la conflictualité sociale et internationale, et l'instauration corrélative d'un ordre policier et militaire. Et sans même nous projeter dans l'avenir, le simple constat contemporain des désastres économiques et sociaux où nous a menés l'émancipation du capital suffit à établir la nécessité d'émanciper la société du pouvoir du capital.

Que des écologistes persistent encore aujourd'hui à concevoir leur projet hors d'une alternative au capitalisme indique une régression vers une écologie apolitique qui conçoit la sauvegarde de la nature comme une fin en soi, indépendante du système économique et social. C'est là une écologie illusoire car toutes les organisations sociales ne sont pas soutenables dans un monde fini, et notamment pas celles qui laissent à un acteur particulier le pouvoir d'imposer le primat de ses intérêts à tous les autres acteurs de la société. Ainsi, le capitalisme durable est un capitalisme qui souffrira de polluer moins et d'épuiser moins vite les ressources pour préserver sa capacité à polluer plus longtemps et à exploiter les ressources jusqu'au bout. Ce qui plaît tant aux capitalistes, dans la définition du développement durable, est qu'elle associe la « satisfaction des besoins » à l'idée d'un accroissement continu de moyens. Car tel est justement le moteur nécessaire au capitalisme : fabriquer du désir d'acheter en permanence, transformer le désir en besoin insatiable pour soutenir une croissance infinie qui maintient le profit en survie artificielle. Mais dans un monde fini, il n'y a pas de place pour un désir infini de consommation et de possession matérielle. Car il n'y a pas de rendements indéfiniment croissants dans l'usage d'une ressource épuisable. Soutenir un capitalisme durable revient donc à s'engager, plus lentement peut-être mais plus sûrement, dans la même impasse écologique où nous sommes déjà. À part les fous peut-être, tout le monde comprend qu'il ne s'agit pas d'aller moins vite au bout de l'impasse, mais de changer de direction. Voilà pourquoi la sauvegarde d'un environnement viable ne peut constituer une finalité en soi, indépendante d'un modèle de société capable de soutenir une coévolution harmonieuse entre l'humanité et son milieu physique.

La bifurcation aujourd'hui nécessaire suppose d'inverser la logique de la Grande Régression en cours : il ne s'agit plus de concevoir un développement écologique adapté au caractère prétendument incontournable du capitalisme et de l'économie de marché, mais d'adapter l'économie aux exigences d'une bonne société offrant aux humains présents et futurs la capacité de bien vivre ensemble. J'ai nommé cette nouvelle perspective : « société de progrès humain[25] ». Elle est fondée sur une anthropologie générale qui tient compte des savoirs accumulés sur le fonctionnement des êtres humains et des sociétés humaines. Une fois satisfaits les besoins biologiques liés à leur existence physique, les seuls besoins vraiment nécessaires à la vie humaine sont la liberté (besoin d'être soi-même), la solidarité et la fraternité (être ensemble et en sécurité), l'activité symbolique (parler, penser, imaginer...), la reconnaissance sociale (être digne, être aimé) et l'égalité (être traité justement). Ces aspirations en interaction permanente constituent le moteur complexe de la vie humaine. Elles peuvent entrer en contradiction, sources de tensions voire de

25. Voir *Dissociété*, chap. 4.

souffrance psychique que des êtres singuliers peuvent tenter de surmonter soit par leur réconciliation, soit par l'addiction pathogène à l'une d'entre elles au détriment des autres. La société de progrès humain est celle qui tend à instaurer une dialectique positive entre ces aspirations : elle tisse *des liens sociaux qui libèrent les individus*, un cadre institutionnel, matériel et symbolique, dans lequel l'épanouissement des existences singulières peut prendre appui sur la solidarité sociale et la fraternité conviviale qui les unit sans les aliéner.

Une telle société – comme les individus eux-mêmes – n'a nul besoin d'un développement durable des productions et des consommations matérielles[26]. Elle supporte au contraire d'autant mieux la nécessaire décroissance de ces dernières qu'elle offre des perspectives d'expansion presque illimitées de l'activité humaine et du bien-être personnel. Libérés de l'impératif artificiel, aliénant et insoutenable de produire et de consommer toujours plus de marchandises, les individus peuvent récupérer un temps précieux pour produire de l'éducation, de la culture, de l'art, de la santé, du savoir, des services collectifs, pour produire une alimentation saine préservant les sols nourriciers, pour profiter de la vie familiale, pour participer à la vie de la cité par l'engagement politique associatif ou syndical et aussi pour rêver, méditer, se reposer, se promener, jouir de la lenteur, de la tranquillité, du plaisir simple d'être soi dans une bonne société. Si elle bannit le productivisme marchand inhérent au capitalisme, la société de progrès humain n'est pas improductive ; et si elle suppose la décroissance des consommations matérielles insoutenables, elle n'implique en rien la stagnation économique. Elle produit autre chose et autrement qu'une société capitaliste. Elle produit plus de liens, plus de services immatériels et moins

26. J'ai proposé un indicateur du progrès humain (IPH) qui combine les finalités composites de ce progrès (épanouissement des individus, justice, cohésion sociale, transmission d'un écosystème durable aux générations futures). Voir *Autre Société*, chap. 8.

de biens matériels. Et ce faisant, d'ailleurs, elle garantit plus sûrement la croissance de l'emploi et l'instauration durable du plein-emploi.

Pour promouvoir ce progrès humain, on peut partir de l'impératif écologique et, comme le font les « objecteurs de croissance », en appeler à une « décroissance conviviale[27] ». La nécessité d'une sobriété matérielle est ainsi mise en avant pour frapper les esprits et les ouvrir à des sources plus prometteuses de vie bonne. On peut aussi, comme je le fais moi-même, partir de la nécessité d'une meilleure société privilégiant la qualité de vie personnelle, la justice et la qualité des liens sociaux. C'est alors une nouvelle conception de l'émancipation humaine et du progrès social qui conduit la société à relever le défi écologique. Ces deux démarches plongent leurs racines dans deux traditions distinctes (l'écologie politique et le socialisme), mais se rejoignent dans une conception très proche de la bonne société. Je persiste à privilégier la seconde, non seulement parce que je reste un socialiste républicain, mais aussi parce que *l'anthropologie générale* (sur laquelle je tente de refonder le socialisme) me conduit à penser que la peur est un instrument de mobilisation sociale moins efficace que l'aspiration à la liberté et à la justice.

Ce serait une illusion funeste que d'espérer mobiliser la masse des humains en faveur d'une reconversion radicale de leurs modes de consommation et de production en agitant la menace de cataclysmes planétaires. Je l'ai déjà souligné, cette illusion transparaît dans le déploiement obsessionnel du catastrophisme climatique. Non seulement cette grande peur collective risque de masquer des défis encore plus assurés et plus immédiats, tels que la pénurie de

27. Voir notamment : Paul Ariès, *La Simplicité volontaire contre le mythe de l'abondance*, Paris, La Découverte, 2010 ; Vincent Cheynet, *Le Choc de la décroissance*, Paris, Seuil, 2008 ; Serge Latouche, *Le Pari de la décroissance*, Paris, Fayard, 2006.

denrées alimentaires, mais surtout, tant qu'elle est déconnectée du désastre social déjà engendré par le capitalisme, elle n'aura pas les vertus mobilisatrices escomptées. Quand les salariés vivent dans l'obsédante nécessité de travailler plus pour garder leur emploi, dans le stress de la compétition, dans la peur du chômage et du déclassement, dans une société qui survalorise l'accumulation des biens et méprise la sobriété, dans un système qui siphonne leurs revenus, leurs loisirs et leurs services publics au profit d'une minorité de nantis, en un mot, quand ils sont déjà tout occupés à survivre par le seul moyen qu'on leur offre – produire plus et plus vite –, on ne voit pas comment ils viendraient à se soucier vraiment d'une menace diffuse sur les écosystèmes et la survie de l'humanité. Cette observation vaut *a fortiori* pour la masse d'individus que les riches pays capitalistes maintiennent dans la marginalité sociale, sans emploi régulier, sans formation, sans accès au logement ou aux soins médicaux, voire sans papiers. Comment des populations qui éprouvent déjà au quotidien la peur du lendemain pourraient-elles se sentir concernées par une hausse des températures de quelques degrés dans cinquante ou cent ans ?

Pour le dire brièvement, se préoccuper activement d'écologie est un luxe que tout le monde ne peut pas se permettre. Cela peut même passer pour une préoccupation d'élites tranquilles bien employées et bien payées, quand des écologistes soutiennent un capitalisme vert, c'est-à-dire une injustice verte, une insécurité sociale verte, la verte spoliation des biens publics et la verte usure des hommes et des femmes au travail ! *Pour rester la couleur de l'espoir, le vert doit s'allier au rouge des luttes sociales.* Si la confiance dans l'avènement d'une société plus juste est perdue, pourquoi se soucier de la survie d'une société injuste pour les générations futures ? Pourquoi les ouvriers et les employés devraient-ils se préoccuper de sauver une planète pour les riches ? Le projet écologique ne peut mobiliser les masses que s'il vient s'inscrire dans, et actualiser, le long combat pour le progrès social. Une société plus juste, plus solidaire, plus sûre, où l'on vit mieux ensemble est un bienfait immédiat qui peut mobiliser pour lui-même et qui crée les conditions nécessaires pour relever les défis écologiques. Une bonne société mérite d'être léguée aux générations futures et justifie l'effort de transformation du mode de vie demandé à la génération présente. Cette transformation ne peut en outre entraîner l'adhésion populaire sans la certitude d'un partage équitable des sacrifices et des bénéfices associés à de nouveaux modes de production, de transport et de consommation. *La planète ne sera donc pas sauvée grâce à la peur de la fin du monde, tant nourrie par des écologistes qui n'osent pas penser la fin du capitalisme ; elle sera sauvée grâce au progrès social.*

En réalité, seules des sociétés solidaires, déjà pacifiées et unifiées par les progrès de l'égalité, de la coopération et de la convivialité, pourront conduire sereinement la transition écologique. Or, les sociétés modernes les plus industrialisées ont donné la priorité à la consommation sur la convivialité, à la rivalité sur la solidarité. Elles sont dès lors tentées de s'en remettre à leur génie technologique comme à leur richesse pour surmonter tous les défis à venir. Espérer un miracle technique qui repoussera toutes les menaces en quelques décennies, sans qu'il soit nécessaire d'assumer la transformation des modes de vie et les conflits de répartition des ressources : tel est le déni enfantin qui fascine nécessairement une société hypermoderne, car celle-ci pressent qu'elle a peut-être déjà perdu le savoir-faire social grâce auquel une société moins riche, moins technicienne, mais plus soudée serait plus à même de s'élancer vers un nouveau monde. Ainsi le délitement des liens sociaux vient-il ajouter sa force à l'engrenage d'une régression générale.

4

La régression sociale, morale et politique

Je n'entends pas refaire l'inventaire des multiples reculs opérés depuis trente ans par les politiques sociales. La « régression » dont il est à présent question désigne un phénomène plus vaste et plus fondamental, une dynamique de déconstruction des liens sociaux qui constituent les individus en communautés humaines et rassemblent ces communautés en une grande société. En cette matière, comme dans toutes ses autres dimensions, la Grande Régression se distingue à nouveau par une inversion systémique : le renversement de la synergie positive qui avait fini par s'installer entre une émancipation inédite des individus et une intensification également inédite des liens sociaux. Depuis l'essor initial des premières sociétés sédentaires, il avait fallu près de douze mille ans pour en arriver à ce stade du développement humain. Jusqu'alors en effet, le renforcement de la société avait presque toujours été en opposition avec celui des libertés individuelles. La phase moderne de cette histoire avait même dégénéré dans une oscillation extrême entre des poussées libérales disloquant la société et des réactions antilibérales renforçant parfois l'emprise de la société jusqu'aux limites du totalitarisme. Toutefois, les conséquences dramatiques de ces extrémités avaient incité les sociétés modernes à sortir de l'opposition destructrice entre deux projets qui jouaient soit la société contre l'individu, soit l'individu contre la société.

Durant une trentaine d'années seulement (des années 1950 aux années 1970), dans les plus vieilles démocraties occidentales, il a semblé qu'un compromis inédit autorisait une poussée simultanée d'individualisme et de socialisme. Mais ce ne fut qu'une parenthèse, avant le déferlement de la vague néolibérale décrite au début de ce livre.

Il nous faut donc comprendre pourquoi il semble si durablement compliqué de faire vivre des êtres humains en société, alors même que, chacun en fait l'expérience dans sa vie privée, la plupart des individus détestent la solitude, adorent « faire des choses » ensemble et sont assez doués pour ça ! On peut comprendre *une partie* de cette difficulté à l'époque moderne par la « lutte des classes ». Quoique les humains soient assez bien disposés à l'attachement entre proches, dès qu'il s'agit de la société, ses formes et son histoire sont sujettes à l'affrontement entre des classes sociales dont les intérêts matériels et économiques divergent. Mais, n'en déplaise à nombre de mes « camarades », l'histoire de l'humanité n'est pas *que* l'histoire de la lutte des classes. Avant l'avènement des premières grandes cités antiques, l'humanité a vécu au sein de microcommunautés où la division sociale du travail était extrêmement limitée et le mobile de l'intérêt personnel inexistant. C'est seulement dans le cadre de grandes sociétés sédentaires que le conflit pour l'usage des ressources et la possession des biens prend corps. Même dans ce cadre, comme nous l'ont fait notamment comprendre Mauss et Polanyi[1], les relations sociales ont longtemps été dominées par la coopération, l'entraide et la solidarité, plutôt que par la compétition. Et, jusqu'à nos jours, même dans des sociétés minées par une féroce compétition économique, nombre de nos comportements et de nos institutions reprennent les codes et les rites qui avaient cours dans les sociétés premières.

1. Marcel Mauss, *Essai sur le don* (1923-1924), *in* M. Mauss, *Sociologie et anthropologie*, Paris, PUF, 1983 (10e éd.). Karl Polanyi, *La Grande Transformation*, *op. cit.*

Certes, avec l'extension de la division du travail et des techniques de production, l'antagonisme des intérêts entre les catégories sociales prend une part croissante dans l'évolution des sociétés pour, finalement, constituer un facteur clé dans la dynamique du capitalisme industriel. Mais il faut éviter l'anachronisme consistant à appliquer rétrospectivement à toute l'histoire des sociétés humaines une grille de lecture qui se trouve être désormais devenue essentielle. Il faut plutôt procéder dans le bon ordre, en élaborant une théorie plus générale de ce qui, depuis les origines, est en jeu dans la construction d'une société humaine, pour mieux comprendre l'évolution qui nous a menés jusqu'à l'état de régression où nous sommes à présent. Tel est l'objet de ce chapitre[2].

Contrairement aux idées néolibérales en vogue, les êtres humains sont naturellement doués pour la coopération et la solidarité, autant et souvent davantage que pour la compétition, surtout au sein de petites communautés de proximité. C'est que la biologie et les traits fondamentaux du fonctionnement humain se sont installés, plusieurs millions d'années durant, au sein de petites bandes d'individus dont le succès évolutif tient au développement continu de leurs capacités de communication, d'interaction psychique, d'organisation sociale et d'action solidaire. Dans son ultime phase, cette longue histoire grégaire a mené vers l'espèce humaine contemporaine (*Homo sapiens sapiens*), dont toute l'évolution biologique et la quasi-totalité de l'histoire sociale se sont déroulées au sein de petites tribus nomades de chasseurs-cueilleurs partageant leur nourriture. Ce cadre primitif fait de l'humain un être social par excellence : il construit sa vie propre (matérielle, affective et symbolique) par et

2. Les développements qui suivent s'appuient sur la grille de lecture et les fondements anthropologiques élaborés dans *Dissociété* (chap. 4 et 10) et dans *Autre Société* (chap. 2, 3 et 7). Je ne peux ici qu'évoquer des conclusions fondées sur ces travaux auxquels le lecteur devra se reporter s'il souhaite une argumentation et des références bibliographiques plus précises.

dans les liens qu'il noue avec sa famille et la communauté où il grandit ; son désir d'être lui-même, d'exister, est indissociable d'un désir d'être avec autrui ; son besoin d'avoir autant ou plus qu'autrui est inséparable de son besoin d'être reconnu et aimé d'autrui ; son attrait pour l'autonomie et la singularité va de pair avec des pulsions grégaires et mimétiques. Tout cela participe de ce que j'appelle les « invariants anthropologiques » du fonctionnement humain. Il est essentiel de comprendre que ces traits fondamentaux se sont forgés pour permettre à chacun de bien grandir parmi les siens, c'est-à-dire de déployer son existence à peu près en harmonie avec une communauté humaine de proximité où tout le monde se connaît. Ils font de l'être humain un être social qui ne peut s'épanouir vraiment que par la qualité de ses liens sociaux, mais ils ne le pourvoient d'aucune prédisposition naturelle à surmonter le défi nouveau et très récent (à l'échelle de l'histoire de l'espèce humaine) que constitue la vie dans une « grande société » traditionnelle ou moderne. Savoir vivre bien avec les autres dans une sorte de grande famille nomade composée de quelques dizaines d'individus est une chose ; faire société avec des dizaines ou des centaines de milliers, voire des millions d'inconnus sédentaires, est une tout autre affaire.

En schématisant un peu grossièrement, ce défi nouveau se pose à l'humanité à partir de la révolution néolithique (10000 av. J.-C.). Les sociétés premières (tribus de chasseurs-cueilleurs nomades) se regroupent pour constituer peu à peu des sociétés humaines plus larges, attachées à un territoire où elles cultivent la terre, puis élèvent du bétail, construisent des villes… L'avènement d'une « grande société » sédentaire et composée de sous-groupes humains multiples soulève alors un double défi.

En premier lieu, avec la sédentarisation et l'essor de l'agriculture apparaissent une division croissante du travail et des fonctions sociales, la propriété des terres et des biens, les échanges marchands, les grandes cités rivales, etc. Tout cela étend à la fois les perspectives potentielles d'un épanouissement singulier des individus et les sources de rivalités, d'inégalités et de conflits pour la possession des biens, des terres et du pouvoir. Un premier défi consiste donc à trouver un point d'équilibre entre l'autonomie des personnes et la contrainte collective nécessaire à la paix et à la cohésion sociale. En second lieu apparaît la division interne de la société en sous-communautés distinctes. La grande société réunit des localités multiples, des groupes sociaux divers par leurs intérêts et leurs modes de vie (clercs, cultivateurs, éleveurs, artisans, etc.), des populations placées sous une autorité politique commune mais éventuellement distinctes par leurs croyances et leurs coutumes. Un second défi consiste ainsi à combiner la nécessaire unité globale de la société et la coexistence en son sein de communautés hétérogènes.

Autrement dit, la société doit régler l'intensité et l'articulation de deux types de liens sociaux : les liens intercommunautaires (L_1), *i.e.* entre les communautés ethniques, religieuses, professionnelles, régionales, etc. ; les liens intracommunautaires (L_2), *i.e.* entre les individus au sein de la société et de leurs diverses communautés d'appartenance. Avant de voir comment ces questions sont effectivement réglées, je propose une typologie des dynamiques sociétales possibles. Il est en effet quatre manières idéaltypiques de construire une grande société, selon que celle-ci combine des liens L_1 forts ou faibles avec des liens L_2 forts ou faibles (celles-ci sont représentées sur la « carte des dynamiques sociétales » ci-dessous).

Ce détour théorique est nécessaire pour mieux préciser ce que j'entends par progrès humain et ce qui, par contraste, m'autorise à qualifier l'évolution récente des sociétés modernes de régression sociale.

FIGURE 1
La carte des dynamiques sociétales

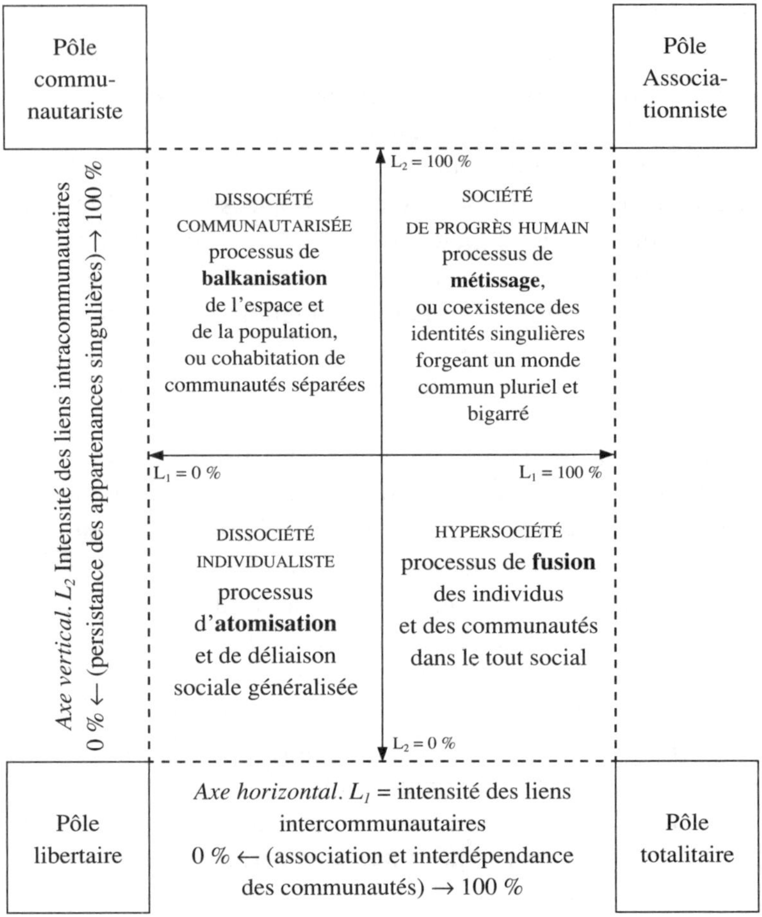

L'intensité des liens intracommunautaires entre les individus (dans les diverses communautés familiales, locales, culturelles, etc.) est représentée par un axe vertical gradué de $L_2 = 0\ \%$ à $L_2 = 100\ \%$; l'intensité des liens intercommunautaires (L_1) est mesurée pareillement, sur l'axe horizontal. Le croisement des deux axes délimite quatre cadrans correspondant chacun à une orientation dominante dans la dynamique constitutive de la société.

Les situations limites – combinant uniquement les valeurs extrêmes (0 % et 100 %) des deux critères (L_1 et L_2) – constituent les « pôles d'attraction » propres à chaque dynamique. Ces pôles sont des fictions théoriques inatteignables dans des sociétés humaines réelles. L'absence totale de liens comme la fusion parfaite sont également impossibles, que ce soit entre les individus (L_1) ou entre les communautés (L_2). Mais les fantasmes de l'indépendance absolue ou de l'unité fusionnelle peuvent constituer des pôles d'attraction bien réels.

1) La « société de progrès humain » (L_1 fort et L_2 fort)

En partant de ce que nous enseigne l'anthropologie générale[3] sur le fonctionnement humain, on peut postuler qu'une « vie pleinement humaine » est celle qui permet à l'individu de concilier les aspirations ambivalentes déjà évoquées ci-dessus, autrement dit, en bref, de trouver un équilibre dynamique entre son désir d'être soi-même (par soi et pour soi) et son désir d'être avec, par et pour autrui. En première approximation, on peut alors dire qu'une *société de progrès humain* est un cadre social qui cherche à instaurer une égale capacité de tous ses membres à concilier ces deux aspirations, c'est-à-dire, tout simplement, à *vivre bien eux-mêmes en vivant bien avec autrui, à être eux-mêmes tous ensemble*.

Il est presque évident que cette visée correspond aux finalités d'une *république sociale et écologique*. Elle cherche en effet à concilier la *liberté* (être soi-même), l'*égalité* réelle (égale capacité des individus) et la *fraternité* (être avec, par

3. J'appelle « anthropologie générale » la démarche pluridisciplinaire qui articule tout ce que nous enseignent les diverses sciences de la nature, de l'homme et de la société sur le fonctionnement individuel et collectif des êtres humains (voir *Autre Société*, chap. 1).

et pour autrui). Elle est en outre écologique, car l'exigence d'égalité essentielle à cette société suppose que la quête d'une « égale capacité pour tous ses membres » ne soit pas réservée à une seule génération. L'essor de cette société doit donc être réalisé d'une manière qui préserve aussi la capacité des générations futures à vivre bien ensemble. Il s'agit de mettre en œuvre une « république durable » et par conséquent fondée sur une coévolution harmonieuse de la société et des écosystèmes.

Il est sans doute moins évident que l'égale capacité des individus à concilier leur liberté et leur cohésion sociale passe par une intensification de tous les liens sociaux, à la fois inter- et intracommunautaires (L_1 fort *et* L_2 fort). La culture occidentale moderne et plus encore sa forme néolibérale contemporaine prédisposent nos contemporains à penser que leur liberté consiste à être indépendants des autres et des normes sociales, c'est-à-dire à dénouer et distendre des liens sociaux. Or, si tel est le cas, le développement de tous les liens sociaux semble intuitivement entrer en conflit avec celui de la liberté. Mais, justement, tel n'est pas nécessairement le cas.

Pour commencer, l'indépendance est un pur fantasme, une impossibilité biologique. Aucun être humain ne tombe du ciel tout fabriqué, préexistant à tous les autres, à toute société. Le cerveau, la personnalité, le langage, les manières d'être au monde sont socialement construits par les relations entre l'enfant et sa mère, son père, sa fratrie, ses éducateurs, etc., par une histoire sociale singulière. Qu'il le veuille ou non, un individu ne peut jamais être indépendant d'autrui au sens strict, sauf en mourant. Chacun naît et grandit dans un nœud complexe d'interdépendances et commence à vrai dire son existence en état de parfaite aliénation. On ne naît pas autonome, on le devient plus ou moins selon que l'autonomie entre dans le projet éducatif de l'entourage et le projet politique de la société. La liberté est donc tout sauf naturelle ;

elle progresse ou régresse dans la rencontre entre la pulsion d'existence propre de l'individu (besoin d'être soi) et le cadre familial et social qui peut offrir des liens qui libèrent ou des liens qui aliènent.

Inutile d'expliquer les « liens qui aliènent » : tout le monde sait comment les attaches familiales, les normes religieuses, les conventions sociales, les lois et les institutions peuvent brider et contrarier la liberté. De là à imaginer que la liberté suppose le relâchement, voire la destruction de ces liens, il n'y a qu'un pas qui constitue une profonde erreur anthropologique.

La liberté réelle ne suppose pas seulement un droit formel de penser et d'agir (*liberty of*) ; elle nécessite aussi une capacité effective à le faire (*liberty to*). Aussi un être humain sans liens n'est-il pas libre, il est seul et privé d'à peu près toutes les capacités cognitives et physiologiques que seules des relations et une éducation dans un cadre social déterminé peuvent lui procurer. Un individu privé de normes sociales pour guider son comportement n'est pas libre ; il est juste perdu dans un monde sans repères, abandonné dans le vide d'une autonomie absurde. De toute façon, ce pur individu affranchi de tout lien et de toute détermination sociale n'existe pas, c'est une pure fiction : personne ne peut décider d'être un extraterrestre engendré hors de ce monde, grandi hors d'un complexe singulier d'interactions sociales qui compose une histoire propre à chacun. Puisque l'interdépendance sociale est le cadre naturel de la vie humaine, l'émancipation et l'aliénation de l'individu sont également des constructions sociales, la liberté est, tout autant que la soumission, un apprentissage mené, promu ou contrarié par la société. Dans le rapport entre individu et société, l'alternative pertinente ne se situe donc pas entre une déliaison sociale libératrice et une liaison sociale étouffant l'individu ; elle oppose en réalité *des liens qui libèrent et des liens qui aliènent*.

Dans l'hypothèse la plus favorable (celle de l'émancipation par des liens qui libèrent), un individu apprend d'abord la liberté grâce à l'attachement sécurisant à sa mère, car c'est la sécurité de ce lien qui lui donne le goût et la capacité de s'aventurer à la découverte du monde environnant et des autres ; il échappe au risque d'étouffement dans un attachement maternel exclusif en nouant d'autres liens (avec le père, la fratrie, les grands-parents) ; puis il s'émancipe de la famille en s'attachant à ses camarades de classe et à ses éducateurs et, peu après, en « tombant amoureux » ; à l'âge adulte, il se déploie dans de nouveaux cercles de socialisation et d'attachement (les collègues de travail, les relations professionnelles, le voisinage, les clubs, associations, syndicats, etc.) ; à toutes ces microcommunautés concrètes de proximité s'ajoutent des communautés symboliques fondées sur une croyance, une culture ou des intérêts communs, sur l'appartenance à un territoire, à une région, à une nation, etc.

C'est donc grâce à la multiplication et la diversification des liens sociaux que l'individu peut contenter à la fois sa pulsion grégaire, son besoin d'association et de communion affective et intellectuelle avec des semblables, d'une part, et son aspiration à l'autonomie, à la singularité, à la distinction, d'autre part. Chaque cercle lui offre la sécurité et la jouissance d'un attachement, tout en le libérant de l'étouffement aliénant dans un seul et unique cercle fermant l'espace où il peut déployer son existence. Comme dans la relation première de l'enfant à sa mère, l'individu peut s'abandonner au plaisir fusionnel des liens étroits sans aliéner sa liberté, car il peut à tout moment s'échapper vers un autre cercle, vers d'autres liens. Ainsi, le « sujet », le « moi » fort et relativement autonome, capable d'affirmer sa propre pensée ou action, n'est pas l'individu délié, esseulé, indépendant de tous ; c'est au contraire celui qui est en interdépendance et attaché à tellement d'autres personnes et de communautés singulières qu'il ne redoute jamais l'abandon, au moment où il lui faut prendre sa distance à l'égard d'une idée ou d'une conduite spécifique et se désolidariser des conventions propres à un cercle social particulier.

L'émancipation de l'individu n'est donc pas une aventure solitaire. C'est une construction sociale qui exige la volonté propre de l'individu, et la volonté des autres et de la société de faire vivre des liens multiples, pluriels, qui ouvrent et étendent le champ des relations possibles, au lieu de le fermer et de le racornir. Une société de progrès humain qui entend concilier la liberté et l'association des individus ne peut donc consister en un espace social uniforme. Elle construit nécessairement un monde pluriel ou, plus précisément, la pluralité métissée des mondes communs constitués par toutes les appartenances sociales singulières qui coexistent et coévoluent en son sein. Les individus peuvent alors jouir de la plus grande intensité des liens sociaux, dans chacune de ces communautés spécifiques, sans aliéner leur liberté, car ils jouissent aussi d'une faculté étendue de se mouvoir d'un monde à l'autre et de les composer pour constituer l'espace social singulier de leur propre vie. Cette faculté suppose non seulement la pluralité des communautés, mais encore la vivacité des liens intercommunautaires qui associent tous les individus, quelles que soient leurs appartenances sociales singulières, dans une même volonté de vivre ensemble : une société pluri- ou multiculturelle ne suffit pas au progrès humain, il lui faut aussi, à un certain degré, une *société interculturelle*. La société de progrès humain est donc incompatible avec la juxtaposition de communautés séparées et se tolérant les unes les autres dans la seule mesure où elles n'entretiennent pas de relations et ne se soumettent qu'à très peu de lois communes. Car alors, les communautés deviennent un espace d'enfermement, source d'aliénation des individus, d'intolérance à la différence et finalement d'affrontement intercommunautaire. La pluralité des mondes communs n'est source de liberté et de cohésion sociale que par l'ouverture réciproque des communautés et par leur solidarité dans la constitution d'un monde commun qui n'est autre que la société tout entière. Cette société, c'est une république laïque et métissée, qui ne reconnaît et ne promeut aucune communauté singulière, qui ne reconnaît et ne garantit que le droit égal de chaque citoyen à déployer son existence comme il l'entend dans tous les rassemblements humains à son goût, à la condition qu'il respecte les lois qui constituent la communauté politique du peuple tout entier, à la condition aussi qu'aucun de ces rassemblements n'ait pour objet ou pour effet d'empêcher le croisement et le métissage des appartenances sociales.

On comprend mieux à présent pourquoi je définis la société de progrès humain par le renforcement de *tous* les liens sociaux, inter- comme intracommunautaires. L'idéal d'une telle société, son pôle d'attraction, c'est la libre association des individus *et* des communautés. C'est la seule forme sociétale qui permet l'essor d'une égale liberté pour tous non seulement *compatible* avec les liens sociaux, mais plus encore réalisée *grâce* à la diversité de ces derniers. Tout cadre social qui réprime l'un ou l'autre type de lien social (L_1 ou L_2), ou encore les deux à la fois, met en contradiction les aspirations ambivalentes qui animent la vie d'un être social. Soit il ne parvient à unir les individus en société qu'en aliénant toute autonomie personnelle et en interdisant toute identité sociale singulière, soit il ne fait droit au désir d'être soi-même qu'en dissociant les individus et les groupes humains, soit, enfin, il juxtapose des communautés fermées qui anéantissent et la liberté et la société. Telles sont les trois autres dynamiques possibles que je vais décrire à présent.

2) L'« hypersociété » (L_1 fort et L_2 faible)

Celle-ci *réprime les aspirations à l'autonomie et à la singularité (être soi) au profit de l'intégration uniforme dans un tout social homogène*. Pour ce faire, elle doit contenir, voire réprimer les liens sociaux de proximité qui s'instaurent dans la famille, les communautés locales, professionnelles, ethniques ou religieuses, dès lors que ces liens intracommunautaires altèrent l'homogénéité et l'unité de la société dans son entier. Poussée à la limite, cette dynamique tend vers un pôle d'attraction totalitaire : elle réprime toute réelle appartenance sociale singulière pour mieux fusionner les individus et les communautés dans une seule et même communauté nationale homogène. Une segmentation fictive de la société en corporations distinctes peut être entretenue pour satisfaire un besoin naturel d'identification à une tribu singulière, mais ce n'est là qu'un artifice instrumentalisé pour mieux embrigader et asservir les individus au grand tout social.

3) La « dissociété individualiste » (L_1 faible et L_2 faible)

Celle-ci *réprime tous les liens sociaux (inter- et intracommunautaires) et ne promeut que l'indépendance des individus et leur aspiration à l'autonomie*. C'est une dynamique d'atomisation de la société qui tend à juxtaposer des individus parfaitement dissociés les uns des autres. Son pôle d'attraction est libertaire ; il s'agit d'un fantasme d'affranchissement intégral du libre arbitre individuel à l'égard de toute contrainte externe. Cette dynamique est celle d'une « société de marché » au sens rigoureux que l'on peut donner à cette expression : société dont les membres ne sont que des agents parfaitement autonomes, déliés, en libre compétition, et qui n'entretiennent entre eux que des relations d'échange. Elle correspond aussi au mythe du marché autorégulateur, à ce fantasme d'un ordre social spontané par la magie de la libre négociation entre des agents rationnels et indépendants les uns des autres.

4) La « dissociété communautarisée » (L_1 faible et L_2 fort)

Celle-ci *organise la cohabitation de diverses communautés, réprime l'intégration et le métissage des communautés dans une communauté nationale et promeut l'intégration des individus dans des communautés singulières.* À la limite, le pôle d'attraction communautariste tend vers une société balkanisée juxtaposant des sous-communautés parfaitement homogènes, pure de tout mélange. Les individus sont parfaitement déliés de toute appartenance (autre que juridique et formelle) à la grande société, mais sont en revanche fusionnés et privés d'autonomie dans la vie interne de leur communauté singulière.

Cette dynamique est compatible avec une quasi-« économie de marché » mais n'est certainement pas une « société de marché ». En effet, une économie de libre concurrence guidée par la quête des profits privés est parfaitement compatible avec une société où les individus sont peu liés et peu solidaires au plan global (au point éventuel de ne pas vraiment constituer un peuple ou une nation), mais en revanche très soudés au sein de communautés locales (la famille, le voisinage) ou culturelles (ethnie, religion). Les individus se trouvent ainsi à la fois dotés d'une grande liberté formelle dans les relations d'échanges économiques et dépourvus d'autonomie à l'égard des normes morales, conventions sociales et croyances imposées dans leur communauté d'appartenance singulière. L'économie marchande est alors comme un espace hors société (désencastré) où les membres de communautés hétérogènes peuvent « co-habiter » (et non « co-exister ») parce qu'ils n'y nouent pas vraiment de relations et se contentent d'y négocier des échanges. Dans cet espace marchand, la liberté reste formelle pour le plus grand nombre, car la libre compétition (désencastrée des normes sociales) engendre seulement la domination des plus forts. Mais tous les effets délétères de la libre compétition pour l'ordre social (inégalités, exacerbation de la rivalité, violences, etc.) – effets qui se déploieraient sans limites dans une véritable société de marché – peuvent être contenus et rester soutenables, car les individus sont tenus par les normes et les conduites fixées par leur communauté propre.

Les dialectiques du progrès et de la régression

Chaque point de la « carte des dynamiques sociétales » (figure 1) représente une position historique de la société définie par les deux coordonnées que constitue l'intensité des liens inter- et intracommunautaires (L_1 et L_2). Cette position doit être comprise comme état d'équilibre momentané, résultat d'une tension entre les quatre pôles d'attraction qui peuvent exercer simultanément une influence variable selon l'époque et les forces sociales qui poussent à l'intensification ou à l'affaiblissement de tel ou tel type de liens. L'évolution effective de ce point d'équilibre, dans le temps long qui sépare les premières cités antiques de nos sociétés hypermodernes, dépasse l'objet de ce livre (et plus encore les compétences de son auteur). Les grands traits de cette évolution doivent néanmoins être évoqués, car tout discours sur le progrès ou la régression n'est vraiment approprié que relativement à une histoire longue de la société. Cette évocation permettra en outre de préciser l'usage pertinent de ma grille de lecture.

Pour commencer, cette grille ne s'applique pas avant la formation des premières sociétés agricoles. Une microsociété de chasseurs-cueilleurs constitue une seule communauté homogène et n'a pas à régler la question de l'intégration intercommunautaire. La dynamique de la société n'est donc pas encore tiraillée entre quatre pôles d'attraction. Elle épouse simplement le moteur même de l'existence humaine, un moteur à deux temps qui articule la pulsion d'existence (être soi) et la pulsion d'attachement (être avec). Dans ma « carte », on ne devrait donc retenir à ce stade que l'axe vertical des liens intracommunautaires.

Si on précise celui-ci en indiquant à ses extrémités les aspirations humaines que la société peut encourager, on obtient ceci :

Être avec autrui,
par et pour autrui
Solidarité et intégration
intracommunautaire

↕ *Ll* = 100 %

Ll = 0 %

Être soi, par et pour soi
Indépendance des individus

Mais à vrai dire, dans les sociétés premières, cet axe qui oppose un objectif d'intégration sociale à celui de l'indépendance individuelle n'est qu'une fiction théorique ; il ne constitue pas dans leur vie réelle un *axe de tension* sociale véritable. L'articulation dialectique entre ces deux aspirations a trouvé son régime de croisière dans un cadre multimillénaire où, pour vivre bien lui-même, chacun n'avait d'autre possibilité que de vivre bien au quotidien avec un seul et unique groupe de personnes jusqu'à la fin de sa courte vie. L'existence propre et l'attachement collectif vont ainsi assez naturellement de pair. De plus, la conscience même de l'individualité et le fantasme de l'autonomie font défaut. Ensuite, l'accumulation de biens et leur propriété n'existent pas chez des nomades, ce qui éteint une part essentielle des sources d'inégalité, de convoitise et de rivalité entre les individus. Enfin, les groupes humains qui n'ont pas su régler le partage pacifique de la nourriture et des partenaires sexuels ont été éliminés, au profit de ceux qui ont institué les tabous, les rites et les règles de parenté assurant une indéfectible alliance. L'anthropologie et l'archéologie nous enseignent que l'essor exponentiel des rites sociaux et religieux (entre 75000 et 50000 av. J.-C.) est précisément ce qui engendre les premiers rassemblements et campements permanents de groupes humains[4]. La longue pratique de ces rassemblements et leur intensification mèneront vers la sédentarisation et la généralisation de l'agriculture à partir du néolithique (10000 av. J.-C.).

Ainsi, contrairement à une fable économique fort répandue, les humains n'ont pas fait société pour produire plus efficacement et surmonter la rareté des ressources. Juste avant le développement de l'agriculture, ils vivaient dans un état de relative abondance et consacraient une part essentielle de leur temps à des activités sociales, religieuses et artistiques. Ces activités et l'intensification de leurs relations sociales intra- et intercommunautaires ont suscité le besoin de lieux fixes de rassemblement et de sépulture pour les défunts, et donc aussi le besoin de produire des denrées alimentaires autour de ces lieux. Les humains ont fait société parce que l'intensification de leurs liens sociaux allait alors quasiment de soi, et c'est à cause de ce mouvement spontané qu'ils ont dû se transformer en producteurs. Ironie du sort, c'est précisément à partir de ce moment-là que les relations sociales ont cessé d'aller de soi.

Au moment où se constituent les premières sociétés traditionnelles, l'espèce humaine a depuis longtemps achevé son évolution biologique. Le fonctionnement psychique des individus reste donc commandé par leur moteur à deux vitesses, par cette chimie du cerveau qui, aujourd'hui encore, pousse tout être humain à alterner la jouissance de l'attachement et l'évasion vers d'autres lieux ou personnes pour éviter l'étouffement. Mais cette dialectique simple doit désormais être articulée avec une nouvelle dialectique sociale qui oppose

4. Jacques Cauvin, *Naissance des divinités, naissance de l'agriculture. La Révolution des symboles au néolithique*, Paris, Flammarion, 1998. Marshall Sahlins, *Stone Age Economics*, New York, Aldine de Gruyter, 1972 ; traduction française : *Âge de pierre, âge d'abondance. L'économie des sociétés primitives*, Paris, Gallimard, 1976.

l'attachement à une communauté singulière et l'unité de toutes les communautés dans une seule et même société. On retrouve ici l'axe horizontal des liens intercommunautaires (L_2). La grande société offre aux individus une pluralité de manières d'« être avec » : être seulement avec ses semblables dans une communauté singulière soucieuse de préserver la pureté de son identité (« être entre soi-mêmes », en quelque sorte), ou être avec tous les autres dans une seule et même communauté englobante (« être tous ensemble ») ; elle peut privilégier absolument l'une ou l'autre de ces manières ou les combiner. On peut ainsi représenter à nouveau la carte des dynamiques sociétales (figure 2), en indiquant aux extrémités des axes (aux degrés 0 % et 100 % des liens L_1 et L_2) leur signification en termes d'aspirations humaines que la société cherche à encourager (être soi / être avec / être entre soi-mêmes / être tous ensemble)[5].

À partir de cette carte, et pour faire simple, on pourrait dire que l'état d'origine des premières sociétés traditionnelles était celui d'une dissociété communautarisée qui a progressivement évolué vers une hypersociété. La juxtaposition initiale puis l'alliance de groupes humains autonomes ont peu à peu favorisé, à leur intersection, l'ébauche d'un monde commun, puis l'installation permanente sur des territoires communs. Mais la sédentarisation introduisait une source inédite de rivalité et de conflits, non pas tant entre des individus qu'entre des familles ou clans. Si les relations tournaient mal, le réflexe grégaire de chacun était de se replier sur son clan, de prendre fait et cause pour lui, si bien que le moindre conflit individuel pouvait tourner à la guerre.

5. Sans oublier qu'aux extrémités ces finalités sociales sont des fantasmes (indépendance ou convivialité parfaites ; unité absolue de toutes les communautés ou pureté absolue de chacune d'entre elles) ; mais elles exercent une attraction continue précisément parce que ces fantasmes sont inatteignables.

FIGURE 2

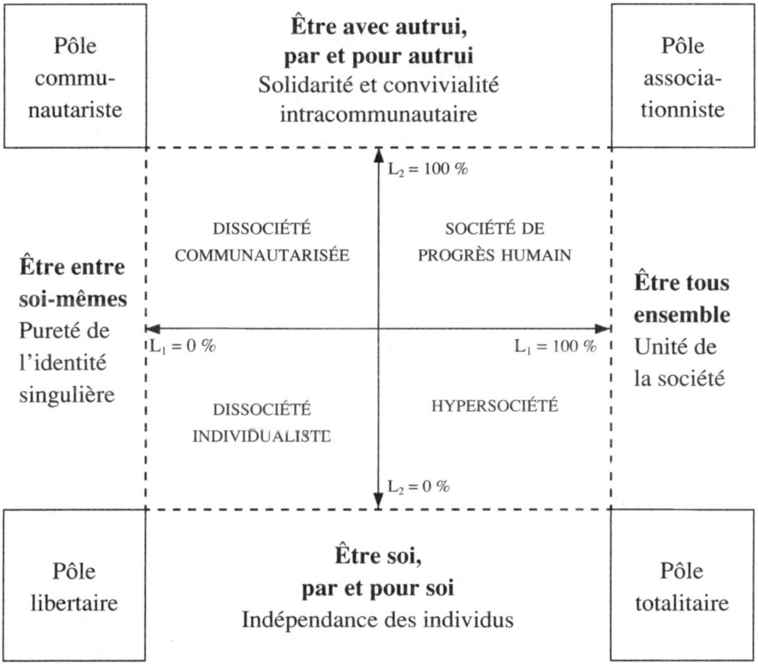

Autrement dit, si les communautés autrefois dissociées ne parvenaient pas à s'entendre et à surmonter leurs tensions, elles risquaient de retourner à leur état antérieur de dissociation. Avec cette différence radicale, par rapport à leur état antérieur, qu'elles ne seraient plus des groupes humains distincts en voie de rassemblement mais des tribus ennemies. Les premières sociétés sédentaires étaient donc obsédées par le danger mortel que constituait le déchaînement de toute rivalité interne. L'alliance indéfectible entre les familles, les clans ou les tribus constituait une nécessité vitale et se trouvait conjointement assurée par trois types d'institutions : la religion, l'autorité politique et une économie reposant largement sur le don, la réciprocité et la solidarité. Le défi était radical. Ou bien les humains parvenaient à installer entre les anciennes bandes autonomes des liens aussi forts que ceux qu'ils avaient naturellement noués au sein de celles-ci, à traiter les inconnus comme des proches, à constituer peu à peu une communauté homogène transcendant les attachements singuliers, ou bien ils s'exposaient à un affrontement destructeur. Cet impératif d'unité se trouvait ensuite renforcé par la rivalité avec d'autres grandes sociétés en formation.

Dans la dynamique de construction des sociétés traditionnelles, *l'axe de tension* n'était pas vertical (entre individu indépendant et société conviviale), mais en biais, entre le pôle communautariste et le pôle totalitaire. Le problème majeur n'était pas le degré de liberté des individus, car ceux-ci ne vivaient qu'en groupes très soudés. Le souci était d'unir ces groupes dans une même société. Le penchant naturel des individus les poussait à la préservation rassurante de leur clan, mais la sélection par l'autodestruction ou la guerre ne laissait prospérer que les sociétés capables de combattre cette attraction dissociante au profit d'une forte intégration dans une communauté plus large. Cette intégration se trouvait en outre renforcée par l'installation d'autorités politiques et religieuses centrales qui disposaient de moyens croissants de répression pour imposer leurs vues et leurs intérêts. Un mélange de nécessité évolutive et de volonté politique tirait donc très fort du côté d'une hypersociété réprimant la singularité des communautés naturelles d'attachement, au profit de leur intégration dans une nouvelle culture commune (évolution de ① vers ② sur la figure 3).

FIGURE 3
L'axe de tension des sociétés traditionnelles

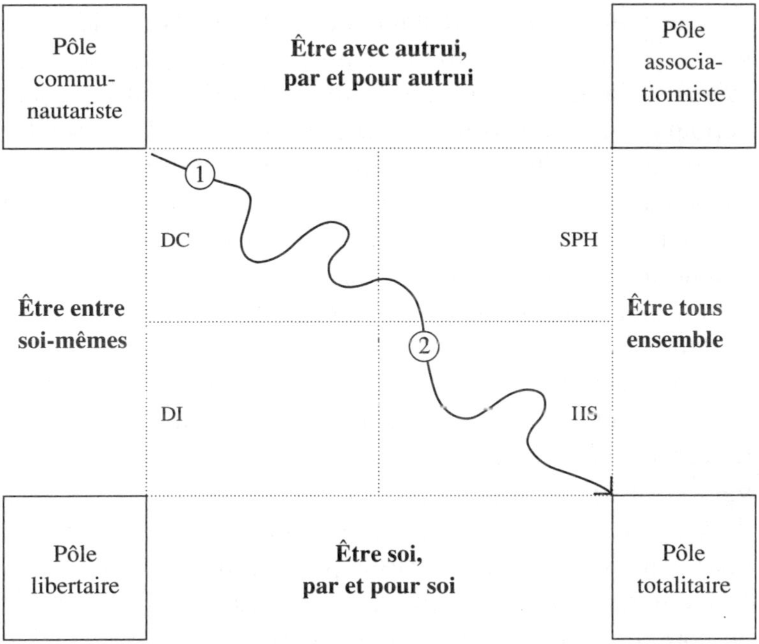

Présentation allégée de la figure précédente. La délimitation des quatre dynamiques sociétales est rappelée en pointillés et leurs dénominations en abrégé (DC, SPH, DI, HS). Les points de départ ① et d'arrivée ② de la société sont arbitraires et juste destinés à indiquer un sens d'évolution. Cette évolution est ici représentée par une oscillation irrégulière autour de l'axe qui joint les deux pôles ; il s'agit d'illustrer un cheminement dialectique indéterminé qui alterne des poussées d'association et des poussées de dissociation.

Il est toutefois essentiel de comprendre que les hypersociétés traditionnelles se tenaient à très bonne distance du pôle totalitaire. Comme nous l'a expliqué Hannah Arendt, la fusion indistincte des êtres dans un État totalitaire suppose une atomisation préalable des individus. Les individus ne peuvent en effet se fondre dans une seule et même communauté indifférenciée que s'ils se trouvent absolument dépourvus de liens d'attachement singuliers[6]. Les sociétés traditionnelles étaient donc immunisées contre le totalitarisme parce que leurs membres ne concevaient pas d'autre façon d'exister qu'avec et grâce à leurs semblables et concevaient encore moins l'idée d'un « individu » indépendant[7]. En un mot, il n'y avait pas d'atomes humains à fusionner; seulement des communautés à intégrer.

Ainsi, le pôle d'attraction communautariste (l'esprit de clan ou de clocher et la persistance des identités singulières) retient l'hypersociété traditionnelle d'une attraction fatale vers la fusion totalitaire. Mais c'est lui aussi qui la tient à distance de la société de progrès humain. Car celle-ci suppose évidemment une aspiration plus marquée des individus à la singularité et à l'autonomie, sans laquelle il est insensé de vouloir concilier émancipation personnelle et lien social. Cette observation n'implique en rien que le progrès soit absent d'une hypersociété traditionnelle. Ce n'est pas la *position* momentanée d'une société sur la carte des dynamiques sociétales qui nous autorise à distinguer un progrès d'une régres-

6. C'est la raison pour laquelle, selon moi, le totalitarisme au sens strict est une impossibilité anthropologique. Il ne peut s'agir que d'un pôle d'attraction qui a pu mener certaines hypersociétés très loin dans cette direction sans toutefois jamais l'atteindre. Le nazisme et le stalinisme ne sont jamais venus à bout des appartenances singulières (familiales, religieuses ou régionales, notamment) grâce auxquelles, en réalité, l'humanité survit à la brutalité des régimes dits « totalitaires ».

7. Entre autres causes, soulignons ici que la plupart des « individus » en question ne vivaient en moyenne guère plus que le temps d'arriver à l'âge adulte ! L'essentiel de leur existence était donc consacré à grandir parmi les leurs.

sion ; c'est la *direction* et l'histoire de son évolution. Ainsi, la marche des dissociétés communautarisées primitives vers l'hypersociété participe au progrès humain. Cette dynamique domine une longue phase incontournable de structuration de l'humanité, dans laquelle le souci d'une alliance relativement homogène devait l'emporter sur le goût de la singularité individuelle. Mais le développement effectif de grandes sociétés a aussi étendu et diversifié les activités et les cercles de relations dans lesquels les individus pouvaient déployer leur existence ; il a dès lors enclenché un processus également inéluctable d'individuation et d'essor de la conscience personnelle, obligeant les hypersociétés à composer avec ces nouvelles aspirations ou à les réprimer. Avec des oscillations extrêmes – allant de cités démocratiques à des tyrannies sanguinaires –, la dialectique ainsi enclenchée a, *sur le très long terme*, placé l'humanité sur une trajectoire progressiste au sens où j'entends le progrès humain, à savoir, pour l'essentiel, le codéveloppement de l'émancipation personnelle, de la diversité sociale et de la cohésion sociale. Dans un cadre commun privilégiant l'unité et l'homogénéité sociales sur la singularité, les hypersociétés traditionnelles ont pu alterner des poussées progressistes et des réactions régressives, mais l'ensemble de ce mouvement long a préparé et engendré la bifurcation vers un autre : celui de la modernité.

Après l'effondrement de l'Empire romain, le Moyen Âge ouvre en Occident une période de régression. La fragmentation, l'instabilité et l'insécurité durable des sociétés rehaussent dramatiquement le primat de l'unité sur la singularité, de l'ordre social sur la liberté. De cet âge trouble émergeront des sociétés agraires féodales et des monarchies où l'individu est parfaitement soumis aux seigneurs et à l'Église. Quand le retour d'une paix et d'une stabilité relatives autorise une « renaissance » (des villes, de la vie intellectuelle et scientifique, des communications, du commerce lointain, etc.), la réouverture de l'espace social stimule le désir et étend les opportunités de diversité sociale et d'émancipation individuelle. La contestation d'une hypersociété étouffant l'individu grandit avec l'essor progressif d'une classe de citadins et de marchands qui ont intérêt à s'affranchir toujours plus de la tutelle des princes et des clercs (c'est la fonction révolutionnaire de la bourgeoisie identifiée par Marx). L'hégémonie spirituelle de l'Église catholique est brisée par le mouvement de la Réforme. La science conteste ouvertement les dogmes théologiques prétendant énoncer les lois de la nature. La circulation de toutes ces idées nouvelles est accélérée par le développement de l'imprimerie. Ainsi se déploient les prémisses d'une pensée moderne (aux XVIe et XVIIe siècles) qui ouvre la voie au siècle des Lumières (XVIIIe), puis à l'ébauche d'une société moderne (XIXe), après la première révolution industrielle.

Mais l'émergence d'une pensée moderne heurte frontalement l'intérêt des autorités religieuses et politiques comme la culture traditionnelle bien ancrée dans les esprits. Aussi a-t-elle d'abord suscité une réaction répressive visant à restaurer l'emprise des autorités contestées (Inquisition, guerres de Religion, absolutisme monarchique). Cette réaction commence donc par tirer la société vers une hypersociété approfondie, en opposition aux idées montantes de sujet libre, de contrat social entre des citoyens égaux, de libre commerce, de liberté religieuse, etc. La modernité s'installe donc dans un contexte de combat politique dont l'enjeu s'affirmera toujours davantage comme celui de l'émancipation individuelle. Quand une succession de guerres civiles et de révolutions libérales instaure la monarchie parlementaire (Angleterre), la république (France) ou encore la démocratie américaine, et quand les « droits de l'homme » sont institutionnalisés, il est évident que l'axe de tension et d'orientation de la société a changé.

Le défi majeur n'est plus désormais celui des antiques bâtisseurs de société, à savoir : rassembler des groupes humains autonomes dans une même société. Le problème des modernes n'est plus de « faire société » mais d'en faire une autre. Leur dilemme est le suivant : comment libérer l'initiative et la pensée individuelles du joug social imposé par la tradition, la religion et le roi, sans défaire pour autant l'unité sociale ? Comment instaurer une nouvelle loi commune fondée sur la raison, sans aliéner la liberté de chacun ? En somme, l'axe de tension a pivoté dans le sens des aiguilles d'une montre, pour opposer désormais un idéal d'autonomie individuelle et un idéal de cohésion sociale (voir figure 4 ci-dessous).

En entrant dans la modernité, les sociétés occidentales vont connaître un mouvement d'oscillation entre l'hypersociété et la dissociété. Dans un contexte de combat contre des forces réactionnaires, l'émancipation des individus passe presque nécessairement par un arrachement aux liens sociaux traditionnels, condition préalable à la reconstruction de nouveaux liens compatibles avec la liberté individuelle. Mais la révolution politique moderne coïncide avec une révolution économique qui va repousser cette perspective nouvelle de liens libérateurs. Au XIXe siècle, le déploiement du capitalisme industriel ne promeut pas la nouvelle communauté politique rêvée par les libéraux et les Lumières : la communauté des citoyens libres, émancipée des chaînes d'antan, mais reliée et pacifiée par l'égalité et par le progrès partagé. Au contraire, elle « désencastre » l'économie des relations sociales en étendant le règne de l'échange marchand, elle déchaîne la rivalité et le mobile de l'intérêt personnel, elle fait exploser l'inégalité des conditions et des libertés réelles entre les citoyens égaux « en droit », elle remplace une aliénation traditionnelle qui avait au moins le mérite de garantir l'unité de la société par une aliénation moderne dont le principal « mérite » est d'assurer la fortune et le pouvoir des capitalistes.

FIGURE 4

De la société traditionnelle aux sociétés modernes

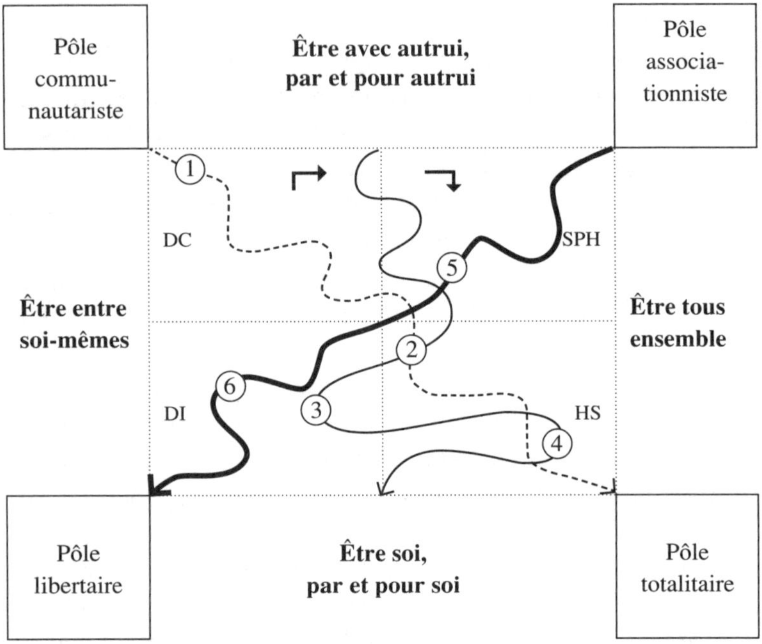

À lire dans cet ordre :

------- cheminement des sociétés premières ① vers l'hypersociété traditionnelle ②.

Premier basculement de l'axe de tension vers la droite ↱.

—— cheminement vers les sociétés modernes : mouvement vers la dissociété [② de vers ③] puis, oscillation marquée entre la dissociété et l'hypersociété jusqu'aux limites du pôle totalitaire [entre ③ et ④].

Deuxième basculement de l'axe de tension vers la droite ↴.

—— cheminement des sociétés modernes avancées, vers ⑤ (durant les Trente Glorieuses), puis vers ⑥ (durant la Grande Régression).

À partir des années 1870, la pensée économique libérale va accompagner ce mouvement en se transformant en théorie des marchés libres censés assurer la coordination automatique et harmonieuse des individus rationnels et strictement égoïstes. Le primat de l'intérêt personnel, jusque-là banni par toutes les sociétés, commence d'être pensé comme le nouvel instrument de l'harmonie sociale.

Bref, la société industrielle moderne en sa genèse est une formidable machine à dissocier et à dissoudre l'alliance entre les hommes. À la fin du XIXe siècle, Ferdinand Tönnies (1887)[8] croit pouvoir définir cette « société » comme un espace déserté par tous les liens caractéristiques d'une communauté humaine traditionnelle et constitué par un simple système d'échange entre des atomes humains parfaitement déliés. Émile Durkheim (1893)[9] soutient alors que, dans cette société marchande, l'interdépendance générale associée à une intense division du travail installe une nouvelle solidarité « organique », en lieu et place de la solidarité « mécanique » qui unissait naturellement les communautés rurales d'antan. Si Durkheim est moins pessimiste que Tönnies, il reconnaît comme ce dernier dans la modernité industrielle une machine à détruire les communautés singulières, à engendrer en chacun le déclin de sa « conscience collective » au profit de sa « conscience individuelle ».

Ici encore, il faut souligner la nature complexe et dialectique du processus en cours. La « machine à dissocier » commence certes par créer un individu aliéné par le pouvoir d'une nouvelle classe dominante. Mais il faut bien que des liens anciens également aliénants soient d'abord défaits, pour que puissent émerger le désir et la possibilité de concevoir une forme moins aliénante du lien social.

8. Ferdinand Julius Tönnies, *Gemeinschaft und Gesellschaft. Abhandlung des Communismus und des Socialismus als empirische Culturformen*, 1887. Traduction française : *Communauté et société*, Paris, Retz, 1977.

9. Émile Durkheim, *De la division du travail social*, 1893, Paris, PUF, 1986 (11e éd.).

Ainsi, l'exode rural, la transformation des paysans en ouvriers, le salariat, l'urbanisation, entre autres, sont autant de facteurs d'émancipation des individus à l'égard des codes et des statuts figés qui gouvernaient autrefois les consciences et les vies. Par conséquent, le mouvement même qui engendre la nouvelle aliénation du travail par le capital est aussi celui qui stimule l'autonomie des individus et la constitution d'une nouvelle force sociale (la classe ouvrière), créant ainsi les conditions de la contestation sociale et de la résistance au pouvoir du capital. Et, de la critique suscitée par le capitalisme et la montée de l'individualisme, naissent les multiples variantes d'une pensée socialiste qui propose d'autres voies, parfois assez proches de ce que j'appelle la société de progrès humain (le socialisme associationniste notamment), parfois plus orientées vers l'hypersociété (le communisme notamment).

Si donc l'impulsion dominante du capitalisme pousse clairement vers une dissociété plus individualiste, éclatée par la compétition et l'inégalité, des forces contraires sont à l'œuvre. C'est pourquoi, je l'ai déjà dit, le désencastrement et la société de marché décrits par Polanyi ou encore la société atomisée et déshumanisée de Tönnies resteront alors des fictions théoriques, des processus enclenchés certes mais inaccomplis.

Toutefois, avant la Première Guerre mondiale et la Grande Dépression des années 1930, les forces contraires à la dissociété ne suffiront pas à enclencher une nette bifurcation vers un autre projet. La bourgeoisie capitaliste n'est plus la classe révolutionnaire dont les intérêts coïncidaient à l'origine avec la destruction de la société traditionnelle. Face au désordre social engendré par sa domination, elle est devenue une classe réactionnaire, alliée aux forces conservatrices d'antan en vue de maintenir l'ordre social en combinant la morale religieuse et la répression policière. On voit aussi alors comment des sociétés déliées par la compétition marchande s'efforcent de conjurer le risque de guerre civile par la guerre étrangère. L'idée de « nation » – d'abord instrument de construction symbolique d'un peuple uni dans une communauté politique – est peu à peu dévoyée par le nationalisme. Disons, en paraphrasant la distinction fameuse de Jaurès, que l'impuissance à unir la nation par l'« amour des siens » (le patriotisme) conduit à la ressouder dans la « haine des autres » (le nationalisme). Or, quand la rivalité intérieure n'est plus contenue que par l'exacerbation de la rivalité internationale, les nations courent tout droit vers la guerre mondiale.

La dissociété industrielle du XIXe siècle ne sera donc pas défaite par une réorientation pacifique vers le progrès humain, mais, en deux temps, par la guerre puis par le premier effondrement du capitalisme dans la Grande Dépression. Après un tel chaos, on pouvait s'attendre au retour vers une hypersociété, voire à l'ébauche d'une bifurcation vers une société de progrès humain (retour de ③ vers ② sur la figure 4). Ainsi, le *New Deal* en Amérique et le Front populaire en France illustrent une réaction effective mais progressive, démocratique et tempérée à la dissociété capitaliste. Mais, dans des sociétés moins avancées ou plus fragilisées par la guerre, voire humiliées par la défaite, la réaction ne pouvait être que plus radicale et plus brutale. L'oscillation dialectique entre dissociété et hypersociété prend alors une allure plus marquée, parfois jusqu'à l'extrême (de ③ vers ④). On a vu comment, dans la société traditionnelle, la marche vers l'hypersociété ne pouvait s'approcher trop du pôle totalitaire en raison de la persistance des attaches communautaires singulières. En revanche, quand cette marche reprend dans une société où le délitement des attaches traditionnelles a engendré une population d'individus privés de repères, maltraités, livrés à l'insécurité d'une société de compétition, alors des masses sont disponibles pour s'agglutiner sous l'autorité rassurante d'un chef et se fondre dans un fantasme commun d'unité parfaite et de grandeur nationale. Ainsi, à l'aube du XXe siècle, l'échec tragique de la dissociété capitaliste nourrit le succès de nouveaux projets d'hypersociété radicale (le stalinisme, le fascisme et le nazisme[10]) dont la mise en œuvre aura tous les traits du totalitarisme.

Le mérite de cette réaction extrême à la dissociété est alors d'immuniser les démocraties occidentales contre le pôle d'attraction totalitaire. Au lendemain de la Seconde Guerre mondiale, l'horreur inspirée par la tentation totalitaire donne une nouvelle impulsion à la revendication des droits inaliénables de l'individu et à la quête d'une nouvelle société, qui ne serait ni une hypersociété menaçant la liberté ni la dissociété capitaliste d'avant-guerre. L'axe de tension de la société pivote encore d'un cran et son cheminement se trouve enfin, mais pour un temps seulement, orienté de la dissociété individualiste vers la société de progrès humain (mouvement vers ⑤ sur la figure 4).

La Grande Régression ou le retour en force de la dissociété

Le premier chapitre a déjà décrit les progrès accomplis durant les Trente Glorieuses, leur insuffisance et les causes du retournement néolibéral qui s'efforce d'effacer ces progrès au lieu de combler leur insuffisance. Il s'agit de comprendre à présent les effets de ce retournement sur la dynamique évolutive des sociétés modernes.

10. Pour éviter une longue digression, je passe délibérément sur la différence entre les conditions d'installation d'un régime dit « totalitaire » dans une société industrielle moderne (l'Allemagne) et dans une société agraire prémoderne (la Russie transformée en URSS). Je me contente de souligner que, conformément à ma grille de lecture, la phase stalinienne assimilable à un régime totalitaire suit une destruction préalable de la société traditionnelle par une guerre civile, une dictature et une marche forcée vers la société industrielle.

À l'âge de la tradition, l'axe de tension principal (entre le pôle communautariste et le pôle totalitaire) opposait deux façons d'assurer la coexistence de communautés humaines singulières : par leur distanciation ou par leur intégration dans une culture commune. À l'âge moderne, l'axe de tension a d'abord basculé dans une opposition verticale entre l'affirmation de l'individu et la société. Il s'est ensuivi l'alternance assez brutale entre un vaste mouvement de dissociation des liens sociaux (jusqu'à l'effondrement des démocraties dans la guerre et la crise) et une reprise en main de la société par l'État, au point de mener quelques nations très près du pôle totalitaire. Au sortir de la Seconde Guerre mondiale, enfin, les nations démocratiques tirent les leçons des excès de la dissociété capitaliste et de l'hypersociété quasi totalitaire et s'efforcent de se tenir à bonne distance des deux. L'axe de tension oppose désormais le pôle associationniste et le pôle libertaire, c'est-à-dire deux conceptions de la liberté : la liberté par l'affranchissement des individus à l'égard de toutes leurs attaches sociales (dissociété individualiste) ; la liberté par l'association des individus et des diverses communautés dans une société plus liée, plus égalitaire, plus solidaire et respectueuse des multiples appartenances sociales grâce auxquelles les individus construisent une vie singulière.

Sans le savoir vraiment, les gouvernements démocratiques de l'après-guerre ont amorcé un mouvement dans cette seconde voie. Je dis « sans le savoir », parce que le chemin emprunté alors résulte d'un compromis politique quasiment imposé par les traumatismes des deux décennies précédentes et par le rapport des forces en présence. Il s'agit de restaurer une société et une économie très encadrées par un État au service de la prospérité, de garantir la paix sociale en partageant mieux les richesses produites et en développant la protection sociale, tout en prenant le contre-pied des pays communistes en matière de libertés publiques et de démocratie. En théorie, on peut voir là l'ébauche d'un mouvement vers le socialisme démocratique. Mais en fait, c'est une sorte de bricolage politique qui emprunte des outils aux diverses idéologies en se gardant bien d'en penser une nouvelle. Pour ceux qui repoussent alors, avec un égal dégoût, le stalinisme et le nazisme, rien ne paraît plus dangereux que la construction rationnelle d'un projet politique destiné à transformer la société. Ils vont donc transformer celle-ci en pratique, et même assez radicalement, mais sans théoriser ce changement.

Ainsi, l'orientation vers une société de progrès humain l'a emporté politiquement sans être pensée intellectuellement. À l'opposé, le pôle libertaire est clairement défait politiquement, mais c'est alors qu'il va commencer d'être le plus brillamment pensé ! La philosophie ultralibérale et l'utopie du marché libre sont relancées par Friedrich Hayek et Milton Friedman[11]. Ces derniers posent aussi tous les jalons de la contestation du consensus keynésien. La théorie de l'État minimal et de la liberté maximale atteint un sommet avec des auteurs libertariens comme Robert Nozick. Et je n'évoque ici que les figures les plus célèbres d'une foule de penseurs qui vont préparer tous les outils de légitimation intellectuelle que pourront bientôt mobiliser les néolibéraux. Au moment où, pour toutes les raisons déjà décrites, le compromis bricolé durant les Trente Glorieuses entre en crise, le camp progressiste ne sait pas déchiffrer cette crise parce qu'il ne sait même pas en quoi consistait son modèle, ou plutôt parce que, n'ayant à proprement parler plus de modèle, plus de colonne vertébrale idéologique, il reste sans voix devant son Meccano social en panne. Le contraste avec les penseurs de la contre-révolution néolibérale est alors fatal. Eux disposent d'un grand récit bien rodé et voué au succès, puisque sans réel concurrent. Si les progressistes des années 1970 avaient

11. Avec trente-quatre autres personnalités, dont une majorité d'économistes, ils fondent la Société du Mont-Pèlerin, en avril 1947, pour promouvoir un nouveau libéralisme.

pensé la voie sur laquelle ils étaient engagés, non seulement ils auraient pu anticiper ou identifier ses défaillances, mais surtout ils auraient su et pu convaincre que la pire des réactions à la crise de leur modèle consistait alors à en prendre le contre-pied.

En effet, quand on pense le progrès humain, on comprend d'abord qu'il consiste désormais à sortir d'un cycle infernal d'alternance hypersociété-dissociété que l'évolution humaine ne pouvait pas totalement éviter. En caricaturant la dialectique analysée plus haut, il fallait bien que l'humanité progresse d'abord par la constitution et le renforcement de grandes sociétés à peu près assurées de leur existence – et ce au mépris de l'individu –, pour que puissent prospérer et prendre corps les idées de liberté personnelle et de bonheur individuel. En fait, la longue ère de l'hypersociété traditionnelle crée les conditions matérielles et sociales nécessaires au progrès d'une conscience et d'une identité personnelles[12], jusqu'au point de rupture entre cette poussée de l'individualisation et le cadre trop rigide qui l'avait abritée durant des millénaires. Il arrive ainsi nécessairement un moment où la permanence et l'emprise de la société entrent en contradiction avec le progrès des individus et des identités singulières qu'elles ont rendu possible. La synergie société-individu mue en conflit d'autant plus vif que les institutions et les pouvoirs en place se crispent dans une réaction conservatrice, stimulant ainsi en retour une radicalisation individualiste de la pensée moderne.

Le contexte de son irruption fait que la révolution moderne ne pouvait consister qu'en un renversement libéral et individualiste du monde. Quelque excès d'attention pour l'individu

12. L'humanité ne s'est pas brusquement réveillée en 1637 avec l'idée nouvelle du sujet cartésien gouverné par sa seule raison. Celle-ci est préparée par une longue évolution de la culture occidentale notamment décrite par Charles Taylor, *Sources of the Self*, Harvard University Press, 1989. Traduction française : *Les Sources du moi. La formation de l'identité moderne*, Paris, Seuil, 1998.

était sans doute inéluctable, après et en réaction à un long excès de mépris. Mais, ce faisant, la modernité s'engageait dans une impasse qui n'a pas tardé à se manifester, celle où conduit l'exacerbation d'un conflit artificiel entre individu et société. Les individus sont en effet des êtres sociaux qui ne peuvent construire une identité singulière qu'en tissant des liens sociaux. Par conséquent, instituer leur liberté en les déliant les uns des autres et de la société est une impasse qui ne conduit pas à la liberté des humains, mais au déchaînement de la compétition et à la domination des plus forts. Entre cette déliaison sociale aliénant la liberté du plus grand nombre et la restauration des liens sociaux, fussent-ils aliénants, la plupart des êtres sociaux finissent par préférer la seconde. Telle est la leçon précoce du premier âge des sociétés industrielles (des premières manufactures à la crise de 1929). En cent cinquante ans (autant dire en un instant à l'échelle de l'histoire humaine), la dislocation des liens traditionnels par le libéralisme et le capitalisme a réactivé la tentation de l'hypersociété sous la forme nouvelle et extrême d'un anti-individualisme, d'un fantasme de fusion dans un grand tout social homogène. La leçon est claire : *un excès de dissociété libérale n'est pas le plus sûr moyen d'échapper à l'hypersociété, mais le plus sûr moyen de préparer son retour en pire !*

Après le temps de l'hypersociété traditionnelle et celui de sa nécessaire déconstruction moderne, le XXe siècle aurait pu, en théorie, être celui de la synthèse. En effet, l'impasse du renversement libéral du monde est parfaitement perçue par une foule de penseurs républicains et socialistes, dès le milieu du XIXe siècle. Malgré l'âpreté de leurs conflits pour la prééminence et le contrôle du mouvement ouvrier, la plupart de ces penseurs ont une intuition commune, trop peu mise en lumière par l'histoire des idées : la construction d'une société nouvelle fondée sur la liberté individuelle est une impasse, une simple antithèse de l'Ancien Régime, qui menace la cohésion sociale sans instaurer la liberté réelle ; la libération des individus ne peut donc pas être *l'instrument* de l'association nouvelle entre les hommes, elle est *la finalité* dont l'association nouvelle doit devenir l'instrument. Ainsi s'opère dans la pensée politique ce que j'ai appelé le « renversement socialiste » : *un retournement complet de logique qui rejette la construction libérale de la société au profit d'une construction sociale de la liberté*. Là se trouvait la clé d'une synthèse entre le souci multimillénaire de l'alliance entre les humains et le souci moderne de l'émancipation de la personne. Mais les sociétés et leurs politiques avancent toujours moins vite que les idées. On l'a vu, les nouveaux rapports de force institués par la modernité (notamment le pouvoir exorbitant du capital sur la production et la répartition des richesses) bloquaient le progrès d'une véritable synthèse. La forte résistance à la dissociété capitaliste a certes empêché son plein accomplissement, mais sans qu'apparaisse la possibilité d'en sortir par une transition démocratique. Tout comme l'hypersociété traditionelle dut aller au bout de ses impasses, jusqu'à la rupture violente du monde ancien, la dissociété industrielle mit le monde moderne en tension jusqu'à l'effondrement économique des années 1930, encadré par deux guerres mondiales, et jusqu'au dévoiement du terme et de l'idée « socialiste » dans le national-socialisme et le stalinisme.

Le défi de l'après-guerre était donc clairement d'échapper à ce balancement fatal de la modernité entre la pulsion libertaire et la pulsion totalitaire. Il y a bien alors ce que l'on pourrait dénommer un « moment du progrès humain », un esprit nouveau de construction d'un monde libre par la solidarité et la coopération, un esprit qui souffle dans les compromis sociaux au plan national et dans de multiples conférences internationales (accords de Bretton Woods, conférence de Philadelphie, charte de La Havane…)[13]. Mais ce n'était bien

13. Voir Alain Supiot, *L'Esprit de Philadelphie. La justice sociale face au marché total*, Paris, Seuil, 2010.

là qu'un « moment », et l'esprit nouveau ne soufflera guère plus de trente ans – en comptant large – avant que le balancement fatal de la modernité ne se remette en route dans une ultime poussée vers la dissociété.

À tout ce qui a déjà été dit sur les raisons de ce nouveau renversement du monde, nous pouvons désormais ajouter ceci : *les générations qui ont grandi durant les Trente Glorieuses étaient immunisées contre l'attraction du pôle totalitaire, mais elles ne l'étaient pas encore contre celle du pôle libertaire* ; il était donc quasi inévitable qu'elles dussent faire l'expérience d'une dissociété poussée aux limites du supportable, avant d'éprouver une égale aversion pour le libertarisme et le totalitarisme, avant de comprendre que ces deux contraires apparents vont en réalité ensemble, comme les deux temps inséparables d'un même mouvement.

On a vu en effet que la dissociété de marché individualiste ne s'est jamais installée dans le premier âge du capitalisme, et qu'elle semblait définitivement écartée par les compromis de l'après-guerre. Ainsi donc, jusqu'au déferlement de la vague néolibérale des années 1980, personne ne savait d'expérience l'effet produit par un délitement généralisé des conventions et des institutions par lesquelles toutes les sociétés avaient toujours empêché le déchaînement d'une libre concurrence. En outre, dans son premier âge, la dissociété capitaliste tentait de s'installer dans un monde où la culture populaire restait largement marquée par des normes religieuses, des coutumes locales et des conventions sociales qui laissaient peu de place effective au libre arbitre des individus. On avait libéré les « agents économiques » et les marchés bien plus que les mœurs, les consciences, les rapports hommes-femmes et les rapports adultes-enfants. La pulsion libertaire ne s'exerçait guère en dehors du champ économique ou de celui des idées. Il restait donc à l'idée moderne d'émancipation individuelle beaucoup de grain à moudre, avant que les foules n'en viennent à s'inquiéter d'un excès de liberté individuelle ! Or, durant les Trente Glorieuses, tandis que la liberté des agents économiques est à nouveau fortement contenue, de multiples facteurs vont stimuler une poussée libertaire dans tous les autres champs de la vie personnelle et sociale : l'exode rural massif, l'accélération de l'urbanisation, les progrès de la scolarisation, la généralisation du salariat, l'accès à la consommation de masse, le travail des femmes, la contraception, l'allongement de l'espérance de vie, etc. En fait, c'est seulement au terme de cette période, après les révoltes étudiantes de la fin des années 1960, après la révolution féministe et la révolution sexuelle, que l'idée moderne de l'individu autonome devient réellement une idée populaire, une aspiration ordinaire, la clé d'une nouvelle culture où l'on considère que chacun a le droit de vivre à peu près comme il veut, avec qui il veut, et de penser ou dire à peu près n'importe quoi. Il s'ensuit qu'à la fin des années 1970, hormis quelques philosophes et écologistes, personne n'a la hantise d'une société trop libérale ou d'un excès d'individualisme.

Personne ne redoute, par ailleurs, un déclin de la solidarité sociale, parce que l'imposant développement d'un « État providence » a institutionnalisé celle-ci et l'a même banalisée. Pour ma génération, la sécurité sociale n'était alors ni une « conquête » à protéger ni un instrument du lien social ; elle faisait partie du décor familier auquel on ne prête plus attention, comme l'éclairage public au pied de l'immeuble ou le lave-linge dans la salle de bains. Dans la « démocratie providentielle[14] », la solidarité autrefois assumée directement par les familles ou le voisinage est prise en charge par l'État. Le succès même de la « protection sociale » et son financement aisé, durant trente années de forte croissance, rendent la solidarité quasi invisible et indolore. Chacun est assuré d'avoir des droits sociaux, mais perd peu à peu la

14. Dominique Schnapper, *La Démocratie providentielle*, Paris, Gallimard, 2006.

claire conscience du prix à payer pour la solidarité. Ainsi s'insinue l'idée nouvelle que c'est la prospérité économique qui nous garantit la pérennité d'une protection sociale, et non plus la volonté des citoyens de sacrifier une juste part de leurs moyens pour assurer la cohésion de leur communauté politique. Ainsi, une *culture d'assuré social* émerge et se distingue de la *culture du lien social*, qui, aux origines du mouvement mutualiste, dépassait le souci matériel d'une police d'assurance et s'inscrivait dans une véritable *politique de l'association*[15]. Ces deux conceptions de la protection sociale ne visent pas à « assurer » la même chose. Dans la culture de l'assuré social, l'enjeu est de couvrir un risque financier en certaines circonstances (chômage, maladie, vieillesse) ; dans celle du lien social, il faut s'assurer contre la « désalliance », s'assurer que l'on vit dans une société de citoyens solidaires où personne ne sera *jamais* abandonné et où tous seront *toujours* prêts à soutenir la société en *toutes* circonstances ; la seconde a besoin d'institutions publiques et démocratiques, mais la première peut s'accommoder d'un bon réseau de compagnies d'assurances.

Par conséquent, quand la grande croissance des Trente Glorieuses prend fin, au moment où l'État providence peine à se financer et à soutenir l'emploi, le sens commun songe davantage à critiquer un État défaillant qu'à le soutenir. Le discours néolibéral qui vante les mérites comparés des assurances privées et du marché pourra donc être entendu, sans que presque personne n'y voie une menace pour la société ou le lien social. Que l'on adhère à ce discours ou qu'on le rejette, ce qui semble en jeu est une simple question technique de bonne gestion financière et de garantie effective des prestations attendues par d'ex-citoyens devenus des « assurés », des consommateurs de droits sociaux comme de mille autres choses.

15. Jean-Louis Laville, *La Politique de l'association*, Paris, Seuil, 2009.

Dans ce contexte, on commence à mieux comprendre la faible résistance de la société au retour en force du libertarisme économique. Celui-ci est en phase avec une poussée libertaire plus générale. Pour les générations qui n'ont connu ni la Grande Dépression ni la guerre, il n'est porteur d'aucune menace vitale. C'est le totalitarisme qui constitue alors le repoussoir consensuel, pas le libéralisme ; on a tous eu vent des crimes du nazisme et du communisme, mais personne n'a encore entendu parler de « crimes du libéralisme ». Faute de l'avoir expérimenté, les peuples ne savent pas que le néolibéralisme n'est pas vraiment un nouveau libéralisme, mais une entreprise de destruction de la société par des idéologues déterminés qui pensent au fond qu'« il n'y a pas de société » (Margaret Thatcher). Alors, puisque la société régulée et l'économie socialisée craquent de toutes parts et ne garantissent plus à tous la promesse d'une consommation indéfiniment croissante, pourquoi ne pas essayer ce qui ne l'a encore jamais vraiment été, pourquoi ne pas tenter l'aventure de la grande liberté, de la société sans lois ?

On peut aussi préciser plus avant la nature de ce que j'appelle la Grande Régression, et la place qu'elle occupe dans l'évolution des sociétés humaines. Elle constitue le dernier excès que la société moderne devait sans doute explorer (après l'expérience totalitaire) : l'ultime mouvement de balancier peut-être nécessaire pour clore l'ère moderne, ère de l'affrontement entre individu et société, qui devait bien aller au bout de ses fantasmes jumeaux – la société intégrale[16] et l'individu roi –, avant de s'effacer devant l'évidente nécessité d'une réconciliation. La Grande Régression mérite donc bien son nom, car elle ne se résume pas au recul général du progrès social par rapport à la phase précédente. En procédant à une déconstruction systématique de la société, le projet néolibéral n'est pas moins que l'abolition de douze

16. J'emprunte l'expression à Cédric Lagandré, *La Société intégrale*, Paris, Climats, 2009.

mille ans d'évolution qui avaient mené l'humanité des communautés primitives jusqu'aux portes d'une grande société de progrès humain. Il avait fallu tout ce temps pour passer de microcommunautés, parfaitement soudées et ignorant l'idée même de vie personnelle, à d'immenses communautés politiques pluriculturelles, presque capables de combiner *l'émancipation des individus, la cohésion sociale et la coexistence pacifique de modèles de société variés*. Moins de trente ans ont suffi à la contre-révolution néolibérale pour « réussir » à combiner *la nouvelle aliénation des individus, le désordre social et la guerre de communautés, voire la guerre des civilisations*. La tradition avait apporté à l'humanité la *cohésion* d'une grande société, la modernité avait introduit la *liberté* personnelle, l'esprit de l'après-guerre avait ébauché la réconciliation de ces deux apports, avec la *paix* des nations en prime. La Grande Régression nous reprend tout, la cohésion, la liberté et la paix.

La Grande Régression ne se contente pas de nous ramener au balancement fatal de la modernité par un retour en force de la dissociété. Comme on va le voir ci-dessous, elle nous fait régresser plus loin encore, car l'obstination des néolibéraux dans leur impossible entreprise engendre un stress sociétal et des contradictions telles qu'elle finit par produire à peu près le contraire d'une société libérale des individus. La société américaine en a fait l'expérience précoce sous l'administration Bush, et l'Europe commence à le comprendre sous les gouvernements Sarkozy ou Berlusconi : la vague néolibérale charrie à sa suite une vague néofasciste, liberticide, xénophobe et qui dresse les communautés les unes contre les autres. La nouvelle ligne de mire de ces sociétés n'est plus la fantasmatique dissociété idéale des individus autonomes : elle oscille entre – ou bien mélange – un repli communautaire intégriste et le retour à l'ordre policier. « Grande » n'est décidément pas une appellation exagérée pour qualifier une régression qui peut faire basculer l'axe de tension des sociétés humaines pour le ramener à son point de départ, entre le pôle communautariste et le pôle totalitaire ! Avec ce trait aggravant que la signification de cet axe a évidemment changé depuis douze mille ans. Dans le contexte de sociétés primitives en formation, il représentait une tension entre deux manières de réunir des communautés et mettait en marche l'humanité vers les grandes sociétés ; dans le contexte contemporain, il articule deux formes d'asservissement des individus (par leurs communautés ou bien par le pouvoir central de la société). La dissociété des individus n'est donc pas la destinée finale de la Grande Régression, elle n'est qu'un projet impossible pour des êtres sociaux, un fantasme dont la mise en œuvre engendre un désordre moral et social tel qu'il mène l'humanité vers une sorte de *« communautaro-fascisme »*.

Quand la ronde humaine tourne à l'endroit

Restons fidèles à la méthode employée jusqu'ici : pour mieux comprendre le processus de régression, on s'appuie au préalable sur une conception claire du processus progressiste.

Dans une société de progrès humain, la solidité psychique et morale des individus, la liberté réelle, la convivialité et la cohésion sociale reposent sur l'imbrication d'une succession de cercles relationnels qui œuvrent dans la même direction, celle des liens qui libèrent (voir schéma ci-après). Dans l'idéal, l'individu commence son existence en recevant une éducation « démocratique[17] » qui combine beaucoup d'affection, de communication, d'exigences et de règles claires à respecter. L'éducation « permissive » (affection et communication, sans règles ni exigences) et l'éducation « autoritaire »

17. Je reprends ici la terminologie d'un modèle classique de Diana Baumrind (« Socialization and instrumental competence in young children ») présenté et commenté dans *Autre Société*, chap. 2.

La spirale des cercles relationnels

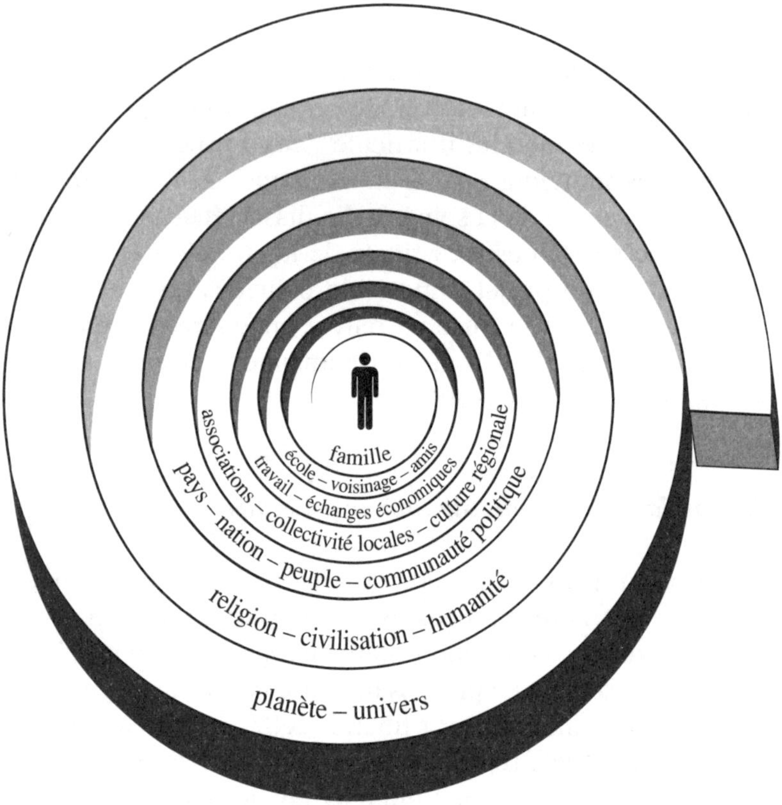

(exigences et règles, mais sans affection ni communication) reproduisent l'opposition stérile entre individu et société et échouent toutes deux dans l'apprentissage de la liberté en société. Supposons donc des enfants bien élevés. L'école récupère alors des élèves qui acceptent et attendent de leurs éducateurs une autorité claire et de l'attention, des attentes réelles et le soutien nécessaire pour les satisfaire.

La synergie famille-école met en place une instance essentielle à l'équilibre psychique de l'enfant comme à sa marche conjointe vers l'autonomie et la sociabilité, à savoir : le tiers transcendant, l'autorité légitime qui s'impose spontanément à la conscience de l'individu et sans quoi toute relation à l'autre ou au monde se transforme en face-à-face anxiogène, sans repères, sans guide et sans règles, sans autres issues que la dépression, la soumission ou la violence. Pour tous les humains de tous les temps, ce rôle du tiers – cette « place de l'Autre[18] » – est d'abord occupé par un adulte référent, le père habituellement. Il est ensuite tenu par une instance symbolique plus légitime et plus puissante, car elle s'impose également à tous. Ce tiers n'est autre que la sacralisation de l'alliance indéfectible qui constitue une communauté humaine, enfreindre les commandements qu'il édicte revient à s'excommunier soi-même, à se mettre au ban de la société, ce qui, dans les premières sociétés humaines, signifiait concrètement cesser d'exister. Dans les sociétés traditionnelles, ce tiers a été diversement incarné, par des forces magiques, un collège de divinités, un Dieu unique. La culture moderne a cherché à remplacer la croyance par la raison, et Dieu par l'État, la Nation, la Patrie ou la République ; elle a élaboré de grands récits idéologiques et scientifiques pour relayer l'explication religieuse du monde et de son histoire ; elle a, en deux mots, institué des « religions laïques » relevant d'une explication rationnelle, mais assurant

18. C'est ainsi que le désignent les psychanalystes lacaniens. Voir Jean-Pierre Lebrun, *La Perversion ordinaire. Vivre ensemble sans autrui*, Paris, Denoël, 2007.

la sacralisation de l'alliance humaine avec la même autorité et la même emprise que les autres religions. Le « tiers » varie donc dans ses formes, mais pas dans sa nécessité et sa fonction. La place qu'il occupe dans la conscience précoce de tout humain correspond à la nécessité psychique d'une référence quelconque dans la relation à autrui, et cette place ne peut rester vacante. Dans la société de progrès humain cette place est occupée par la société elle-même, comme ultime bien commun dont la perpétuation justifie les lois. Se trouve ainsi instituée une religion laïque, celle de la communauté politique qui permet la coévolution harmonieuse de la liberté, de l'égalité, de la fraternité et des écosystèmes. On peut l'appeler « république sociale et écologique », puisque c'est son nom le plus juste en termes politiques ; en termes anthropologiques exacts, la société de progrès humain institue la « religion laïque des liens qui libèrent » par l'éducation démocratique dispensée dans les familles et à l'école.

L'école est aussi le lieu de la confrontation à l'altérité, à la différence, à la diversité psychique, culturelle et sociale des individus. Après avoir appris à grandir et à s'épanouir avec des « autres » très proches (sa famille), l'enfant apprend à vivre avec des « autres » vraiment autres auxquels il n'est lié par aucun attachement naturel. Il découvre l'altérité radicale et la possibilité de constituer une communauté de vie sur autre chose que la similitude, il s'initie en fait à la communauté politique. Il est aussi initié à la « bonne compétition », à savoir la compétition ludique pour la reconnaissance sociale, celle dont l'enjeu est seulement d'être reconnu par les siens pour ce que l'on a entrepris, et qui ne procure au gagnant aucun autre avantage, aucune récompense qui lui donnerait un ascendant sur autrui ou un surcroît de moyens pour rester le plus fort. Toujours dans l'idéal, ce modèle inspire encore le cercle social suivant, celui du travail et des relations professionnelles. Déjà solidement préparé à la vie dans la grande société, l'individu peut alors s'épanouir dans un travail qui procure tout à la fois la fierté des accomplissements personnels, le plaisir de la concurrence ludique entre des équipes ou des entreprises et le bonheur d'une entreprise collective solidaire. Le tout dans un cadre de solidarité nationale qui garantit à tous la sécurité matérielle, la formation et la justice. Une économie humaine ne développe en effet que la « compétition solidaire » : chacun (travailleur ou entrepreneur) a l'opportunité et les moyens de s'investir autant qu'il le veut dans son activité, mais ceux qui réussissent mieux que les autres n'attendent pas de leur réussite, et ne reçoivent pas, effectivement, tellement plus que les moins doués ou les moins chanceux. Les inégalités sont limitées, car une part essentielle des gains de la compétition est remise au pot commun des entreprises et de la société pour assurer à tous des conditions d'existence assez proches. Cela n'enlève rien à l'ardeur naturelle des humains pour la compétition symbolique, la compétition pour l'honneur et la prééminence dans le regard d'autrui. La société laisse ainsi à chacun toute liberté pour faire la preuve de ses capacités ; elle en tire le plus grand profit collectif, sans que soit déchaînée la pire des compétitions, à savoir la rivalité acquisitive, accumulatrice, qui détruit la coopération et la solidarité, qui offre aux gagnants les moyens et le goût insatiable d'un avantage cumulatif, et donc de la domination. La famille, l'école, le travail, l'économie sont ainsi intégrés dans le cercle d'une communauté politique nationale qui soutient leur œuvre progressiste, par la loi commune et la production des biens publics.

Achevons notre exploration des cercles relationnels. Des individus grandis puis travaillant dans les conditions susdites, dans une société qui valorise l'épanouissement personnel dans la coopération et la solidarité, et qui bannit toute rivalité prédatrice ou dominatrice, n'auront pas l'idée et encore moins la volonté d'assurer la prééminence de la culture spécifique de leur localité, de leur région ou de leur religion. N'ayant en retour aucune raison de redouter chez autrui une telle intention dominatrice, ils seront ouverts à la coexistence et à l'interaction des divers cercles sociaux. Un individu peut ainsi être parfaitement attaché aux particularités de sa localité ou de sa région sans pour autant s'y retrancher et s'y enfermer, car il se sent aussi membre d'un pays, d'une patrie ou d'une nation. Il échappe tout autant au nationalisme, parce qu'il n'a jamais été initié à la peur de la différence et de l'étranger, mais bien au contraire à la convivialité avec ses dissemblables et, surtout, à la fonction primitive de toute grande société : offrir à chacun la possibilité de traiter l'inconnu comme un proche. Il saura combiner la fierté nationale et le sentiment d'appartenir à une civilisation qui unit les nations. Et quand un être humain poursuit à son terme, de cercle en cercle, l'exploration des liens qui l'unissent aux autres tout en le libérant de tous, il se sent appartenir à la communauté universelle des êtres humains, qui transcende et unit toutes les civilisations, toutes les communautés singulières. Un ultime pas symbolique en avant, et il inscrit sa vie dans celle du monde vivant et de la Terre qui l'abrite, il saisit la solidarité de fait de tout ce qui vit ici-bas, sur un point minuscule perdu dans l'Univers.

Quand la ronde humaine tourne à l'endroit et non à contresens du moteur de l'existence humaine, tous les cercles entrecroisés tournent dans le même sens et constituent une spirale complexe et progressiste dans laquelle *la capacité de chaque cercle à concilier l'épanouissement personnel et la convivialité solidaire renforce la capacité des autres cercles à en faire autant*. Quand cette spirale est enclenchée, tout le monde peut faire l'expérience que l'association et la coopération entre les êtres et les groupes humains, semblables ou différents, créent des liens qui apportent la sécurité et les jouissances de la convivialité tout en étendant les capacités et donc la liberté réelle de chacun. L'expérience répétée forge une croyance commune dans les liens qui libèrent, et cette croyance donne une impulsion nouvelle à la spirale progressiste.

Il s'agit là d'un processus d'interaction généralisé dans lequel on ne saurait déceler un principe déterministe simpliste. Les idées ou la culture ne déterminent pas les rapports de production et l'économie, mais les infrastructures économiques ne déterminent pas davantage les superstructures idéologiques ; les politiques publiques ne sont ni impuissantes ni toutes-puissantes, etc. Il n'y a pas en réalité d'« infrastructure » ou de « superstructure », car, dans une interaction générale et continue entre des individus et des groupes humains, rien n'est en dessous ou au-dessus, il n'y a ni début ni fin, chaque élément est à la fois cause et conséquence. Dans une ronde humaine permanente, il n'y a pas une locomotive et des wagons ; le mouvement propre de chaque élément de la ronde agit sur celle-ci tout comme il est agi par elle. Nul ne peut prédire ce qu'une telle interaction complexe va produire. Il n'y a pas de sens prévisible à l'histoire (pas de téléologie), même si rétrospectivement l'histoire prend du sens, car on peut alors mettre au jour les conditions dans lesquelles une bifurcation a pu se produire. La ronde des interactions sociales change la société à la fois grâce à chaque individu et malgré eux ; les individus eux-mêmes s'en trouvent transformés, tout comme ils transforment la société, et ce changement social peut conduire des éléments à résister au sens dominant de la ronde jusqu'à lui impulser une autre direction[19].

C'est pourquoi on change plus aisément la société en pensée qu'en pratique, car *toute bifurcation ou réorientation notable de la société suppose un changement de direction coordonné dans tous les cercles relationnels.* Il ne suffit donc pas d'avoir des élites intellectuelles et des politiques avisés qui pensent et promeuvent la société du progrès humain. Allez donc prêcher pour la paix au milieu d'un champ de bataille : vous vous prendrez une balle. Une « bonne » idée, pour devenir dominante et entraîner le

19. Ce paragraphe donne en fait quelques éléments d'une méthodologie (le « socialisme méthodologique ») décrite dans *Dissociété* (chap. 4).

mouvement, a besoin du changement des conditions réelles d'existence, mais ces mêmes conditions seront elles-mêmes transformées si l'idée en question vient à se diffuser (hélas, trop souvent, on ne comprend cet effet bien réel des idées que si elles ne sont pas « bonnes »). Il ne suffit pas d'avoir de bons parents démocrates qui apprennent les liens qui libèrent, car il faut encore que l'école, puis le monde du travail et les politiques publiques reposent sur les mêmes principes. Il ne suffit pas d'une économie humaine appliquant la démocratie économique et la compétition solidaire. Si les parents, l'école et la télévision enseignent la compétition égoïste et solitaire, personne n'acceptera de travailler dans une « économie humaine » qui demande au minimum des individus ayant été élevés comme des êtres humains et non comme des bêtes ! Et tenez, pour finir, il ne suffit même pas que tous les acteurs du pays soient engagés à l'unisson pour le progrès humain. Si le pays n'a pas su ou n'a pas pu éviter de se trouver dans un état de guerre (économique ou autre) avec le reste du monde, les nécessités imposées pour sa survie domineront toutes les autres finalités.

On voit, je pense, où je veux en venir : ni les parents, ni l'école, ni les politiques, ni la pensée, ni la culture, ni l'économie, ni l'environnement international, pris séparément, ne sont en mesure de « faire » le progrès ; ils le font tous ensemble, quand chacun se met à faire tourner la dialectique individu-société comme un moteur à deux temps où le progrès de l'un entraîne celui de l'autre. On imagine bien que, dans une société concrète, il n'y aura jamais une synergie parfaite et simultanée de tous les cercles sociaux et de tous les acteurs humains au sein de ces cercles. Même si quelque chose qui ressemble au progrès humain advient, celui-ci est toujours la résultante complexe d'une interaction entre des individus, des groupes et des institutions dont certains tirent très fort vers le progrès, tandis que d'autres sont indifférents ou font carrément de la résistance par ignorance ou par intérêt. Par conséquent le progrès n'advient que dans la mesure où, en dépit des résistances, sa logique l'emporte à tous les étages de l'espace matériel et symbolique où se déploient les vies singulières et la vie des sociétés, de la famille à la planète, en passant par l'école, le travail, la ville, la région, la culture, les conventions sociales, les croyances, les médias, la politique, l'économie, les relations internationales…

Alors, imaginez à présent un monde où une logique inverse s'installe à tous les étages ! Imaginez un monde qui n'entraîne plus l'être dans une spirale ascendante de liens qui libèrent, depuis le socle de l'attachement maternel jusqu'au ciel de la solidarité planétaire, un monde qui, au contraire, instaure la déliaison et la compétition solitaire, de la planète jusque dans votre salon ou votre cage d'escalier, une société où l'effondrement de l'alliance humaine à chaque étage transmet le virus de la rivalité à tous les autres ! Si vous pouvez imaginer cela, ou vous rendre compte que c'est en fait le monde en train de se déconstruire sous vos yeux depuis trente ans, alors vous voyez précisément en quoi consiste le processus de la Grande Régression : une ronde humaine qui se met à tourner à l'envers, dans tous les cercles de la vie personnelle et sociale, un processus cumulatif, comme une maladie dégénérative, en sorte que la régression enclenchée dans chaque cercle nourrit le pouvoir destructeur de la régression dans tous les autres.

Quand la ronde humaine repart à l'envers

Depuis trente ans, en effet, l'ensemble des cercles relationnels qui avaient commencé de tourner dans le sens de l'association ont assez brusquement inversé leur mouvement pour s'entraîner mutuellement dans un processus de dissociation généralisée. La guerre économique instaurée dans les cercles supérieurs de la spirale a transmis son impulsion et le virus de la rivalité générale à tous les autres cercles. Les individus les plus touchés par cette vague de fond ont pu voir s'effondrer sur leur tête tous les étages supérieurs de l'univers relationnel dans lequel ils pouvaient autrefois déployer leur existence (concrètement ou symboliquement).

Étant donné la lenteur ordinaire d'une transformation sociale notable, une bifurcation aussi rapide n'est possible qu'à la suite de chocs assez forts pour donner un coup d'arrêt aux logiques jusqu'alors prévalentes. La métaphore de la ronde nous sera ici bien utile : quand une fête bat son plein et que les invités forment une ronde ou une farandole, quelques danseurs pris dans le mouvement général auraient bien du mal à en changer la direction ; mais si la ronde vient à être soudainement stoppée (par un incident quelconque), un seul danseur déterminé pourra ensuite la faire repartir dans le sens qu'il voudra. Or, justement, entre le milieu des années 1970 et le début des années 1980, la spirale ascensionnelle du progrès humain a subi trois chocs d'intensité croissante : un choc culturel en sa base (cercle familial), un choc matériel en son milieu (travail-économie) et un choc politique en son sommet (environnement international), grâce à quoi une minorité déterminée a pu lancer la ronde à l'envers, au point d'en perdre à son tour le contrôle.

La spirale est d'abord fragilisée en sa base par la poussée libertaire générale déjà évoquée[20], d'autant que celle-ci coïncide avec l'entrée, chez presque tous les ménages, d'un instrument d'influence culturelle inédit : la télévision.

Pour l'avoir vécu en direct, comme adolescent, je sais la difficulté à laquelle se trouvaient confrontés les parents : bien des codes moraux et des tabous qui avaient structuré

20. Je précise, pour les lecteurs distraits (et je m'excuse pour l'offense faite aux autres par cette précision redondante), que ce propos ne signifie pas que les différents mouvements de « libération » des femmes, de la jeunesse et de la sexualité ne contribuaient pas au progrès humain. Comme toutes les précédentes poussées d'émancipation de l'individu, il s'agissait bien de progrès ; mais comme toutes les précédentes, elles ne purent s'avancer sans détruire des liens et fragiliser la société en place.

leur propre éducation ne semblaient soudainement plus avoir cours dans la société que chacun, y compris les enfants, pouvait désormais observer sur un écran tous les soirs. Comment éviter alors l'alternative éducation autoritaire/éducation permissive ? Pour déployer une éducation démocratique, il aurait fallu inventer soudain des règles claires et explicables pour remplacer les normes que la génération de mes parents avait dû accepter sans discuter. En outre, le développement rapide du travail féminin et de la divortialité limitait le temps disponible pour l'éducation familiale et multipliait les familles monoparentales, c'est-à-dire le plus souvent des familles sans père. Personne n'avait « appris » à être parent dans ce contexte nouveau, car précédemment il suffisait à chacun de reproduire les conduites de ses propres parents. Or, pour compenser le manque de temps ou la désunion des familles, le penchant assez naturel de parents novices et/ou isolés est d'apporter un supplément d'attention et d'affection plutôt qu'un supplément de règles. Enfin, dans les pays d'immigration, on a sous-estimé une difficulté supplémentaire rencontrée par les parents immigrés pour incarner et exercer l'autorité légitime : les familles sont en effet éloignées de la société qui pourrait conforter la transmission de leur culture d'origine ; les parents ne maîtrisent pas toujours la langue nécessaire pour accompagner l'éducation reçue par leurs enfants à l'école et se trouvent alors comme partiellement dépossédés de leur rôle et, partant, de leur autorité. Dans cette situation, et à défaut d'une attention et d'un soutien particulier de la société d'accueil, la ronde familiale peut parfois avoir bien du mal à tourner ; il peut arriver que des parents désemparés baissent les bras et comptent toujours plus sur l'école et les enseignants pour faire le nécessaire.

Pour toutes ces raisons, donc, et dans bien des familles, les parents, croyant bien faire ou ne sachant que faire, sont devenus plus permissifs et parfois plus soucieux d'aimer ou d'être aimés que d'éduquer. Dès lors, l'institution du tiers transcendant les pulsions individuelles, l'apprentissage de la loi, du bien public, de l'intérêt général, de la citoyenneté, en somme de tous les liens qui libèrent, devenait problématique. Et ce d'autant plus que les jeunes aspiraient, non sans raison, à se défaire de codes sociaux trop étouffants et avaient le sentiment d'être désormais soutenus par la société elle-même. À la base de la spirale des cercles sociaux, on commençait donc à traîner les pieds, la synergie positive individu-société était freinée, mais pas au point de faire repartir la ronde à l'envers. La poussée libertaire et la difficulté nouvelle à éduquer ne constituaient pas un « choc » décisif, mais plutôt un mouvement progressif qui aurait pu être exploité dans le sens du progrès humain, mais cela à condition que l'école, le monde du travail et les politiques publiques persévèrent dans ce sens, et apportent aux familles comme aux jeunes les ressources éducatives nouvelles qui étaient nécessaires pour faire face aux mutations de la famille et des mœurs. En fait, dans un premier temps, les enseignants ont fait contrepoids. Le cercle de l'école s'efforçait de tourner encore à l'endroit, et les parents comptaient d'ailleurs de plus en plus sur lui pour enseigner à tous les enfants les règles de la vie sociale. Mais cette mission devenait toujours plus compliquée à remplir, au fur et à mesure que les enseignants récupéraient des enfants qui n'avaient pas été précocement initiés à l'autorité légitime. La tâche allait bientôt devenir impossible quand les politiques néolibérales s'emploieraient à détruire l'école publique.

Le choc décisif va en effet venir des politiques publiques, mais un peu plus tard. Il est d'abord préparé par un choc matériel qui affecte le cercle du travail et des échanges économiques. Durant trente ans, la spirale avait tourné dans le sens de l'ascension sociale des salariés grâce au travail et au plein-emploi. En raison même de ce succès, les progressistes avaient alors à peu près perdu de vue que le progrès social durable n'a pas besoin de croissance, mais d'égalité et de solidarité dans le partage des efforts et des richesses. Si les prétendues « démocraties » occidentales avaient effectivement instauré la démocratie jusqu'au bout – et l'économie humaine qui va avec –, elles auraient absorbé les chocs pétroliers et la fin de la grande croissance, sans la moindre espèce de doute sur le bien-fondé de leur modèle social. Mais la richesse trop facile des Trente Glorieuses avait nourri la culture de la consommation indéfiniment croissante plutôt que la culture de l'égalité et du partage. Le progrès social devenait dès lors vulnérable à la première crise de croissance. Et en effet, quand le rythme de celle-ci est divisé par deux (dans la décennie qui suit les Trente Glorieuses), la question du partage devient soudain essentielle, mais insoluble dans des sociétés qui ont commencé à hypertrophier le souci de soi et du gain personnel. Les gouvernants les mieux intentionnés s'échinent alors à retrouver à tout prix la forte croissance salvatrice sans comprendre que l'urgence est d'imposer les règles justes et explicites d'un nouveau partage pour éviter une guerre sociale, un affrontement du travail et du capital qui, avec la montée du chômage, s'achèvera forcément par la domination du capital. *Les progressistes croient que leur modèle est en crise par manque de croissance, alors qu'il l'est seulement parce que la croissance les a dispensés de le penser et de l'accomplir vraiment.* Leur modèle est ébranlé parce qu'ils ont trop longtemps profité d'un argent facile pour « se payer » la paix sociale, sans s'atteler à l'institution d'une véritable démocratie économique. Une paix achetée n'est jamais qu'une trêve ; elle dure seulement le temps où l'on a les moyens de la payer.

Quand le capital ne peut plus être suffisamment payé, la trêve s'achève ; le capital conteste aussitôt tous les compromis sociaux anciens et revendique les pleins pouvoirs. Et il va les obtenir, non par sa force propre, mais parce que survient alors le choc décisif : la victoire politique des néolibéraux, qui vont instrumentaliser la liberté du capital pour imposer leur projet de société.

Profitant de la vague libertaire et de l'inconsistance du camp progressiste face à la crise de l'État providence, les apôtres de la dissociété de marché prennent le pouvoir aux États-Unis et en Grande-Bretagne… et ce n'est qu'un début. Les néolibéraux, qui rongeaient leur frein et préparaient leur revanche, accèdent soudain aux leviers de commande ou d'influence dans les administrations et dans l'entourage de Ronald Reagan et de Margaret Thatcher. Le rêve libertaire des néolibéraux[21], c'est le cauchemar de Tönnies et le fantasme de Nozick : une société où les individus n'ont plus aucune espèce de liens entre eux ni de vie commune, et sont uniquement interconnectés sur des marchés pour y effectuer des échanges marchands ; le cas échéant (c'est une variante américaine), ils se réunissent le dimanche dans une église, pour consommer leur dose de bonne conscience et d'exhibition sociale, avant de s'en retourner vivre en quasi-autarcie dans leur ranch ; la propriété et l'économie sont régies par le droit du premier occupant (premier arrivé, premier servi) et par le consentement mutuel des échangistes ; les individus ont tous les droits, toutes les libertés, tant qu'ils ne franchissent pas la barrière des ranchs voisins ; la libre concurrence n'a guère d'autre limite que la prohibition du meurtre et du vol ; l'État ne sert presque à rien, tout juste à emprisonner les déviants qui ne respectent pas les frontières sacrées entre les individus ; chacun est seul responsable de lui-même et ne doit rien attendre d'une hypothétique « société » ; il ne doit lui-même rien aux autres, si ce n'est sa participation au seul bien public que constitue la chasse aux criminels. C'est là au fond un fantasme de cow-boy dans un Far West idéalisé. Il n'est sans doute pas anodin que le nouveau rêve américain ait alors trouvé à s'incarner dans l'élection d'un héros de westerns

21. On n'en est encore qu'à la première vague, centrée sur la libéralisation des marchés. Elle sera suivie, vingt ans plus tard, par une seconde vague (avec les présidents Bush) où les purs néolibéraux devront composer avec les néoconservateurs (voir chap. 1).

hollywoodiens. Quoi qu'il en soit, ce scénario d'une dissociété parfaite où tous les individus doivent se débrouiller par eux-mêmes reste encore bien loin de la réalité de l'Amérique, et à des années-lumière du « modèle social européen ».

Alors : comment la politique peut-elle forcer la marche vers une dissociété idéale, dans des sociétés qui ont développé les droits sociaux et les institutions de solidarité collective ? En libérant comme jamais la rivalité prédatrice (la rivalité acquisitive) entre les hommes, cette folle passion d'avoir le bien d'autrui et d'avoir toujours plus, qui peut détruire n'importe quelle communauté. Mais comment s'assurer que des individus habitués à des relations plus paisibles et à revendiquer de meilleures conditions de travail deviennent soudain des guerriers de la libre concurrence ? Eh bien, en s'appuyant sur l'idée simple que, pour transformer les humains en tueurs, il suffit de les jeter sur un champ de bataille.

Le virus de la guerre économique

On a déjà vu (chap. 3) comment la déréglementation financière, voulue par les néolibéraux, avait précisément pour objet de placer tous les territoires et tous les travailleurs en situation de guerre économique mondiale, afin de briser toute résistance aux exigences du capital. On va voir à présent comment ce choc institutionnel enclenche une inversion de la spirale des interactions sociales, un effondrement en cascade de tous les cercles sociaux symboliques ou concrets grâce auxquels l'individu pouvait gagner à la fois en liberté et en convivialité.

En abolissant les frontières qui entravaient la libre circulation du capital (avant d'abaisser ensuite les obstacles à la libre circulation des biens et des services), les néolibéraux déclenchent une guerre économique mondiale des territoires pour attirer et séduire les gestionnaires de capitaux. Le sens de la spirale des interactions sociales se trouve ainsi inversé en son sommet. La guerre économique pour la compétitivité et la croissance des profits tue dans l'œuf l'idée de solidarité planétaire de l'humanité, qui émergeait alors avec la première prise de conscience écologique. Elle efface aussi d'un trait la logique de coopération internationale qui s'était installée – au moins entre démocraties occidentales. Pour l'individu, la perception du monde s'en trouve bouleversée. Jusqu'alors, les démocraties occidentales, au moins, constituaient un espace international solidaire et rassurant, menacé seulement par un ennemi soviétique qui faisait de moins en moins peur. Or à la fin des années 1980, le démantèlement du « bloc communiste » ne vient pas consolider la tournure coopérative du cercle des relations internationales, car, entre-temps, la guerre économique mondiale s'est installée dans les esprits. Le discours des gouvernements et des patrons, relayé du matin au soir par des médias complaisants ou paresseux, fait tout pour que le *sentiment* d'être en guerre économique contre la Terre entière se développe bien plus vite que sa *réalité*. Il est essentiel de faire croire aux travailleurs qu'ils sont en guerre contre les ouvriers sous-payés du monde entier, pour les contraindre à se comporter en guerriers, en soldats qui supportent les privations, les ordres, les réprimandes, les marches forcées et le stress du combat. Il est aussi essentiel qu'ils ne conçoivent pas cette guerre comme un conflit avec des nations étrangères, car cela concernerait alors les États dont les citoyens ressoudés par une menace extérieure attendraient la protection. Le salarié doit se battre pour son patron, à la rigueur pour son entreprise, mais pas pour son pays. C'est pourquoi la rengaine incessante de la « globalisation », plus encore que les politiques œuvrant effectivement en ce sens, opère un effacement symbolique du « pays » et des « frontières ». L'effet habituel de la « guerre » sur les relations sociales se trouve ainsi inversé. Dans la spirale des cercles relationnels, l'irruption de la guerre dans le cercle international a habituellement pour effet de renforcer la solidarité dans le cercle des relations nationales. Symboliquement, l'individu se retire d'une communauté mondiale menaçante pour se réfugier dans sa communauté nationale. Mais l'effet de la guerre économique est tout autre. Car celle-ci n'est pas déclenchée pour renforcer le sentiment de solidarité et l'attachement à un modèle national, mais bien au contraire pour les détruire. Je l'ai déjà expliqué, il s'agit de persuader chacun que la société ancienne n'est plus soutenable : on ne pourra plus compter sur la sécurité sociale et les biens publics, il faudra gagner les moyens d'une vie décente en se battant indéfiniment pour rester compétitif sur le marché mondial ; l'État devra se contenter de faire la police, en sorte que le poids des impôts et des « charges sociales » ne grève pas la compétitivité des entreprises. Le mythe de la « firme globale mondialisée » est instrumentalisé dès les années 1980 pour effacer l'idée même qu'il existe quelque chose comme une « économie nationale ». Les salariés ne travaillent ni pour ni dans un pays ; ils travaillent dans des entreprises en compétition sur un marché mondial ; leur sort ne dépend plus que de l'issue de cette bataille, et non pas d'un pays qui ne peut plus grand-chose pour eux. Car cette nouvelle guerre se déroule dans un espace sans frontières à défendre. L'ennemi n'est plus un État qui peut vous attaquer par l'est ou par l'ouest. L'ennemi, c'est tout le monde ; il est partout à la fois, et nulle part en particulier ; il peut détruire votre emploi d'un trait de plume, à l'autre bout de la planète, et vous prenez conscience que même la première armée du monde ne peut rien contre ce coup de stylo ! Ainsi, la dissolution de la communauté internationale par la guerre économique entraîne celle de la communauté nationale. En lieu et place d'une « nation », d'une « patrie », l'individu ne perçoit plus qu'une mosaïque de territoires eux-mêmes dressés les uns contre les autres : dans la course à l'attraction des capitaux, chaque ville, chaque région devient la rivale de toutes les autres pour sauver une usine ou créer des emplois. La guerre déclenchée dans le cercle international a ainsi transformé le cercle national en champ de bataille pour la survie économique.

La spirale commence à s'inverser et à s'effondrer sur la tête de l'individu. Après l'éclatement de la communauté internationale, la communauté nationale n'est plus un refuge ; l'individu doit donc se replier sur sa ville, sa région et son entreprise ; il compte sur une solidarité renforcée dans les communautés de proximité où les gens se connaissent et sont « embarqués dans le même bateau » pour affronter les temps difficiles. Mais là aussi ce sera bientôt le règne de la rivalité, de la lutte des places, de l'insécurité. Le virus qui fait rage à l'extérieur des entreprises se répand à l'intérieur. La guerre économique est instrumentalisée par le capital pour exercer un chantage permanent à l'emploi et imposer de nouvelles méthodes de management[22] qui assurent la rentabilité et la parfaite soumission des salariés. *Cette révolution managériale franchit un nouveau palier dans l'aliénation du travail : elle entend passer de la domination pure d'antan – de la soumission forcée de la classe ouvrière – à la servitude volontaire de salariés isolés par la rivalité généralisée, tenus par la peur permanente du déclassement et intoxiqués par le culte narcissique de la performance*. La contrainte ne doit plus s'exercer par la surveillance du contremaître, elle doit être intériorisée par le salarié lui-même : il se sent coupable du moindre retard, de la moindre défaillance, qui mettrait sous pression tous les autres salariés dans un processus à flux tendus ; il redoute l'humiliation d'une mauvaise « évaluation » du chef de service ; il est fier d'être un « battant », un salarié « impliqué » et « performant » qui doit son salut à son seul travail. La fameuse « culture d'entreprise » promet surtout la face « positive » de cette manipulation, c'est-à-dire celle qui exploite le penchant narcissique des individus, le culte de l'excellence, le courage, la mobilisation collective face aux concurrents, etc. Dans les faits, la plupart des

22. « Flux tendus », « juste à temps », « qualité totale », évaluation individuelle, etc. Voir Jean-Pierre Durand, *La Chaîne invisible*, Paris, Seuil, 2006. Vincent de Gaulejac, *La Société malade de la gestion*, Paris, Seuil, 2005.

salariés sont surtout tenus par la peur de l'échec et guère soutenus par des satisfactions narcissiques. Car il est forcément impossible de rester « à la hauteur » d'exigences exorbitantes qui s'élèvent au fur et à mesure qu'on les atteint et ne sont pas abaissées quand on réduit les moyens pour les atteindre.

Le coup de génie – ou l'inhumanité singulière – du capitalisme, en cette ultime phase, est qu'il est presque parvenu à surmonter sa contradiction fondamentale en transférant sur les travailleurs la totalité du stress et des risques associés à la concurrence. Tant que la concurrence internationale des capitalistes était limitée, les salariés, comme le reste de la société, pouvaient en partie résister aux exigences du capital. Du coup, les capitalistes devaient suer et assumer des risques pour se livrer vraiment, entre eux, une concurrence qui laminait globalement leurs profits. Mais, dès lors que la concurrence extérieure est totale, l'anéantissement des résistances intérieures fait qu'en réalité les capitalistes peuvent faire payer le coût financier et humain de la concurrence aux salariés. La théorie économique standard enseigne que la firme capitaliste se définit notamment par le fait que le patron perçoit le « revenu résiduel » (le profit), c'est-à-dire ce qui reste après avoir rémunéré le travail et assumé toutes les charges, et bien sûr seulement s'il reste quelque chose. Grâce à la peur entretenue par la « guerre économique », le capitaliste devient désormais le seul acteur dont le revenu n'est pas résiduel ; l'actionnaire commence par fixer le rendement qu'il exige ; c'est ensuite à tous les autres acteurs de percevoir le résidu, en ajustant leurs salaires, leurs loisirs, leurs efforts, leur santé, leurs biens publics, leurs prestations sociales, etc. Et il y a bien longtemps que le capitaliste n'a plus à faire le sale boulot, à assumer le face-à-face avec les êtres humains qu'il traite comme des choses jetables et exploitables à volonté. Des managers salariés – dûment intéressés aux résultats – sont chargés d'infliger la souffrance humaine nécessaire à la rentabilité du capital et s'efforcent, à leur tour, de déléguer les sales besognes à des cadres subalternes. Car, pour les êtres sociaux que ces dirigeants demeurent par nature, le fait de se trouver du bon côté du manche, du côté des maîtres, n'enlève rien au stress ni à la culpabilité suscitée par le contact direct avec leurs victimes. Ici intervient le rôle essentiel de l'idéologie néolibérale, comme religion primitive qui justifie les sacrifices humains nécessaires au salut collectif. La propagande néolibérale a habilement diffusé une philosophie dévoyée de la responsabilité individuelle. Puisqu'« il n'y a pas de société » à incriminer ou à implorer, mais seulement des individus, ces derniers sont seuls responsables de ce qu'ils font de leur vie. C'est là une philosophie que Nietzsche appelait justement une « morale de bourreau », puisqu'elle délégitime toute compassion pour les victimes.

Chacun est donc responsable de son propre sort, mais irresponsable de celui du reste du monde, qui est régi par les lois naturelles de l'économie. La compassion pour les victimes de la mondialisation ne doit pas entraver les « ajustements nécessaires » à ce bouleversement « naturel » du monde. Retarder l'ajustement ne ferait que dissuader les inadaptés d'effectuer leur reconversion et appellerait bientôt de nouvelles « restructurations » qui feraient encore plus de victimes. La « victime » n'est de toute façon jamais innocente, puisqu'elle est seule responsable du parcours qui l'a menée au supplice. Non seulement le bourreau n'a rien à se reprocher, mais il peut éprouver une légitime fierté pour le courage dont il fait preuve en dominant sa compassion naturelle, en souffrant de faire souffrir autrui pour la rédemption (reconversion) de celui-ci et l'accomplissement des lois naturelles. C'est pourquoi, de nos jours, les bourreaux ne portent plus une cagoule mais le costume d'un directeur des « ressources » humaines.

Quand il n'est plus indigne de faire souffrir autrui dans l'entreprise, quand on sait ne pouvoir compter sur aucun secours de la part d'une société qui tolère la souffrance au travail, quand le discours politique officiel encense les bourreaux et stigmatise les victimes, quand chacun se sait livré à une lutte inhumaine et sans fin, alors l'individu, selon ses possibilités et ses prédispositions, n'a plus qu'à se soumettre ou à devenir lui-même un bourreau ordinaire, et la perversité, le harcèlement, le caporalisme obtus peuvent se déchaîner à tous les niveaux de la hiérarchie.

Ainsi, le cercle du travail se met lui aussi à tourner à l'envers du progrès humain. Il devient tout sauf un refuge contre la rivalité violente qui fait rage hors de l'entreprise, puisque celle-ci est le lieu même où s'exercent les effets les plus brutaux et les plus quotidiens de cette rivalité. C'est en effet là que l'individu est soumis le plus directement à la nécessité d'une dissociation psychique permanente. La chimie de son cerveau lui commande d'articuler et d'équilibrer en continu attachement à autrui et détachement, souci de soi et souci d'autrui. L'estime qu'il a de lui-même est en outre indissociable de la reconnaissance sociale ressentie et de la certitude qu'« il vaut » au moins autant qu'autrui. Au sein de la grande firme en guerre économique, cet être social par nature doit vivre environ le tiers de chaque journée, et la moitié de son temps éveillé, dans un contexte qui le contraint à amputer son désir de vivre bien avec autrui, qui l'expose en permanence au sentiment d'impuissance ou d'insuffisance, à l'évidente indignité de sa condition servile.

Dès lors, pour tous ceux qui ne sont pas en position de commander quiconque ni d'avoir la maîtrise de leur propre activité (c'est-à-dire pour la majorité des travailleurs), un tel lieu de travail constitue une source permanente de souffrance psychique contre laquelle l'individu doit se protéger pour éviter de sombrer dans la dépression. La résilience des êtres humains est assez considérable : ils ont une capacité remarquable à développer des stratégies mentales et pratiques pour surmonter la souffrance psychique. Aussi, la plupart des individus échappent à la dépression grave, mais pas au stress chronique. Le stress – réaction chimique qui prépare l'individu à affronter une situation de danger jusqu'à ce que ce dernier soit écarté – se transforme en intoxication chimique permanente dès lors que la situation de tension ne cesse jamais et que l'individu sait n'avoir aucun moyen d'y mettre fin. Or, telle est précisément la situation quotidienne du soldat ordinaire de la guerre économique. En conséquence, le stress est devenu aujourd'hui la première maladie professionnelle dans les firmes capitalistes, et aussi l'une des causes de la multiplication des suicides au travail[23]. Il semble aussi, notamment en France, que l'épidémie de stress et de suicides puisse s'étendre très vite dans des entreprises publiques récemment privatisées et brusquement soumises à la logique marchande et à la compétition généralisée. Et cela ne semble pas devoir s'arrêter là. Car les néolibéraux entendent répandre le virus de la compétition dans tous les recoins de la société, et donc aussi dans les administrations et dans les établissements publics tels que les hôpitaux et les universités. Le personnel médical et enseignant se trouve confronté à un conflit croissant entre sa mission fondamentale de service public (source de sens et d'estime de soi) et l'exigence insoutenable d'assurer celle-ci avec la même économie de moyens et le même souci de rentabilité qu'un marchand de services privés.

C'est donc ainsi, peu à peu, la totalité du cercle des relations professionnelles qui est contaminée par la maladie de

23. C'est là une différence spectaculaire entre la guerre économique et la guerre ordinaire : le taux de suicide recule très fortement dans un pays en guerre militaire contre une puissance étrangère. Il apparaît ainsi que le lien social symbolique – le sentiment d'association à une grande communauté humaine dont l'intérêt transcende et relativise le souci de soi – est le plus solide rempart contre l'effondrement des individus. Les êtres sociaux que nous sommes ne s'ôtent eux-mêmes la vie que le jour où ils ne savent plus à qui ou pour qui la donner. La hausse des taux de suicide au travail en temps de guerre économique tient donc sans doute surtout au fait que cette forme d'affrontement peut anéantir le sentiment d'appartenance à un quelconque collectif humain.

la compétition et par le stress. Après la dislocation de la communauté internationale et de la communauté nationale, le monde du travail est à son tour détruit comme espace d'épanouissement et de convivialité, reconverti en champ de bataille pathogène, et l'individu doit finalement se réfugier dans les premiers cercles de proximité : la famille et les amis. Les relations intimes, entre proches, se trouvent ainsi investies d'une mission nouvelle et difficilement surmontable. Rappelons en effet que, dans une société de progrès humain, même en ébauche, l'individu parvient à vivre bien, à la fois libre d'être lui-même et soudé aux siens, grâce à l'articulation de *tous* les autres cercles de relations sociales concrètes ou symboliques. Si donc ces derniers n'assument plus leur fonction d'ouverture et de diversification, la famille constitue un champ de relations trop étroit et trop peu diversifié pour assumer, à elle seule, la mission de combiner la liberté et l'association ; la liberté ou l'association risque donc d'en faire les frais. Très concrètement, des individus stressés par la société et par le travail peuvent nourrir à l'endroit de leurs proches une attente de soutien et d'affection démesurée par rapport à ce qu'ils peuvent offrir sans renoncer à leur propre liberté. Et ce, d'autant plus que ces proches peuvent être eux-mêmes dans un état semblable d'attente démesurée. Puisque les relations intimes sont le seul espace préservé d'humanité, on ne supporte plus leur imperfection naturelle ; on achète des livres et l'on suit même des cours pour constituer un couple parfait ou une famille idéale, etc. L'affection et l'attachement ne sont plus dès lors la pulsion naturelle *qui revient et disparaît*, en alternance avec une phase de détachement et d'évasion : ils deviennent *une injonction permanente*, une intrusion constante d'autrui, une intimité forcée par le resserrement étouffant d'un monde hostile. Soit la famille éclate alors comme une noix bien pressée ; soit elle s'installe dans la « tyrannie de l'intimité » caractéristique des communautés repliées sur elles-mêmes et bien décrite aux États-Unis par Richard Sennett[24].

Dans le meilleur des cas, la famille reste tout de même un refuge d'humanité où les individus parviennent à évacuer leur stress et à redonner un sens rétréci à leur existence. C'est là un moindre mal pour l'individu, mais c'est aussi la forme douce du délitement de la société effectivement visé par les artisans de la régression. La résilience des individus est en effet ce qui rend soutenable un management barbare et des politiques inhumaines. Plus les individus trouvent, dans le « cocon familial » et le cercle des amis, les moyens de survivre à la Grande Régression sans trop souffrir, moins ils la combattent. Ainsi s'institue la nouvelle culture de la dissociété, transmise aux enfants dans les foyers heureux : il n'y a sur Terre pas d'autre « société » humaine, pas d'autre collectif susceptible de transcender l'intérêt personnel, pas d'autre lieu de solidarité que la famille ; il n'y a pas de « lien social », seuls existent les liens du sang ; une fois hors de la maison, il n'y a plus que des atomes humains en rivalité naturelle pour l'existence, c'est la guerre civilisée par l'interdiction du meurtre et du vol, mais il vaut mieux sortir armé pour se protéger des déviants qui violent les interdits. C'est là une culture qui prépare l'individu à affronter un état de guerre permanent avec autrui, à ne rien attendre d'une soi-disant « société », à ne pouvoir compter que sur sa petite tribu primitive comme seul espace de coexistence et de convivialité. Autant dire qu'une fois rentré à la maison, l'individu peut difficilement se distinguer, s'opposer aux autres, affirmer sa différence et son autonomie, bref se désolidariser du seul groupe humain sur lequel il peut s'appuyer dans un monde de brutes. On voit bien comment cette combinaison d'une libération totale de la compétition économique, en dehors du

24. Richard Sennett, *The Fall of Public Man*, New York, Alfred A. Knopf, 1974. Traduction française : *Les Tyrannies de l'intimité*, Paris, Seuil, 1974.

foyer familial, et d'une aliénation inévitable, en son sein, peut fonder une alliance politique entre les athées néolibéraux et les dévots néoconservateurs. En revanche, on ne voit peut-être pas assez combien le rabougrissement du cercle humain à une microcommunauté forcément solidaire dans un environnement hostile engendre le cadre social qui prédispose le mieux les individus à devenir des bourreaux ordinaires, des exécutants zélés de n'importe quel ordre barbare, parce qu'ils n'auront pas appris la possibilité de se désolidariser de leur tribu sans détruire le lieu même de leur existence[25].

Ainsi, « dans le meilleur des cas » disais-je, le refuge dans le cocon familial rend supportable la servitude volontaire des travailleurs et met en couveuse de « bons pères de famille » dont l'histoire nous apprend que, dans les circonstances adéquates, ils peuvent devenir les bons soldats de la barbarie. Et, dans le pire des cas, le cercle familial n'est plus un refuge, car il est à son tour empoisonné par le stress que ses membres importent de l'extérieur, étouffé et pressé jusqu'à l'éclatement par un espace social trop rétréci. L'éclatement peut prendre d'autres formes que la classique séparation des familles. On peut aussi vivre ensemble séparément ! En caricaturant, chez les « riches », l'implosion de la famille est une alternative possible à son explosion : chaque membre dispose d'une pièce privée, de sa propre télévision et du plateau-repas qui va avec ; tout le monde peut donc vivre à peu près seul dans la même maison en supportant seulement de croiser furtivement les autres dans un couloir. La dissociété est ainsi pleinement réalisée jusqu'à l'intérieur de la plus minimale des sociétés humaines. Chez les « pauvres », puisque l'étouffement dans la communauté familiale n'a pas d'issue interne dans des appartements trop étroits, plutôt que de s'entre-tuer (mais cela arrive aussi !), on squatte des annexes : le bistrot pour le père, la rue, les caves et les cages d'escalier pour

25. J'ai longuement expliqué cela dans une analyse de la soumission à l'autorité (*Dissociété*, chap. 8).

les enfants. Les formes de la dissociation varient, mais pas ses effets : la fin de l'éducation la plus efficace, c'est-à-dire celle qui s'installe par l'exemple et la vie partagée ; l'incapacité durable à combiner liberté personnelle et convivialité, incapacité qui peut conduire les individus soit à s'enfermer dans un délire hyperindividualiste, soit à aliéner leur liberté en se fondant dans une famille de substitution (une bande de quartier, une communauté religieuse, une secte…).

L'école, ultime refuge à démolir

De la sphère internationale aux relations familiales, rien ne semble pouvoir échapper à la force centrifuge de la Grande Régression, qui atomise tous les espaces de « liberté solidaire » en renversant la synergie positive individu-société en opposition irréconciliable. Rien sauf peut-être l'école, au moins un certain temps, mais pas n'importe quelle école. Les établissements privés réservés aux riches et/ou à une communauté religieuse particulière sont par définition des machines à dissocier et ne risquent pas d'opposer la moindre résistance à la dissociété extrême vers quoi nous entraîne la spirale de la Grande Régression. Nombre de ces établissements sont les meilleurs instruments de diffusion de la culture néolibérale dans une jeunesse privilégiée destinée à occuper les postes de commande de la guerre économique. Le label « chrétien » souvent attaché à ces établissements ne doit pas faire illusion : on y enseigne rarement l'amour du prochain ; on y apprend plutôt l'esprit de compétition, l'obsession de la réussite personnelle, le culte narcissique de la performance individuelle, et aussi le rejet et l'abandon des moins forts, de ces élèves qui ne satisfont pas aux exigences d'excellence nécessaires pour entretenir la réputation et le succès commercial de l'établissement. Ce n'est donc pas à ce type d'entreprises privées que je pense quand j'évoque ci-après l'école. Je parle d'établissements qui tentent encore d'assurer un service public d'instruction et d'éducation pour aider les enfants à « grandir ».

L'école dont je parle a pu faire de la résistance à la dissociété, parce qu'elle constitue un espace de vie en partie préservé contre la rivalité qui ravage les autres cercles sociaux. En ce lieu, outre les savoirs, on peut encore apprendre l'égalité, la sociabilité et les règles sociales qui étendent la liberté réelle de chacun, non par des cours d'instruction civique mais par la simple expérience quotidienne de la vie collective avec les autres élèves et l'ensemble des personnels enseignants et non enseignants. Mais, là encore, le délitement général des autres cercles sociaux met aussi l'école sous tension. Le désordre social et moral qui nourrit la délinquance juvénile fait naturellement entrer à l'intérieur de l'école la violence qui sévit à l'extérieur. Quand plus rien ne semble juste et légitime dans le fonctionnement de la société, quand les parents ne savent plus instituer le respect d'une autorité légitime, quand le travail est dévalorisé par son exploitation indigne, quand la culture ambiante n'accorde de valeur qu'à l'argent, quand le discours politique encense la compétition, alors comment les enseignants pourraient-ils, tout à la fois, se faire respecter, maintenir l'ordre, enseigner les savoirs et éduquer les enfants à la vie solidaire en société ?

Comme on l'a dit pour la famille, *on ne peut demander à un seul cercle social d'assumer toute la charge résultant de la défaillance de tous les autres*. C'est pourtant bien ce qui arrive à l'école, de plus en plus confrontée à des exigences peu soutenables et contradictoires. Ainsi, les parents sont souvent dépassés par leur propre rôle d'éducateurs et attendent de l'école qu'elle pallie leur insuffisance dans la formation morale de leurs enfants. Ils sont par ailleurs angoissés pour l'avenir professionnel de leurs enfants dans une société qui écrase les faibles, méprise les savoir-faire sociaux, dénigre les fonctionnaires et plus généralement tous les métiers où l'on ne gagne pas beaucoup d'argent, exige non plus des salariés simplement disposés à bien faire leur travail, mais des individus compétitifs, des fantassins ou des officiers de la guerre économique. Les parents espèrent donc aussi que l'école donnera à leurs enfants les armes nécessaires pour s'en sortir, une fois jetés sur le champ de bataille qu'est devenu le marché du travail. Les responsables politiques reproduisent souvent cette double attente : confrontés au désordre moral, à l'incivilité croissante et à la délinquance juvénile, eux aussi demandent à l'école (et aux parents) d'assurer davantage la formation civique des jeunes. Dans le même temps, ils ne cessent de redéfinir leurs politiques éducatives en fonction des exigences de la compétition économique.

Or, plus spécialement dans le contexte de la Grande Régression, ces deux attentes conjointes des parents et des politiques sont de plus en plus contradictoires. *L'école ne peut être à la fois la maison de la République qui fait grandir des citoyens et le camp d'entraînement des soldats de la guerre économique. Ces deux finalités et les moyens qu'elles mobilisent sont antinomiques*. En effet, si l'on doit « fournir » à la dissociété de marché les individus dont elle a encore besoin sur le marché du travail, il faut enseigner le culte de la performance économique et le mépris de ce qui « ne rapporte rien », prédisposer les moins bons élèves à la servitude volontaire, entraîner à la compétition et non à la coopération, etc., en un mot, transmettre des valeurs morales et des traits de caractère contraires aux valeurs de la République et de la démocratie. Il faut, par ailleurs, supprimer ou négliger les disciplines qui n'ont aucune utilité dans la guerre économique : l'histoire, la littérature, la philosophie, les sciences humaines et sociales en général (avec une exception pour la science économique, mais à la seule condition que, par là, on entende uniquement la théologie néolibérale qui enseigne la religion des marchés autorégulés). En clair, il faut négliger tous les enseignements qui permettraient justement aux individus de devenir des citoyens avisés, disposant d'une certaine compréhension du monde et de la société, entraînés au débat d'idées et au questionnement philosophique. *C'est au fond l'intelligence elle-même qu'il faudrait atrophier pour satisfaire aux exigences d'une efficace préparation à la dissociété de marché.* Car des individus trop intelligents, trop initiés au bonheur du savoir et du débat argumenté, ne sauraient se contenter de n'être, pour le restant de leur existence, que des consommateurs passifs et des travailleurs aux ordres des marchés. Si la jeunesse venait à connaître ne serait-ce que le dixième de ce que nous révèlent les sciences humaines et sociales, elle saurait que le discours néolibéral est une fable dangereuse, et qu'une autre société est non seulement souhaitable mais encore possible. Un peuple de citoyens intelligents, c'est le cauchemar des néolibéraux comme celui de tous les charlatans !

Entre l'école de la République et le camp d'entraînement des guerriers dont la nouvelle économie a besoin, il faut donc choisir. Il est ridicule d'imposer une petite heure d'instruction civique au collège, quand toutes les normes morales qui fondent la cité sont bafouées par les politiques publiques elles-mêmes, par les conditions d'existence de la majorité des élèves et de leurs parents, par la jungle économique à laquelle les jeunes savent très bien devoir être livrés. Si l'école devait vraiment apprendre la citoyenneté, elle deviendrait l'école de la rébellion contre le capitalisme et la société de marché. Les gouvernements néolibéraux font donc en réalité semblant de demander à l'école une contribution à l'éducation civique, et ce, seulement pour satisfaire une clientèle électorale qui exige un retour à l'ordre moral. En fait, les néolibéraux les plus déterminés ont fait le choix peu avouable de détruire peu à peu les écoles publiques démocratiques pour les remplacer par des entreprises de formation répondant aux attentes des marchés. Cela est quasiment écrit noir sur blanc dans les documents officiels de l'Union européenne qui définissent la stratégie de Lisbonne en matière d'éducation, dès le milieu des années 1990. Si donc la Grande Régression va à son terme, même l'enfance et l'adolescence finiront d'être colonisées par les exigences et le culte de la compétition marchande.

Ainsi, l'un après l'autre, et jusqu'au dernier bastion de l'école, tous les cercles de la ronde humaine, qui, hier encore, élevaient l'individu vers un espace social élargi et diversifié, qui tissaient la trame des liens sociaux nécessaires à la liberté comme à la construction d'une identité singulière, tous ces cercles inversent désormais leur mouvement et entraînent l'individu dans une spirale descendante jusqu'à le renfermer dans un clan primitif ou dans la solitude.

L'individu peut alors se sentir seul au monde, avoir le sentiment qu'en effet « il n'y a plus de société » : tous les étages de celle qu'il a connue se sont effondrés et il n'y a plus de refuge pour échapper à la nécessité nouvelle de vivre dans le stress permanent de la lutte contre autrui. Quelques individus s'écroulent eux-mêmes sous le poids de l'effondrement général ; certains s'inventent une nouvelle famille en s'abandonnant à une église, une bande ou une secte ; la plupart sont résilients, ils apprennent à circuler entre les ruines et à jouir intensément de toutes les poches résiduelles d'humanité ; enfin, une minorité d'individus dont le moi social est plus solide que d'ordinaire – les « militants » – décident de résister et de préparer la reconstruction, non pas qu'ils se croient assurés de réussir, mais parce qu'ils ont la certitude de ne savoir vivre autrement.

Désordre moral et guerre incivile

Une fois enclenché, le processus de la dissociété apparaît ainsi comme une machine automotrice de destruction de la société. Mais rien ni personne ne peut détruire la société, hormis une grande extinction de l'espèce humaine. Comme tous les pôles d'attraction, la dissociété pure est impossible.

Souvenez-vous que, sur la carte des dynamiques sociétales, chaque position de la société est le résultat d'une tension entre les quatre pôles d'attraction (communautariste, libertaire, totalitaire, associationniste). Plus une société tend à s'approcher de l'un d'entre eux, plus elle met en tension les individus et les communautés en contrariant les autres pôles d'attraction, éveillant ainsi des forces de rappel vers d'autres directions, un peu comme si l'on tirait sur un élastique ou sur la corde d'un arc.

Or, dans le cas d'une marche forcée vers la dissociété individualiste, la tension, et donc la force de rappel, est doublée. En effet, les invariants anthropologiques qui structurent depuis toujours le fonctionnement de notre espèce font que les individus ne peuvent être eux-mêmes qu'ensemble, en combinant les deux types de liens, longuement décrits plus haut (inter- et intracommunautaires). Le pôle libertaire, vers lequel tend la dynamique de la dissociété individualiste, est donc tout particulièrement impossible à approcher de très près, car il suppose un délitement extrême de tous les types de liens, c'est-à-dire de tout ce dont des êtres sociaux par nature ont besoin pour soutenir leur existence. Ainsi, quand le culte de l'individu-roi et le virus de la rivalité commencent à gagner tous les cercles relationnels, il ne faut pas longtemps avant qu'ils ne suscitent en réaction de multiples mouvements pour rétablir, consciemment ou non, des liens dont personne ne peut se passer. La réaction idéale à un mouvement défaisant tous les liens (vers le pôle libertaire) serait un mouvement symétrique qui les reconstruirait tous ensemble et nous propulserait ainsi dans la société du progrès humain (vers le pôle associationniste). Mais cela ne peut pas se produire mécaniquement. Pour reprendre cette métaphore bien utile, les élastiques tendus entre les pôles d'attraction ne sont pas étirés par un archer providentiel et omnipotent, qui dose à discrétion la tension pour viser et atteindre une cible prédéterminée. Dans la vie réelle des sociétés, les

« élastiques » sont tiraillés par des forces diverses, dans tous les sens, en des points multiples et, quand ils sont tendus jusqu'à la limite de leur résistance, ils explosent et projettent leurs éclats dans toutes les directions.

Ainsi, l'éclatement des liens inter- et intracommunautaires entraîne leur reconstruction désordonnée et dissociée par les individus et les communautés. Ce mouvement ne peut pas constituer une « renaissance », mais seulement une restauration, une tentative de retour à l'ordre. Pour une renaissance, il nous faudrait des milliers d'archers aux postes de commande et d'influence pour guider une reconstruction articulée de tous les liens. À défaut, chaque pan de la société éclatée, voire chaque individu en voie d'atomisation, réagit dans son coin en sorte d'échapper au stress de la déliaison et de reconstruire un « entre soi » rassurant. De son côté, l'État des néolibéraux, n'étant plus que l'outil privé d'une oligarchie particulière, joue aussi sa propre partition réactionnaire et s'attache à maintenir l'ordre. Un État qui renonce à être « démocratique » ne peut, comme des parents fatigués, se contenter d'être « négligent » ou « permissif », il devient forcément de plus en plus « autoritaire ».

Ainsi, comme on va le voir, la Grande Régression ne s'achève pas dans la dissociété individualiste mais dans la réaction chaotique aux impasses du libertarisme, dans un vaste mouvement réactionnaire et désordonné qui menace à la fois la liberté des individus et la cohésion de la société. Le désordre moral engendré par l'effondrement de l'autorité légitime (du tiers transcendant) stimule une inflation inédite de morales et de religions « personnelles », qui restaure plus l'obscurantisme que le lien social. Le désordre social et l'insécurité nourris par le libertarisme et la dissociété suscitent une demande exponentielle de protection, qui justifie un nouvel ordre sécuritaire liberticide. Les deux soucis précédents s'associent pour favoriser le repli identitaire dans des communautés séparées. Et, pour finir, les politiques néolibérales – toujours à la manœuvre dans le chaos qu'elles ont organisé – manipulent ces mouvements spontanés et en accentuent la tournure perverse pour la société et la démocratie. Je vais revenir à présent sur chacun de ces points.

J'ai déjà rappelé que tout être social a besoin de l'institution d'un tiers transcendant dans sa relation au monde et à autrui. On a vu aussi que, durant les trois premiers siècles de la modernité, l'autorité morale déclinante des grandes religions monothéistes a été progressivement compensée par l'autorité nouvelle de religions laïques (idéaux et grands récits politiques) qui finirent aussi par s'effondrer à la fin du XXe siècle. La déferlante néolibérale (années 1980) qui sert de catalyseur à la Grande Régression intervient en Occident à un moment clé de la « dereligion » du monde : le stalinisme a parachevé la défiance à l'endroit des idéologies politiques et, en pleine poussée libertaire, personne ne compte sur les Églises pour reprendre leur magistère prémoderne. Après les religions traditionnelles, les religions modernes[26] s'effacent donc à leur tour et laissent une place vacante, la place de l'Autre, cette instance symbolique qui commande à chacun de respecter des normes communes dans l'intérêt de tous. J'ai vécu alors en direct l'émergence d'un relativisme intellectuel et moral considéré comme une vertu démocratique, quand il manifestait surtout un effondrement de l'intelligence. Ainsi, les

26. Notons ma distance avec la thèse de Marcel Gauchet (*Le Désenchantement du monde*, Paris, Gallimard, 1985), qui propose de lire l'histoire de la modernité comme un mouvement de sortie de la religion. Dans mon modèle, cette thèse semble en partie confortée, si l'on prend le terme « religion » au sens latin (*religere*) et comme un terme générique désignant la fonction sociale d'alliance entre les hommes. La modernité est en effet le lieu d'une succession de poussées de déliaison sociale et donc de « dereligion », au sens social que je donne à ce terme. Cela dit, mon anthropologie générale établit aussi que cette dereligion n'est qu'une tendance impossible à accomplir pour des êtres sociaux construits par leurs liens. Tout mouvement de dereligion n'est alors que le prélude à un changement de religion, c'est-à-dire à une mutation dans les croyances et les instances morales que les humains ne manqueront jamais de recréer pour échapper au moins à l'angoisse de la « désalliance ».

horreurs perpétrées au nom des idées dispensaient désormais mes contemporains de discerner et de discuter celles-ci pour elles-mêmes ; on ne distinguait plus l'usage politique d'une doctrine de son contenu réel ; l'idée nationale était discréditée par les crimes nazis ; l'idée communiste était disqualifiée par le Goulag ; la « famille » et la « patrie » étaient plombées par le régime de Vichy ; l'idée socialiste était anéantie par le socialisme prétendument « réel » expérimenté par des dictatures qui s'autoproclamaient « pays socialistes », etc. Cette liste non exhaustive d'âneries n'était au fond que l'adaptation aux religions modernes des reproches plus anciens, mais pas moins stupides, faits à la religion plutôt qu'aux clercs et aux gouvernants qui prétendaient agir en son nom (les croisades, l'Inquisition, les persécutions, etc.). Nous sortions d'un monde où les guerres d'idéologies avaient fait plus de morts que toutes les guerres de Religion. Tout système d'idées et toute velléité politique de suivre l'un quelconque de ces systèmes donnaient la chair de poule.

Alors bien sûr, dans l'air du temps libertaire, il était interdit d'interdire ; on ne saurait donc empêcher les individus d'avoir des idées. Mais ils ne devraient désormais avoir que « leurs » idées, réservées à leur propre usage – des jugements autonomes libérés de toute référence à une vérité extérieure susceptible d'être reconnue et partagée comme telle par le plus grand nombre. Le concept de « vérité » faisait frémir. Chacun aurait donc « ses » idées, comme il a ses oreilles, attributs singuliers que rien n'autorise à considérer comme ayant plus ou moins de valeur que ceux de ses semblables. Nous entrions dans l'ère de l'opinion, il ne fallait plus dire « je sais », mais « je pense » ou, mieux encore, « je crois », car une sorte d'inconsciente lucidité collective nous prévenait que cette nouvelle façon de discourir inaugurait l'extinction de la pensée.

Le règne de l'opinion personnelle et la place vacante laissée par le reflux des grandes croyances collectives sont alors un terrain favorable à la recolonisation des esprits par l'idéologie néolibérale, car celle-ci se présente justement comme un individualisme et une anti-idéologie. Dans sa première phase, la vague néolibérale ne va nullement combler la place de l'Autre, mais plutôt la creuser, accentuer la béance entre le soi et l'autrui, l'absence du tiers nécessaire à leur relation. Car le culte institué par la dissociété de marché, en cette place du tiers, est le culte de l'individu lui-même. Il n'y a plus de société mais seulement des individus sommés d'être leurs propres maîtres. L'ennui, c'est qu'il s'agit là d'une tâche impossible pour un être humain en relation avec au moins un autre. S'il n'existe aucun point de repère auquel rapporter ce qui constitue une bonne ou une mauvaise manière de se comporter avec autrui, qui saura et qui pourra, de l'un ou de l'autre « maître », définir la norme commune ? Personne ! Comment choisir librement entre différentes voies, si aucune voie ne préexiste à l'individu et si celui-ci doit d'abord déterminer, à partir de rien, les voies entre lesquelles il devrait choisir ? Comment tracer une direction s'il n'y a pas un point de départ ? Fort heureusement pour leur santé psychique, les êtres humains n'ont pas, normalement, à se poser les questions absurdes qu'impliquerait une autonomie absolue. Ils naissent dans une famille, une société, une culture, entourés de normes, de règles, de permissions et d'interdits, de conceptions du bien et du mal, etc. Et c'est l'existence même de ces normes, *a priori* aliénantes, qui donne corps et sens à la liberté de les suivre, de les amender ou de les rejeter. Le fait même de grandir en société assure donc que la « place de l'Autre » – le siège du tiers transcendant – est normalement occupée par quelque chose ou par quelqu'un ; mais elle peut l'être d'une manière plus ou moins assurée ou se trouver soumise à des pressions contradictoires.

Nous connaissons tous l'état de stress où peut nous plonger le fait d'être tiraillé entre ce qui nous apparaît comme des exigences morales également légitimes. Mais rien n'est plus angoissant que de ne même plus disposer des repères qui suscitent ce type de conflit moral. Ainsi, les enfants qui subissent une éducation négligente se trouvent abandonnés au vide d'une autonomie dont ils ne savent que faire. Privés des exigences qu'ils pourraient avoir le goût de satisfaire ou la volonté rebelle de contrarier, ils errent dans un monde sans direction, sans murs, sans routes, sans bornes, en attendant de (en espérant !) se heurter à quelque chose ou à quelqu'un pour savoir où ils sont et qui ils sont. L'évidement de la place de l'Autre nourrit une angoisse chronique et une mésestime de soi que l'organisme doit évacuer d'une manière ou d'une autre : en remplissant la « place » vacante par la première incarnation qui se présente (gourou, chef de bande…) ; en s'autodétruisant ; en se défoulant violemment contre autrui. La réunion en gangs ou en bandes rivales est alors paradoxalement une façon de canaliser la violence en lui donnant une raison et un objet déterminés, en recréant des codes de conduite et des défis dont l'accomplissement suscite la reconnaissance et soutient l'estime de soi.

On peut bien sûr déplorer la défaillance des parents dans l'institution de l'autorité morale légitime qui, seule, peut éviter ce désastre. Et après on fait quoi ? En pratique, il ne sert à rien de stigmatiser et de punir les parents. Une éducation défaillante ne saurait être compensée par une indignité supplémentaire infligée aux parents ; elle appelle une éducation complémentaire ou de substitution prodiguée par la société. On ne peut éviter que la place de l'Autre, laissée vacante par l'histoire privée d'un individu, vienne à être réinvestie par n'importe qui ou n'importe quoi de peu recommandable, à partir du moment où la société renonce à l'occuper elle-même, à réinstituer une morale laïque, un intérêt général qui transcende les pulsions individuelles. Or, la dissociété et les politiques néolibérales ont précisément pour effet de dissoudre la conscience d'un intérêt général et de détruire le cadre social qui permettrait à une éducation collective de soutenir une éducation familiale en déshérence.

La contre-révolution néolibérale a d'abord accentué un phénomène plus ancien : le déclin de la ville traditionnelle au profit d'un zonage social et économique prétendument rationnel qui a débouché sur la constitution de multiples ghettos de pauvres, de riches, d'immigrés, regroupés entre semblables, concentrés selon leurs « origines », leur « couleur » et/ou leur religion. Jane Jacobs[27], on le sait, a bien montré comment les anciennes grandes cités américaines brassant tout à la fois, dans les mêmes quartiers, métiers, cultures et catégories sociales, pouvaient produire de la sécurité et de l'éducation sociale. C'est toujours la même histoire : quand le cercle familial n'est pas enfermé dans un espace clos et homogène, mais emporté dans une spirale où s'entrelacent le cercle scolaire, le cercle du travail et de la vie économique, le cercle des services publics et de la vie communale… alors la défaillance de tel ou tel parent, professeur, collègue, voisin ou employeur peut bien être compensée par la coexistence avec tous les autres. Mais quand l'apprentissage de la vie ne tient qu'à un fil, il n'est jamais assuré. Quand le tissu social est dense et diversifié, quelques-uns des fils qui le tissent peuvent lâcher sans menacer la trame collective qui soutient l'existence de chacun. *La première et la plus irremplaçable des instructions civiques est celle dont l'on s'instruit inconsciemment en grandissant et en vivant dans une authentique « cité ».*

À l'opposé, le ghetto est le lieu le plus propice à une instruction incivique, à l'insécurité qui s'ensuit et à l'enfermement communautaire. Or, au lieu d'investir dans des politiques de la ville et de casser les ghettos, au lieu de développer l'encadrement de la jeunesse dans des activités sportives, culturelles et sociales de proximité, au lieu de restaurer la mixité sociale, les néolibéraux ont limité ces dépenses sociales improductives pour le capital, en sorte de pouvoir financer les aides aux

27. *The Death and Life of Great American Cities*, *op. cit.*

entreprises et les baisses d'impôts. Au lieu de solliciter les classes aisées pour financer des politiques sociales, les néolibéraux ont amputé les bas revenus pour alléger le « fardeau » fiscal des riches. Au lieu de reconnaître les causes sociales de la violence, de la délinquance, ils ont installé la culture perverse de la responsabilité individuelle, cette morale de bourreau qui vise à exonérer la société de toute responsabilité dans les méfaits commis par les déviants, cette morale qui vise même à transfigurer les victimes de leurs politiques – pauvres, chômeurs et autres estropiés de la guerre économique – en coupables d'une faute morale, en parasites qui vivent aux crochets des « braves travailleurs ». Une fois bien installée dans la culture ambiante, l'idée que l'individu est seul responsable de son sort persuade chacun qu'il n'a pas à « payer pour les autres », et prépare l'opinion à la réduction ou à la privatisation des services sociaux et des biens publics. *La stigmatisation du désordre moral des individus, de la jeunesse et des familles sert à effacer le désordre social exponentiel engendré par le raz-de-marée néolibéral.*

Le gouvernement par la peur

Certes, le désordre moral est bien réel, j'y ai assez insisté, mais il est indissociable du désordre social et il n'a d'autre solution que sociale. On ne naît pas déviant, on le devient dans une histoire sociale qui n'exonère personne de sa responsabilité, ni l'individu ni la société où celui-ci a grandi sans l'avoir choisie. Aucune invective, aucune punition, aucune opération de police n'effacera cette histoire sociale déviante et n'empêchera que d'autres individus ratent à leur tour l'apprentissage de la vie en société. Combattre le désordre moral suppose donc, *primo*, une société décidée à replacer l'intérêt général du bien vivre ensemble au-dessus de l'intérêt personnel et, *secundo*, une société disposée à investir en priorité dans l'éducation et l'accompagnement de ses enfants vers l'âge adulte et la citoyenneté. Or, les néolibéraux font exactement l'inverse de ce qui est nécessaire pour combattre le désordre moral. Ils détruisent l'idée même d'intérêt général en faisant l'apologie permanente de la rivalité et du mobile de l'intérêt personnel, en déployant un système économique qui fait exploser les inégalités et qui ne profite qu'à une minorité dominante, en sauvant les prédateurs qui déclenchent les crises financières, en mettant tous les moyens de la puissance publique au service d'intérêts privés. Ceux qui stigmatisent tant le désordre moral sont aussi ceux qui mènent la plus immorale des politiques et diffusent la plus immorale des philosophies politiques. C'est que, en vérité, ils se fichent bien de restaurer une morale qu'ils n'ont pas eux-mêmes ; ils n'invoquent sans cesse la morale qu'à la seule fin de détourner l'attention du désordre social.

Mais, à défaut de combattre vraiment le désordre moral, les néolibéraux doivent bien affronter le désordre tout court. En effet, le recul de la solidarité, l'explosion des inégalités, la ghettoïsation, le relativisme moral, le défaut d'éducation démocratique, tous ces facteurs entraînent partout la montée de l'incivilité et de la violence. Face à la délinquance engendrée par leur « modèle » de société, les néolibéraux soutiennent une politique de répression policière et pénale parfaitement inefficace puisque, par définition, une telle politique ne s'attaque pas aux sources morales et sociales de la violence. Au cours des trente dernières années aux États-Unis, le taux d'emprisonnement des jeunes hommes noirs a explosé au fur et à mesure que régressaient les dépenses sociales. Est-on encore dans une « grande démocratie », quand le taux d'emprisonnement est de cinq à dix fois supérieur à celui des autres démocraties occidentales ? L'« État pénitence » mange l'espace et les moyens de l'« État providence ». Pourtant on sait que cela ne marche pas ! Bien des grandes cités américaines se sont d'ailleurs détournées du « tout sécuritaire » et ont montré que la sécurité peut revenir là où l'on mène, en collaboration avec les habitants, d'authentiques politiques de la ville[28]. La difficulté de la dissociété américaine, de surcroît éclatée en États fédérés, est de parvenir à généraliser les meilleures expériences. La tragédie symétrique de la France est sa capacité à généraliser les pires !

En France, la droite au pouvoir depuis 2002 s'est engagée dans l'obsession sécuritaire, en empilant les lois pénales visant plus spécialement à renforcer la répression et l'emprisonnement des jeunes, des mineurs et des immigrés clandestins. On recrute des gardiens de prison, mais on supprime des postes d'éducateurs. On impose aux policiers des objectifs quantitatifs dignes des plus belles heures de la planification soviétique : des plans chiffrés de gardes à vue, d'arrestations, d'affaires élucidées, etc., avec des primes à la clé. Alors les commissariats se mettent à fonctionner comme ces usines soviétiques qui, pour respecter un plan fixant des objectifs en tonnes, fabriquaient quelques énormes clous, puis, quand le plan mesurait la performance en unités produites, usinaient des milliards de clous microscopiques ! Au lieu de produire de la sécurité, une sécurité qui demande du temps, des moyens et une sélection avisée des actions prioritaires, les policiers sont sommés de produire des actes sécuritaires en nombre. Alors, comme il est plus facile d'arrêter les gentils que les méchants, on multiplie les arrestations et les gardes à vue arbitraires ; n'importe qui peut se retrouver « au poste » pour une broutille. Et c'est ainsi que, peu à peu, s'insinue un trait caractéristique des États despotiques : les « honnêtes gens » commencent à avoir peur de la police.

De grandes « démocraties » occidentales ont ainsi engagé leur régression vers un État gendarme qui enferme au lieu d'éduquer, qui lamine les libertés publiques au lieu de les protéger et qui, pour finir et au nom de la « sécurité », rend

28. Voir Jacques Donzelot, *Faire société. La politique de la ville aux États-Unis et en France*, Paris, Seuil, 2003.

lui-même la société plus « insécure » et plus violente. Il faudrait ajouter : plus injuste et donc plus illégitime, car la « tolérance zéro » contre les infractions à la loi ne s'applique qu'aux simples citoyens et aux pauvres, lesquels ont vite fait de la rapporter à la tolérance maximale dont jouissent les patrons qui violent la législation du travail ou les spéculateurs qui ruinent l'économie nationale.

Cette politique répressive ne réprime en réalité pas grand-chose. Si l'on exclut les artifices statistiques dans la mesure des performances policières, la délinquance et la criminalité globales sont très peu affectées par l'inflation des politiques sécuritaires. Mais, surtout, les violences physiques et le sentiment d'insécurité augmentent régulièrement dans la plupart des sociétés industrielles avancées, indépendamment des politiques pénales ou policières. Rien d'étonnant à cela pour qui a compris les sources réelles de la déviance sociale. Mais alors, pourquoi diable les gouvernements s'obstinent-ils dans une politique et un discours sécuritaires qui n'ont en réalité aucune prise sur les maux qu'ils prétendent combattre ?

À défaut de pouvoir sonder leurs intentions personnelles, l'analyse rigoureuse doit souvent se contenter de déceler la logique poursuivie de fait par les gouvernements. En l'occurrence, *la fonction effective des politiques sécuritaires n'est évidemment pas d'assurer la sécurité, mais de nourrir la peur qui les justifie et qui entretient le primat bestial de la sécurité physique sur toutes les autres aspirations sociales*. Il est des cas où cette fonction de fait correspond presque certainement à une intention délibérée des gouvernants. Ainsi, quand l'administration Bush fabriquait des fausses preuves démontrant la présence d'armes de destruction massive en Irak, elle ne cherchait certainement pas à protéger les Américains contre une menace qu'elle savait inventée ; elle fabriquait délibérément de la peur, pour détourner l'Amérique de tous ses défis intérieurs. De même quand, huit années durant, Nicolas Sarkozy se déplace sans cesse pour réagir *in situ* au moindre épisode violent médiatisé, quand il y répète la même déclaration de guerre aux voyous, mais ne leur fait jamais la guerre et rend même la police inefficace en lui retirant des moyens utiles ou en lui fixant des objectifs imbéciles, alors on a du mal à imaginer que ce brillant politicien ne sache pas ce qu'il fait : il ne rate pas une occasion pour entretenir le sentiment d'insécurité bien au-delà de l'insécurité réelle, parce que en bon marchand de discours politique il entend bien capter le juteux marché politique de la peur.

Nous voilà face à une nouvelle inversion caractéristique de la Grande Régression. Pendant deux siècles, et même pour les partisans d'un État minimal, le seul bien public unanimement reconnu comme tel, la seule fonction inaliénable de l'État fut longtemps la sécurité des personnes, la protection publique contre les agressions intérieures ou étrangères. Or, désormais, l'État privé ne cherche plus à produire de la sécurité, mais de l'insécurité ! C'est en effet moins cher et politiquement plus rentable… à court terme. Une véritable sécurité publique coûterait de fait trop cher aux riches qui devraient payer pour protéger les pauvres, principales victimes de l'insécurité réelle. Un vrai progrès de la sécurité supposerait des investissements massifs pour l'éducation publique, l'encadrement extrascolaire de la jeunesse et la reconstruction de vraies « cités ». Il supposerait aussi une révolution culturelle instituant le primat de la coopération sur la rivalité, de l'intérêt général sur l'intérêt particulier, et donc une révolution du système économique et social.

Il est parfaitement clair que la sécurité réelle ne peut constituer la finalité d'une politique qui repose sur l'institution d'un état de guerre incivile, c'est-à-dire la rivalité permanente et exacerbée au sein même de la cité. Pour les néolibéraux et les néoconservateurs, la sécurité effective des personnes relève désormais surtout de la responsabilité de chacun, c'est un bien essentiellement privé. En revanche, l'insécurité est devenue un bien public ! L'État privé s'attache en effet manifestement à produire de la peur, de l'insécurité ressentie. La peur est incomparablement plus aisée et moins coûteuse à produire que la sécurité. En fait, elle ne coûte rien aux riches, elle se répand sans frais par le discours public, par la presse et par la télévision marchande. En effet, sur un marché libre de la communication audiovisuelle, la course à l'audience, au sensationnel, au spectaculaire a vite fait de l'emporter sur le journalisme et l'information rigoureuse. Le paradoxe et la perversité de la régression ainsi engagée sont que la production de la peur, motivée par les seuls profits marchands (pour les médias) et électoraux (pour la droite réactionnaire), est aussi un bien public, dans la mesure où elle exerce une réelle fonction d'utilité publique. Dans une société minée par la rivalité et l'injustice, qui nourrit le stress, la frustration et la rancœur dans une large fraction de la population, une société qui chemine ainsi en permanence au bord de l'insurrection, il faut bien détourner l'attention vers une préoccupation triviale et universelle qui tient encore les gens ensemble. *La peur pour sa propre sécurité remplit une fonction de maintien de l'ordre.* Au lieu de se révolter contre la dissociété qui les désunit, les individus l'approfondissent en se retranchant contre un ennemi imaginaire ; alors ils sont tenus ensemble grâce à la peur née de leur désunion. La place de l'Autre se trouve ainsi occupée par la peur de l'Autre.

Raison de plus pour se regrouper entre semblables.

Le communautaro-fascisme

Les êtres sociaux et grégaires par nature ne peuvent supporter de se sentir en permanence menacés par autrui. Il leur faut donc reconstituer des tribus retranchées avec d'autres « soi-mêmes », de faux « autres » en vérité, dont la similitude et la communauté naturelle d'intérêts constitueront la meilleure protection contre les vrais « autres ». Ainsi se poursuit la destruction matérielle de la cité ouverte et plurielle avec la construction de *gated communities* : des villes pour riches, des villes pour vieux, des enclaves territoriales entourées de clôtures et gardées par une police privée. Mais, plus redoutable, la destruction symbolique de la cité avance encore plus vite avec le retour en force et la radicalisation du communautarisme ethnique ou religieux. Ce repli sur une identité singulière vécue en opposition et non plus en articulation avec le reste de la société n'est pas seulement stimulé par la peur diffuse d'autrui. Il constitue aussi une réaction humaine prévisible à la grande vague relativiste et libertaire qui a accompagné les débuts de la Grande Régression.

On sait aujourd'hui que le relativisme imbécile – cette fausse liberté de pensée – a préparé le retour en force d'un obscurantisme communautaire. Les êtres humains ne peuvent en effet supporter longtemps d'être abandonnés au vide angoissant de l'autonomie, privés d'une vérité collective quelconque, c'est-à-dire d'une religion au sens générique du terme. La déreligion du monde a donc assez vite provoqué un retour en force du religieux, mais sous une forme communautariste, déconnectée de tout ancrage dans une culture universelle ou nationale[29]. Cette religiosité nouvelle n'est plus, comme les antiques religions, un élément de l'identité sociale caractéristique d'une grande société et encastré dans le nœud complexe de relations sociales qui constitue cette identité. Elle devient la seule identité sociale possible pour un individu perdu dans une société éclatée qui a fragilisé ou détruit tous les autres liens. Ce bien précieux, cette bouée de sauvetage, ne peut dès lors supporter la moindre contestation ni la moindre contamination par l'extérieur. Au mieux, l'individu s'enfonce dans un obscurantisme qui n'aliène que sa propre liberté ; au pire, il enferme sa famille dans une secte ou vient gonfler les rangs des fanatiques résolus à détruire aussi la liberté de tous les autres.

29. Ce phénomène est remarquablement analysé par Olivier Roy, *La Sainte Ignorance : Le temps de la religion sans culture*, Paris, Seuil, 2008.

Communautés fermées et sectarisme d'un côté, État policier entretenant la peur pour mieux tenir la société de l'autre ; voilà la destinée insoutenable de la Grande Régression. Et pour finir, le pays le plus avancé dans cette direction – les États-Unis – nous prévient d'un autre et ultime danger : la guerre.

La peur de l'Autre, le repli communautaire et la politique sécuritaire peuvent maintenir l'ordre un certain temps, mais pas indéfiniment. Car ils se nourrissent des impasses de la dissociété de marché et ne peuvent donc les combattre. L'ordre momentané n'est alors jamais qu'une illusion qui masque à peine l'explosion de l'injustice, la violence de la société, la haine des uns, la cupidité prédatrice des autres, bref la désalliance générale qui amenait déjà Robert Reich à demander à ses concitoyens américains, en 1991 : « Voulons-nous encore être une nation[30] ? » Dans une société structurellement et profondément désunie, la guerre incivile menace toujours de se transformer en guerre civile. Alors, comme toujours, un gouvernement réactionnaire ne sait conjurer ce danger mortel qu'en défoulant la violence de la société contre l'étranger. Quand les ennemis de l'intérieur ne suffisent pas à installer la terreur nécessaire pour contenir la révolte, les réactionnaires fabriquent des ennemis imaginaires. C'est ainsi, on le sait – et peu d'Américains le contestent encore désormais –, que l'administration Bush a inventé un ennemi irakien pour engager l'Amérique dans une guerre injuste. Ce n'est pas là un accident de l'histoire. C'est un effet de la logique régressive générale qui a gâché la chance historique que constituait la fin de l'affrontement entre l'Amérique et le bloc communiste.

Forts de leur éphémère avantage géopolitique, au moment de la dissolution de l'URSS et de la guerre éclair du Koweït (1991), les États-Unis auraient pu opérer la mutation nécessaire de leur stratégie. Profiter de leur poids pour imposer à Israël le respect des résolutions de l'ONU, engager la

30. Dans la conclusion de son livre *The Work of Nations* (1991). Traduction française : *L'Économie mondialisée*, Paris, Dunod, 1993.

création d'un État palestinien viable, et mettre un terme à ce demi-siècle d'humiliation du monde arabe qui a, entre autres facteurs, nourri les bataillons du terrorisme. Profiter de leur richesse pour soutenir le développement de l'Afrique. Comprendre, à la lumière de l'histoire, que la paix se gagne non pas en dominant les vaincus (comme en 1918, avec le traité de Versailles), mais en soutenant leur reconstruction et la reconquête de leur dignité (comme en 1947, avec le plan Marshall). Hélas, au lieu d'user ainsi du *soft power* de la diplomatie et du codéveloppement, l'Amérique néoconservatrice a choisi le *hard power* pour pousser son avantage hégémonique jusqu'au bout[31].

Ce choix n'est pas plus un hasard de l'histoire ou la responsabilité d'un fou (G. Bush) que le nazisme ne fut un accident imputable à la naissance d'un Hitler. Les impasses internes d'une société dominée par les exigences du capital et des marchands ont toujours nourri l'agression extérieure et l'impérialisme. Un État au service d'intérêts privés et indifférent aux inégalités sociales ne peut soutenir longtemps un déficit croissant de légitimité sans justifier son pouvoir par la nécessaire protection contre une menace étrangère. Une société déliée par la rivalité, l'injustice et le communautarisme ne peut conjurer longtemps la menace d'affrontement intérieur sans s'inventer un ennemi extérieur. Le nationalisme – cet abaissement de la nation en communauté raciste, ce dévoiement de l'amour des siens en haine des autres – est l'issue fatale d'une société qui échoue à constituer une authentique communauté politique. Les États-Unis, que le capitalisme et le communautarisme avaient rendus incapables de constituer enfin une vraie communauté de citoyens, étaient arrivés à ce point de la contradiction d'une société de marché où celle-ci ne tient plus sans la guerre, où une agression étrangère constitue pour le pouvoir une aubaine

31. Voir Jacques Sapir, *Le Nouveau XXIe siècle*, Paris, Seuil, 2009.

inespérée, grâce à quoi il restaurera l'illusion d'une unité nationale et de sa propre utilité.

C'est exactement ainsi que l'administration Bush a instrumentalisé les attentats du 11 septembre 2001. Elle n'attendait que cela pour lancer la « croisade » pour la démocratie dont rêvaient les « faucons », l'aile la plus réactionnaire du parti républicain. Le choc des civilisations (en particulier l'affrontement entre l'Occident chrétien et l'Orient musulman) est alors devenu le projet politique d'une élite blanche américaine convaincue de son bon droit à imposer par les armes son modèle de société. Les attentats du 11 Septembre ont fourni le prétexte pour commencer la croisade : deux guerres qui devaient abattre le terrorisme et restaurer la démocratie en Afghanistan et en Irak. Neuf ans après, le résultat effectif est à l'exact opposé de ces objectifs insensés : ces deux guerres ont plutôt renforcé le terrorisme et les ennemis de la démocratie dans le monde musulman. Elles ont aussi gravement affaibli et rabaissé la démocratie américaine en servant de prétexte à la torture, à des lois liberticides (Patriot Act), aux mensonges du gouvernement relayés par une presse servile.

Le désastre est total ; espérons qu'il servira de leçon. Et la leçon est triple.

D'abord, les promoteurs de la société de marché universelle et de la mondialisation du capitalisme ont dû tomber le masque : ils ne sont pas les défenseurs de la liberté, de la morale et de la démocratie, résolus à faire profiter l'humanité entière de ces bienfaits. Ils constituent un attelage composite de profiteurs cyniques et de fanatiques psychorigides, prêts à mépriser la démocratie, le sens moral, les droits de l'homme, la paix et les libertés, que ce soit pour défendre à n'importe quel prix la domination et la fortune d'une caste de prédateurs, ou pour suivre les commandements d'une funeste théologie politique.

Ensuite, même la première puissance militaire du monde ne peut surmonter ses défis intérieurs par une guerre extérieure plus de quelques mois, voire quelques années. Dès lors : ou bien elle les surmontera par une révolution intérieure pacifique qui stoppera l'avancée de la Grande Régression, ou bien elle s'enlisera dans le capitalisme financiarisé et le « communautaro-fascisme » jusqu'à l'effondrement.

Enfin, et c'est la plus troublante leçon, celle que nous tenions pour la plus grande démocratie occidentale s'est révélée incroyablement vulnérable à la manipulation et à l'embrigadement par une poignée de contre-révolutionnaires, usant du mensonge et des médias à grande échelle, sans rencontrer de véritable résistance. Les nazis et les bolcheviks étaient moins doués ; il leur fallait encore entretenir une police politique pléthorique pour surveiller la population et construire des camps pour enfermer leurs ennemis. Le néofascisme des nouveaux conservateurs américains est un *softfascism* bien plus efficace, grâce aux rendements croissants dans la production médiatique de la peur collective. Dans ce *softfascism*, la presse n'a plus besoin d'être muselée par la censure ; il faut au contraire la laisser aboyer autant qu'elle veut puisque, grâce aux vertus de la libre concurrence marchande, elle aboie désormais dans le sens des maîtres. En quelques mois, des dizaines de millions d'Américains choqués par des attentats meurtriers ont pu se laisser embarquer dans la xénophobie à peine maquillée des néofascistes, en acceptant de se projeter dans l'image du bon chrétien américain, défenseur de la démocratie, qui allait libérer l'Orient de la barbarie. Et le risque est grand, aujourd'hui encore, que le choc du 11 Septembre, qui servit déjà à justifier un crime encore plus grand, serve désormais aux Américains pour expliquer leur aveuglement coupable.

Je ne veux ni contester ni relativiser l'ampleur du choc en question. Ce 11 septembre 2001, comme des millions de Français qui ont grandi avec le sentiment d'une dette éternelle envers une Amérique libératrice et qui ne connaissent d'autre monument américain que les dix mille croix blanches qui surplombent la plage d'Omaha Beach, ce jour-là, j'ai pleuré… et l'émotion reste grande au moment où j'écris ces lignes. Nous n'avons donc, de ce côté-ci de l'Atlantique, aucun mal à comprendre une douleur que nous éprouvons nous-mêmes. Mais, sauf chez les barbares, et en tout cas certainement pas dans une démocratie qui devrait être un modèle de civilisation, aucune douleur ne justifie de laisser libre cours à la violence vengeresse, aucun traumatisme ne peut excuser le plus abject des crimes collectifs qui consiste à défouler sa violence contre des innocents. Il n'est en soi pas très troublant qu'un individu particulier réagisse ainsi à une grande douleur ; c'est là une impulsion assez ordinaire, que la société a précisément pour objet de contenir et de canaliser pour substituer la justice à la vengeance. Ce qui est excessivement troublant, c'est que la société américaine ait collectivement cédé au primat de la pulsion sur la raison, qu'elle ait pu soudain fonctionner comme une tribu primitive qui part en raid punitif, et de surcroît sur la base d'une accusation mensongère ! Si aucun des verrous qui sont supposés empêcher une telle réaction dans les démocraties n'a pu fonctionner dans la plus grande d'entre elles, il est grand temps de regarder en face cette autre régression : celle de la démocratie, et cela vaut pour la plupart des nations occidentales.

La presse ne joue plus son rôle ancien de contre-pouvoir. Les médias sont devenus une industrie marchande et un instrument redoutable de conditionnement psychique et d'embrigadement des masses, un authentique pouvoir, mais sans le moindre contre-pouvoir. Si les citoyens étaient devenus globalement plus informés, plus intelligents et plus autonomes, ils ne seraient pas tombés sous la coupe d'une bande de fanatiques tout au long des années 2000, ils ne resteraient pas en adoration devant un système économique qui tue leur économie nationale, leur santé, leur liberté, leur unité, au profit principal des 1 % les plus riches. C'est donc que les citoyens sont devenus plus bêtes, moins informés et moins autonomes ! Abrutis par la télévision, anesthésiés par la surconsommation, mal grandis dans un système scolaire sinistré par des décennies de néolibéralisme.

La Grande Régression est aussi ce moment de la modernité où les progrès de la raison et de la démocratie sont devenus des obstacles au déploiement de la cupidité des marchands et des gestionnaires de capitaux. Le capitalisme a d'abord eu besoin d'individus libérés des attaches traditionnelles et n'a pu prospérer que grâce à la démocratisation des sociétés modernes. Mais, une fois la révolution individualiste suffisamment avancée, rien n'eût été pire pour les capitalistes, comme pour les réactionnaires en embuscade depuis 1945, que l'avènement effectif d'une population d'individus modernes, autonomes et gouvernés par la raison. Car de tels individus ne les auraient jamais acceptés pour maîtres ; peut-être même leur auraient-ils coupé la tête si un quelconque accident de l'histoire les avait soudain mis en position de reprendre le pouvoir. Le capitalisme et l'obscurantisme réactionnaire sont donc désormais des alliés forcés contre la démocratie et contre l'intelligence. Ils n'ont besoin que d'un peuple d'abrutis conditionnés pour se gaver des prêches qui entretiennent leur ignorance, et des marchandises qui rentabilisent le capital.

J'y reviendrai en concluant ce livre, car la faiblesse de la démocratie est le véritable talon d'Achille des sociétés modernes les plus avancées, le handicap majeur qui risque de retarder trop longtemps une nouvelle Renaissance. La plupart des démocraties occidentales sont maintenant au pied du mur, au fond de la dernière impasse des sociétés modernes. Nos grands-parents ont exploré les frontières du totalitarisme, et nous avons nous-mêmes testé les limites de la dissociété individualiste ou communautariste. Nous sommes vaccinés contre le collectivisme économique et social de l'hypersociété, mais désormais également avertis de la nocivité du capitalisme comme du mythe des marchés libres. Il ne nous reste qu'une seule autre voie soutenable : celle du progrès humain, celle d'une nouvelle Renaissance qui revisitera le projet moderne de l'émancipation humaine pour en accomplir vraiment les promesses, tout en s'écartant de toutes les impasses où la première modernité nous a emmenés. Comme on l'a vu, rien n'est plus simple que de concevoir les traits de cette Renaissance. Mais il ne suffit pas de la dépeindre pour qu'elle advienne. Elle est aujourd'hui comme un trésor dont on connaît la cachette, mais vers lequel, pourtant, la plupart d'entre nous n'essayent même pas de marcher. Elle est ainsi, paradoxalement, tout à la fois facile, inéluctable et, dans l'immédiat, improbable !

5

Une nouvelle Renaissance[1] ?

À la charnière des années 1970 et des années 1980, au moment où semblait s'imposer la figure de l'individu autonome, l'esprit scientifique et le modèle démocratique, c'est-à-dire presque au sommet du mouvement de la modernité, la civilisation occidentale s'est engagée dans un vaste mouvement rétrograde. Pour les pionniers qui pensèrent la modernité – de la Renaissance à la Révolution française –, celle-ci constituait une promesse d'émancipation et de justice dans une société nouvelle gouvernée par la raison ; une société où les individus, libres et égaux, ne seraient plus tenus ensemble par la force, mais par leur libre association dans une communauté politique. Une partie de cette promesse avait commencé de s'accomplir dans les démocraties occidentales, avant la Grande Régression. Mais désormais le mouvement des sociétés modernes s'est inversé, et l'on peine à discerner un quelconque trait de la promesse moderne qui ne serait pas aujourd'hui en régression.

Où est le progrès de l'autonomie personnelle, quand le travailleur se trouve à nouveau soumis au bon vouloir de ceux qui détiennent l'argent, quand on réduit l'éducation au culte de la performance, quand la survie même du système

1. Ce chapitre n'est en réalité qu'une conclusion de l'ouvrage et doit être lu comme tel. Il soulève nécessairement des questions dont le traitement rigoureux nécessiterait pour elles seules un autre ouvrage.

économique repose sur l'addiction à la consommation et sur l'entretien permanent d'un sentiment de frustration ? Où est le triomphe de la raison sur l'obscurantisme, quand les sectes prospèrent, quand les religieux peuvent inspirer la Maison-Blanche, quand un président de la République française estime que les prêtres assurent plus sûrement que les instituteurs la bonne éducation de nos enfants ? Que dire du progrès de l'esprit scientifique, quand une proportion significative des élites anglo-saxonnes soutient encore les thèses créationnistes, cent cinquante ans après la publication par Darwin de l'*Origine des espèces* ? Que reste-t-il de la démocratie, quand l'industrie marchande des médias décide quelles idées ont droit de cité dans le débat public, quand la presse se met au service des mensonges de George Bush sur l'Irak ? Que reste-t-il de la souveraineté populaire, quand les gouvernements de l'Union européenne peuvent passer outre le fait que trois peuples souverains ont rejeté un traité par référendum ? Où est le progrès social quand l'on se tue au travail (au propre comme au figuré) ? Qu'advient-il des droits de l'homme, quand la menace terroriste sert de prétexte pour bafouer les libertés publiques et légaliser la torture, quand on emprisonne les malades mentaux au lieu de les soigner ? Peut-on encore évoquer une communauté de citoyens dans des sociétés où les inégalités explosent, où les riches ne veulent plus payer pour l'éducation et la santé des pauvres, où les appartenances sociales, ethniques et religieuses se cristallisent en communautés fermées, où des bandes s'affrontent pour le contrôle d'un trottoir ?

Je ne veux pas dire que « tout va mal ». Il nous reste de nombreux acquis du progrès ancien, que trois décennies d'acharnement des nouveaux réactionnaires au pouvoir n'ont encore fait qu'ébranler. Mais dans ce livre, on l'aura compris, la question de savoir en quel état, ou en quelle position, se trouve une société n'a aucune importance. La société n'est pas une chose fixe ; c'est un processus dynamique que l'on évalue rigoureusement en considérant sa direction. « Grande Régression » ne désigne pas ici un état catastrophique de nos sociétés, mais un mouvement général dans une direction désastreuse. Certains auront ainsi, mais à tort, l'impression que j'ai écrit un « livre catastrophe » ou excessivement « pessimiste », précisément parce que je ne parle ici que de la *dynamique* des sociétés et non de leur *état*. Et je l'ai fait parce que c'est la seule chose à quoi peut servir le fait de penser la société. Pour marcher dans la bonne direction, il ne faut pas regarder où l'on est, mais où l'on va. C'est d'ailleurs ainsi que l'on distingue les vrais prophètes des faux : les faux vous montrent toujours vos pieds, au lieu de vous montrer le chemin ; ainsi ils pourront vous mener où ils veulent. Et, comme les deux « flics », le gentil et le méchant, ils sont encore plus efficaces en binôme optimiste-pessimiste. L'optimiste – typiquement un chantre de la « mondialisation heureuse » – dresse un *bilan* positif du genre « la veille de votre mort, vous étiez encore en vie », ou vous rassure à la manière d'un défenestré qui, dans sa chute, se répéterait à chaque mètre : « Jusqu'ici, ça va ! » Le pessimiste – typiquement un Cassandre du « déclin » national – vous décrit au bord du trépas, quasiment écrasé au sol, quand vous n'êtes encore qu'au bord de la fenêtre. Ces deux discours ont été habilement combinés par les réactionnaires, tout au long de la Grande Régression : d'abord l'optimiste, pour nous cacher la régression dans sa genèse – tant qu'elle pouvait l'être –, et ensuite le pessimiste, pour nous imposer la régression par la peur d'un destin qui pourrait être pire encore.

Les vrais prophètes, fussent-ils de malheur, sont bien plus utiles à la société dès lors qu'ils dénoncent un *chemin* funeste et en désignent un autre qu'il est toujours temps et possible d'emprunter. Mais ceux-là, justement parce qu'ils parlent du cheminement et non de l'état du monde, sont rarement entendus et toujours moins efficaces que la propagande combinée des conteurs du monde enchanté ou du pays déchu.

Et ce, tout spécialement dans les époques troublées où les sources d'inquiétude ne manquent pas et où la plupart des individus éviteront d'en ajouter tant que leur propre sort n'est pas immédiatement en jeu.

Ainsi, la première force qui nous retient de combattre la Grande Régression est un sentiment partagé que « tout ne va pas si mal », que notre système est le « moins mauvais », que les « choses peuvent s'arranger »... C'est là un mécanisme de défense paresseux, mais bien naturel, contre le stress et les soucis. Relativiser les échecs, les défauts et autres erreurs, participe même d'une sagesse nécessaire pour éviter la paralysie de l'action dans la déprime. Mais ce même mouvement de l'esprit peut cacher la déraison et le déni qui paralysent l'action contre un fléau en marche, contre une maladie que l'on n'ose pas affronter. Il peut aussi refléter l'indifférence paresseuse ou cynique au sort d'autrui, dans ce que Galbraith appelait une « République des satisfaits[2] », cette pseudo-démocratie bloquée par le contentement matériel et trompeur de la seule majorité de consommateurs nécessaire à la survie du système. Le « majoritaire » typique est un individu pas trop mécontent de son propre sort, et qui en tire la conclusion que la société ne va pas si mal. Ah ! tant que le malheur n'arrive qu'aux autres... Mais quand ce malheur qui détruit des vies n'est ni un accident ni un hasard, mais l'effet d'un processus social et politique général, organisé, entretenu, le malheur peut bien finir par toucher tout le monde.

Ce n'est donc pas l'état du monde qui m'inquiète, mais l'aveuglement quant au sinistre chemin sur lequel il s'est engagé. Je trouve le monde plutôt plein de promesses inaccomplies qui, somme toute, sont incroyablement aisées à concevoir et qui sont accessibles, à la seule condition de regarder le chemin et de vouloir s'y engager. Je trouve en

2. John K. Galbraith, *The Culture of Contentment*, Boston, Houghton Mifflin, 1992. Traduction française : *La République de satisfaits*, Paris, Seuil, 1993.

revanche terrifiantes la paralysie de l'entendement, l'asthénie de la pensée dont semblent atteintes les élites gouvernantes, autant chez les réactionnaires que chez leurs opposants officiels censés incarner le camp progressiste. Car, précisément, leur débat véritable ne porte plus que sur l'*état* du monde et non pas sur sa *direction*, sur le bilan et les politiques de gestion de la société, et non plus sur la nature et la finalité de cette société. Les uns et les autres ne se reprochent plus mutuellement que l'inefficacité de leurs politiques respectives, ils s'invectivent à coups de bilans et de statistiques, mais ils ne débattent plus du « système » ni des mythes qu'ils ont désormais en commun : le capitalisme, l'économie de marché, le libre-échange et la pseudo-démocratie représentative qui leur permet de se partager, en alternance, les postes de commande.

Cette nouvelle convergence des libéraux et des conservateurs, de la gauche et de la droite, est la grande mutation du débat public qui s'est opérée durant la Grande Régression. Dans ce mouvement, les réactionnaires ont l'avantage intellectuel de la cohérence. Eux, au moins, défendent logiquement à la fois leurs politiques et le système qui va avec ; ils sont peut-être aveugles et/ou cyniques, mais pas absurdes. Les pseudo-progressistes méritent en revanche la palme de l'aveuglement absurde, puisqu'ils critiquent les gouvernements réactionnaires et promettent de faire mieux que ces derniers, mais sans contester leur système. Ils dénoncent des symptômes mais pas la maladie. Ils stigmatisent quelques méfaits de la mondialisation du capitalisme, mais pas le capitalisme. Il est vrai toutefois qu'à la fin les pseudo-progressistes, à force de croire au même système que leurs adversaires, font aussi à peu près les mêmes politiques. Car, on ne le répétera jamais assez, la Grande Régression n'a pas été entretenue que par des néolibéraux ou des néoconservateurs, mais aussi par les démocrates américains, les travaillistes britanniques et toute la social-démocratie européenne. Ces derniers gouvernaient la plupart des démocraties occidentales de 1992 à 2002, en plein cœur de la Grande Régression. Non seulement ils n'ont alors rien fait pour la contrarier, mais ils l'ont aggravée, plus spécialement en Europe, en soumettant les nations, comme jamais, au dogme de la libre concurrence et au pouvoir de la finance.

Un effacement aussi stupéfiant et aussi rapide des clivages politiques qui ont façonné deux siècles de débat politique n'est pas concevable si ne lui préexiste pas un fonds culturel commun susceptible de remonter soudainement à la surface dans des conditions historiques appropriées. Ce fonds commun, on doit le chercher dans les racines primitives de toutes les idéologies modernes, et il n'est à cet égard pas anodin que réactionnaires et pseudo-progressistes se disputent farouchement le label de la « modernité ». Car leur convergence dans la régression est en effet paradoxalement inscrite dans les prémisses de la culture moderne, dans la façon dont celle-ci a repensé le rapport individu-société.

La maladie infantile de la pensée moderne

De nos jours, « idéologue » est devenu une insulte, à droite comme à gauche. Quelqu'un qui dispose d'un système de pensée cohérent pour comprendre l'histoire humaine, et qui prétend fonder son discours sur une méthode rigoureuse, plutôt que sur les sables mouvants de son « opinion personnelle », celui-là est aussitôt suspecté d'être un criminel en puissance, un tyran potentiel. Cette répulsion pour l'idéologie participe de l'épidémie de crétinisme relativiste déjà évoquée plus haut. Mais cette épidémie n'a pas tué les idéologies ; elle les a juste rendues invisibles, non seulement aux spectateurs mais aussi aux acteurs du débat politique. La contre-révolution néolibérale a aussi beaucoup œuvré à dénigrer l'idéologie pour entretenir l'illusion que la mondialisation du néolibéralisme n'était qu'un mouvement naturel, et masquer ainsi ce qu'elle était en réalité : la mise en œuvre délibérée d'une idéologie.

Il demeure néanmoins que tout discours politique repose sur une idéologie au moins implicite, c'est-à-dire un ensemble de postulats concernant la nature et les finalités de la vie humaine en société, et un système d'analyse qui découle toujours de ces postulats. L'ennui, de nos jours, c'est que personne ne prend plus la peine de vous expliquer ce que sont les vraies fondations de sa pensée, si bien que cette dernière ne peut plus être débattue en toute rigueur. Aucun débat raisonné n'est possible entre des énoncés personnels ne reposant prétendument sur aucun système de pensée. Tel est parfois le but précisément recherché : éviter un débat rigoureux, car quelques minutes d'examen raisonnable démasquent les charlatans et anéantissent tout l'édifice intellectuel et politique des néolibéraux. Il arrive aussi que le maquillage de l'idéologie sous-jacente ne reflète aucune intention maligne. Après quelques décennies de guerre contre l'intelligence du monde, l'idéologie reste souvent invisible aux yeux mêmes de ceux qui la propagent sans malice, dans un réflexe conditionné et imperceptible pour leur pensée indigente. Aussi, une analyse sérieuse des discours contemporains ne peut plus se passer d'une archéologie de la pensée pour mettre au jour les fondations enfouies de notre culture politique[3].

Aujourd'hui encore, le débat d'idées, quoi qu'en disent les ignares, suit des grandes lignes de clivage tracées par des doctrines politiques élaborées aux XVIIIe et XIXe siècles. Mais ce ne sont là que les piliers apparents, ceux que l'histoire a laissés à peu près visibles et qui n'appellent aucune fouille supplémentaire. En réalité, les doctrines politiques en question plongent leurs racines, plus profondément encore, dans

3. J'ai entrepris ce travail dans *Dissociété* (chap. 5, 6, 7 et 8) ; le propos conclusif qui suit ne peut qu'en évoquer quelques traits choisis et sans références précises à l'histoire de la philosophie politique.

les conceptions nouvelles de l'être humain et de la société qui ont commencé à s'installer entre la publication du *Prince* de Machiavel (1513) et le *Discours de la méthode* de Descartes (1637), ou encore le *Léviathan* de Thomas Hobbes (1651). Les prémisses d'une culture moderne s'installent dans un triple contexte :

- l'émergence d'une science de la nature[4] ;
- la fin d'une Renaissance contrariée (sur le plan politique et philosophique) par l'obscurantisme des clercs, l'autoritarisme des monarques et les guerres civiles ;
- l'absence de toute connaissance sur les origines de l'espèce humaine, sur les sociétés primitives, sur le fonctionnement du cerveau, sur la construction de la personnalité individuelle, etc.

Ce contexte explique les erreurs constitutives de ce que j'appelle la « maladie infantile de la pensée moderne ».

En effet, dans ce contexte, les modernes, tout comme leurs précurseurs, ont œuvré à l'émancipation humaine face à l'obscurantisme de l'Église et à l'oppression de monarques despotiques, en concevant l'émancipation comme une « indépendance ». L'être humain – pris jusqu'ici dans un nœud de dépendances aliénantes à l'égard de la nature, de la société, des puissances célestes et des pouvoirs terrestres – cesserait d'être l'*objet* soumis à toutes ces forces externes pour devenir un *sujet* acteur maîtrisant sa propre vie et le monde. Le sujet libre, par le simple usage de sa raison, pourrait comprendre et maîtriser la nature, fixer ses propres normes, sa propre religion, et s'entendre avec les autres sujets pour fabriquer la société au lieu de la subir.

Comme je l'ai montré, l'indépendance est un mythe pour des êtres *sociaux par nature*, construits et grandis dans un entrelacs complexe de relations concrètes et symboliques

4. La fin des années 1630 marque la naissance de la physique et de la biologie humaine avec la publication des travaux respectifs de Galilée et de William Harvey.

avec les autres et la société qu'ils constituent tous ensemble. Ce mythe engage inéluctablement la pensée dans une double impasse, productiviste et individualiste.

Je passe sur l'impasse productiviste, déjà longuement commentée, où menait forcément la volonté nouvelle de dominer la nature. J'insiste un instant sur les conséquences plus immédiates d'une erreur anthropologique majeure et paradoxale. Faute de disposer de la moindre connaissance sérieuse sur le fonctionnement et la formation d'un être humain, la nouvelle philosophie politique, qui se voulait rationnelle, s'est en réalité fondée sur une conception fictive de l'humain : l'individu autonome.

À partir de là se noue le dilemme politique moderne dans lequel pataugent, aujourd'hui encore, néolibéraux et pseudo-progressistes : comment tenir ensemble des individus également libres, quand la liberté suppose l'indépendance de chacun à l'égard d'autrui et de la société ? L'individu étant supposé suivre sa propre loi, et s'il n'y a plus que des maîtres, comment éviter le déchaînement destructeur de la rivalité, autrement que par une loi et une autorité qui limitent l'indépendance et donc la liberté de chacun ? Alors a surgi, avec les théories du contrat social, l'idée que des individus rationnels savent que leur intérêt personnel bien compris leur commande d'accepter une loi commune. Le mobile de l'intérêt personnel, banni ou vivement contenu par les sociétés traditionnelles, devenait ainsi la source d'une nouvelle alliance entre les hommes. La société ne serait plus ce monde commun imposé qui préexiste aux individus, mais un contrat passé entre des individus qui préexistent à la nouvelle société. La solution était forcément illusoire, car le vrai problème n'est pas de savoir comment *faire* une société, mais comment *vivre* en société. En admettant même la fiction du « contrat » constitutif de cette société, une fois la société constituée, rien n'empêchera les « méchants » de poursuivre leur intérêt personnel, en violant les lois, au détriment des

« gentils » qui les respectent. Rien, sauf une autorité répressive et un nouveau conditionnement social qui restreint les libertés. Bref, à partir du moment où l'on conçoit l'émancipation des individus comme une indépendance à l'égard de la société, on est contraint d'effectuer un arbitrage entre les liens sociaux et la liberté individuelle, alors que ces deux éléments sont en vérité consubstantiels l'un à l'autre. Partant de cette erreur anthropologique, l'histoire politique moderne n'a cessé d'osciller entre un penchant à la dissociation des individus autonomes (au risque de l'explosion des rivalités et des inégalités) et un penchant à l'hypersociation restaurant l'unité et la solidarité (au risque d'étouffer les libertés individuelles) : entre la dissociété et l'hypersociété.

La pensée moderne a bien cherché une issue à ce dilemme, et certains libéraux et socialistes républicains l'ont même quasiment trouvée. Mais la piste ouverte par ces derniers a été refermée par la montée d'une illusion économique.

Le dilemme de la modernité tient à la nouvelle conception libérale de la société. Si la liberté consiste dans l'autonomie parfaite des individus, il faut faire en sorte que la société nécessaire à la vie commune et pacifique n'entrave pas l'indépendance des individus. Il s'agit donc, pour les libéraux, de trouver une nouvelle source d'harmonie sociale, qui permette d'éviter ou de limiter le recours à un État coûteux et liberticide. La révolution industrielle amorcée à la fin du XVIIIe siècle, et accomplie au XIXe, va mettre les libéraux sur la piste d'une solution magique à leur dilemme. En effet, grâce à la nouvelle maîtrise technique de la nature, l'homme moderne est capable de produire toujours plus de biens, à un rythme désormais supérieur à celui de l'expansion démographique. Il apparaît ainsi que, grâce à la croissance économique, tous les individus pourront un jour satisfaire leurs besoins à satiété. Il n'est dès lors plus impossible d'imaginer un système économique qui assure l'harmonie sociale grâce à l'abondance. La rivalité naturelle des individus pourrait n'avoir plus d'objet, s'ils sont tous occupés à consommer et à jouir « jusqu'à plus soif ». Du moins, leur rivalité et leur agressivité potentielle pourraient-elles être détournées vers la libre compétition économique. Chacun, tout en défoulant ses pulsions prédatrices dans la concurrence, contribuerait involontairement mais sûrement à l'abondance générale et, partant, à l'harmonie sociale. Là encore, la rivalité acquisitive réprimée par toutes les sociétés traditionnelles, comme une menace mortelle de guerre civile, deviendrait l'instrument de l'harmonie sociale. Ainsi prennent corps quelques mythes modernes : l'harmonisation spontanée des intérêts privés par les échanges, la pacification de rapports sociaux et internationaux par le doux commerce et le libre-échange, le marché libre autorégulé et dispensateur de tous les bienfaits individuels et sociaux.

À partir des années 1870-1890, la nouvelle « science économique » va s'efforcer de donner à ces mythes une base scientifique. Et elle va en effet commencer à démontrer mathématiquement que ces idées sont fondées… à condition que les individus soient des atomes strictement séparés, sans interaction subjective, des calculateurs rationnels et parfaitement informés, guidés par la seule quête d'une jouissance maximale, sans autres rapports sociaux que des échanges sur des marchés de « concurrence pure et parfaite ». Cette nouvelle science va donc en réalité, et à son propre insu, démontrer que les mythes libéraux sont bien des mythes que l'on ne peut réaliser que dans des systèmes d'équations mettant en scène des extraterrestres interconnectés sur des « marchés » théoriques qui ne ressemblent à rien de connu sur notre planète. La science détruit donc le mythe, comme c'est d'ailleurs en partie sa fonction, mais sans que cela n'affecte en rien la vigueur du mythe. Car voici la conclusion extraordinaire la plus fréquemment tirée de la démonstration précédente : puisque seuls des atomes parfaitement dissociés mis en compétition sur des marchés parfaits peuvent réaliser les mythes libéraux, et plutôt que de renoncer à rêver d'une « solution » impossible dans le monde réel, il faut donc transformer les êtres humains en atomes dissociés et la société en réseau de marchés parfaits ! Voilà bien le signe d'une précoce maladie de la pensée, une déraison hallucinante du rationalisme qui vire en fait à l'obscurantisme et se résume en une phrase : « Si les faits donnent tort à la théorie, ce n'est pas la théorie qui est fausse, c'est la réalité[5] ! »

La fascination exercée par le progrès des techniques et des productions matérielles était sans doute trop forte, trop aveuglante, pour que même des esprits brillants puissent renoncer à l'illusion rassurante que la libération des « forces productives » mènerait vers l'abondance et que l'abondance surmonterait le dilemme primitif de la modernité (assurer l'ordre social sans détruire la liberté). Comme on le sait, on retrouve cette illusion non seulement dans le néolibéralisme contemporain, mais aussi dans la lecture économiciste du marxisme la plus vulgarisée et donc la plus influente.

Ainsi se rejoignent et s'amplifient mutuellement les deux erreurs fondatrices de la modernité libérale. L'impasse productiviste est la solution inventée par les économistes libéraux du XIXe siècle pour sortir de l'impasse individualiste où s'étaient engagés leurs précurseurs deux siècles plus tôt. La « solution » ne résout donc rien. Car, dans les faits, le capitalisme productiviste et le « marché libre » n'engendrent ni l'abondance ni l'harmonie sociale ; seulement l'aliénation des travailleurs, la lutte des classes, l'inégalité, la destruction des écosystèmes, le délitement des liens sociaux, l'aliénation des consommateurs par un *désir* insatiable de marchandises, désir entretenu et manipulé par les marchands, etc. L'impasse

5. Cette phrase, ahurissante de bêtise et terrifiante par sa portée totalitaire, a, en substance, été prononcée par un prix Nobel d'économie : George Stigler, grand théoricien des marchés libres autorégulés (voir *Vraies Lois*, p. 189). Il disait, plus précisément : « ce n'est pas la science économique qui est fausse, c'est la réalité. »

productiviste, au lieu d'atténuer le dilemme engendré par l'impasse individualiste, ne fait que l'accentuer. Face à la déliaison sociale engendrée par le culte de la marchandise et de la compétition, les sociétés humaines retombent toujours sous l'attraction d'une restauration quelconque des liens sociaux, sous une forme communautariste ou étatique ; la liberté apparaît alors, à nouveau et décidément, incompatible avec la cohésion sociale.

Il existait pourtant une autre issue au dilemme des libéraux. Celui-ci est en effet un faux dilemme, artificiellement construit sur une erreur anthropologique qui oppose les liens sociaux à la liberté, qui oppose la société à l'individu. Au lieu de chercher en vain à construire une société contractuelle grâce à la libération des individus, il convient au contraire de construire la liberté des individus grâce à la qualité et à la diversité de leurs liens sociaux. Au lieu de privilégier une seule aspiration humaine, supposée contradictoire avec les autres, il faut chercher le cadre social qui assure leur synergie positive. Le libéralisme insiste sur la *liberté*, le communisme sur l'*égalité* et le socialisme (non marxiste) sur la *fraternité* ou la solidarité. La vérité est que ces trois idéaux ne peuvent que prospérer ensemble ou bien s'autodétruire s'ils sont poursuivis séparément ; le génie prémonitoire de la République issue de la Révolution française est d'avoir voulu les réunir, sans toutefois y parvenir. On a vu aussi que le « renversement socialiste » (dans les années 1830-1890) a relancé la piste républicaine d'une construction sociale de la liberté.

Mais au XXe siècle, et en accédant au pouvoir, les socialistes et les communistes s'enlisent dans un matérialisme vulgaire et dans l'impasse productiviste. C'est désormais l'efficacité de la planification communiste ou celle des politiques économiques et sociales qui est censée garantir l'émancipation de l'humanité. À l'Est, la planification communiste a surtout réussi à détruire la liberté. À l'Ouest, les politiques keynésiennes et l'État providence ont certes contribué à des progrès sociaux. Mais ces succès participent à la conversion de la gauche au fonds culturel commun de la modernité libérale. Après la Seconde Guerre mondiale, les partis socialistes ou sociaux-démocrates entretiennent l'apparence d'un débat théorique entre réforme et révolution, entre compromis avec le capitalisme et anticapitalisme. Ce débat, en réalité, sert d'abord à contenter les militants et à parer d'une substance idéologique la compétition des ambitions personnelles. De fait, en dépit des discours, la gauche ne vise plus à transformer la société en vue d'un projet d'émancipation original ; elle cherche d'abord à gagner des élections ; elle vise ensuite la croissance économique nécessaire pour étendre les droits sociaux et la protection sociale. Ainsi s'affirme le fonds culturel commun des modernes de tous bords : le meilleur moyen de surmonter la conflictualité sociale et d'assurer le progrès social, c'est la croissance des biens et des services ; celle-ci est mieux assurée par le capitalisme et l'économie de marché que par la planification et l'administration. Ainsi, à gauche comme à droite, la prospérité économique et l'expansion de la consommation deviennent les clés du bonheur des individus et de la société. Il reste toujours un clivage politique, mais qui ressemble de plus en plus à des nuances plus ou moins marquées qu'à une divergence entre deux projets de société. Les uns croient davantage à l'initiative individuelle et au libre jeu de la concurrence, les autres au guidage politique de la croissance et à la régulation des marchés. La gauche veut profiter de la prospérité pour réduire les inégalités, la droite croit que trop d'égalité économique tue la croissance. Mais ce ne sont là finalement que des débats techniques d'économistes ou de sociologues, qui portent plus sur les moyens que sur la philosophie et la finalité de l'action politique. La conception implicite de l'être humain et de la société qui sous-tend la position des deux camps n'est, en réalité, pas vraiment différente : une société d'individus en quête d'indépendance, d'autonomie, et dont la rivalité ne doit pas être contenue par des lois liberticides, mais par un système économique efficace qui soutient la croissance.

La nouvelle Renaissance : une nouvelle émancipation

Cette conception commune, que le débat public diffuse dans l'ensemble de la société, repose sur des idées fausses qui laissent entier et sans issue le dilemme de la modernité libérale. Tant que l'on pense la liberté, l'émancipation, comme une indépendance des individus, alors tout ce qui les lie ensemble restreint les libertés, et tout ce qui les libère les uns des autres les délie. On ne sort pas de l'alternative infernale dissociété-hypersociété. Or, l'on sait aujourd'hui que l'issue de secours productiviste est un mirage.

Nous voilà donc rendus au bout du bout de l'impasse moderne, non pas dans une postmodernité, mais, comme d'aucuns l'ont plus justement qualifiée, une hypermodernité[6]. Nous savons où mène le mythe de l'autonomie parfaite dans une dissociété de marché où tout le monde se croit ou est sommé de se comporter comme un individu-roi. Cela n'engendre pas la liberté mais le désordre moral et psychique des individus, lequel ne tarde pas à déclencher un rappel à l'ordre réactionnaire et le retour de l'obscurantisme. Nous savons où mène le mythe de l'abondance par la libération de la rivalité marchande : l'épuisement des ressources, l'exacerbation du conflit social, la famine pour les pauvres et l'obésité pour les riches, la concentration des richesses et du pouvoir aux mains d'une minorité, etc. La porte de secours productiviste est donc bel et bien bouchée. Alors, une fois parvenus au bout de l'impasse, la seule façon d'avancer est de repartir en enclenchant la marche arrière !

6. Voir Nicole Aubert (dir.), *L'Individu hypermoderne*, Paris, Érès, 2004 ; Gilles Lipovetsky, *Les Temps hypermodernes*, Paris, Grasset, 2004.

Mais, si nous regardons dans le rétroviseur de notre histoire, qu'y a-t-il derrière nous comme alternative à la dissociété de marché ? Le fascisme, le stalinisme, le collectivisme, l'enfermement dans le communautarisme et la xénophobie ! À ce compte-là, mieux vaudrait alors rester au fond de l'impasse que d'en sortir. Il y a, dans l'air du temps hypermoderne, dans la frénésie de jouir des instants présents, comme le pressentiment contagieux que nous sommes dans un cul-de-sac de l'histoire, car il n'y a nulle part où aller qui ne soit pire que la société inhumaine où nous sommes pourtant en train de nous enfermer. Dans une telle situation de blocage, rien ne manifeste avec autant d'évidence la maladie de la pensée, l'affliction de l'intelligence, que l'incapacité radicale des élites politiques à sortir du cadre conceptuel et logique de la modernité libérale. Nos dirigeants bricolent le cadre et le repeignent, ils inventent des mots nouveaux pour désigner les mêmes vieilleries, ressuscitent des expressions désuètes pour rhabiller un programme inchangé. Ils font de la « communication de crise », tournent en rond dans le brouillard, en attendant que surgisse par miracle une nouvelle piste où atterrir avant de s'écraser, faute de carburant.

Rester enfermés dans le cadre conceptuel de la modernité est désormais un anachronisme qui nous condamne au crash collectif. Ce cadre-là était une réponse adaptée au contexte de la transition des sociétés traditionnelles vers les sociétés modernes. Dans un contexte de combat contre l'oppression, l'obscurantisme et l'étouffement des individus, quand la culture populaire ne concevait même pas l'idée d'individu, on comprend que la pensée émancipatrice ait pris une tournure radicale et rustique. Pour sortir du cadre conceptuel de la tradition, il fallait sans doute que celui des modernes en prenne le contre-pied, quitte à développer une pensée trop simple. La figure de l'individu autonome libéré de toute dépendance à l'égard des déterminismes sociaux ou naturels était certes une pure fiction, une fable anthropologique à mille lieues de la réalité humaine, mais c'était une figure de combat utile pour arracher la personne singulière d'un étau social rigide. On ne saurait par ailleurs reprocher aux penseurs des siècles passés d'avoir ignoré ce que nous-mêmes commençons à peine de comprendre depuis quelques décennies sur le fonctionnement de l'être humain et des sociétés humaines. Ils pensaient avec les outils de leur temps et face aux défis de leur temps. Nous serions bien inspirés d'en faire autant aujourd'hui, en commençant par mettre à jour l'intégralité de nos discours sur l'homme et la société, en fonction de ce que nous apprend désormais l'anthropologie générale. *L'héritage éternel et précieux de la modernité, c'est son esprit, l'esprit des Lumières, pas la somme de ses tâtonnements et de ses égarements.* La raison, comme la science, ne progresse qu'en corrigeant inlassablement ses propres erreurs.

À présent que la conception moderne de la liberté et de la société a rempli son office dans les sociétés où elle a vu le jour, elle constitue à son tour un étau qui nous enferme dans une impasse. Pour en sortir, il ne faut ni faire table rase du passé ni chercher à en restaurer tel ou tel trait. Nous devons, comme le disait Slavoj Zizek, « analyser le monde à travers l'objectif de ce qui était éternel dans l'Ancien[7] ». On a vu comment la Grande Régression pousse d'abord à leurs limites les traits libertaires de la modernité pour n'instaurer, finalement, qu'une nouvelle aliénation, et déchaîner de multiples pulsions réactionnaires. On sait maintenant que la conception primitive de l'émancipation (comme indépendance des individus), une fois poussée à ses limites, se retourne contre le projet d'émancipation. Il nous faut donc conserver le *projet* et bouleverser la *conception*. La plupart de nos dirigeants font aujourd'hui le contraire : ils anéantissent le projet en s'accrochant à sa conception erronée. La tâche des vrais progressistes est de *dépasser les erreurs de la modernité pour en accomplir*

7. *Op. cit.*

les promesses. C'est précisément cela que j'appelle la « nouvelle Renaissance », ce nouveau moment de l'histoire qui pourrait succéder à celui de la Grande Régression.

Une renaissance, comme une restauration, commence par revisiter le passé. Mais c'est là leur seul point commun, et les deux « visites » en question sont parfaitement dissemblables.

La restauration est une fuite en arrière, une retraite forcée par la déroute d'un mouvement tombé dans un traquenard. Ainsi, la vague néolibérale a transporté les sociétés modernes au bout d'une voie sans issue, dans le désordre général et la déconstruction de la société. Et désormais tout le monde, individus, communautés, société, bat en retraite et reconstruit dans la panique et dans l'urgence le minimum nécessaire pour survivre et rester en ordre de marche. La Nation, ridicule et dépassée au temps de la mondialisation heureuse, revient en force sous la forme du nationalisme, puisqu'il s'agit de se protéger contre un monde hostile. La Religion, ringarde et détestable pour des individus autonomes, redevient soudain tellement nécessaire auxdits individus que le « religieux » pullule sous la pire forme, sectaire, abrutissante et obscurantiste. On revisite, de même, la Famille, non plus vraiment comme premier cercle ouvrant l'individu sur le monde, mais comme ultime camp retranché ou seul horizon d'un projet de vie personnel, ou encore comme outil de restauration de l'ordre moral ancien. Et ainsi de suite. Je ne reviens pas sur toutes les pulsions réactionnaires déjà décrites dans ce livre. Dans son retour vers le passé – et parce qu'elle est la retraite d'un projet en déroute –, la restauration n'emporte à chaque étape que des lambeaux de ce qui faisait l'éventuelle richesse de ce passé. Elle ne retient de la culture ancienne que les quelques traits rustiques qui répondent au souci premier du moment : conjurer la peur et rétablir l'ordre.

À l'opposé de la grande retraite réactionnaire, la renaissance commence par un grand voyage culturel, où l'on prend le temps de s'arrêter à chaque étape, pour se nourrir vraiment de ce qu'il y avait d'éternel dans toutes les civilisations dont nous sommes l'aboutissement, pour faire le tri de leurs accomplissements et de leurs limites, pour comprendre comment et pourquoi notre propre civilisation a fini par répéter tout ce qu'il y avait de pire dans les précédentes et à déconstruire tout ce qu'elle-même avait apporté de meilleur.

La philosophie de cette nouvelle Renaissance a été amplement illustrée par ce livre : c'est une nouvelle émancipation de l'humanité qui passe par une refondation anthropologique de nos conceptions de la liberté et de la société. Les premiers modernes ont, assez étrangement, posé la question de l'émancipation à l'envers. Dans une société traditionnelle étouffante pour l'individu, la question évidente était la suivante : comment des individus naturellement soudés dans leurs communautés et leur famille peuvent-ils accéder à l'autonomie ? Comment libérer les individus sans toutefois détruire la société ?

Or, la philosophie politique moderne a d'abord procédé tout autrement. Au lieu de partir des individus réels qu'il fallait effectivement libérer, elle a inventé des individus théoriques – les sujets autonomes tombés du ciel et dotés d'une liberté naturelle –, en se demandant ensuite comment on pouvait réunir de tels extraterrestres dans une société humaine. Elle a cherché comment associer des individus dissociés par nature avec des liens qui n'entameraient pas trop leur liberté naturelle. C'était un programme de recherche voué à l'échec, puisqu'il posait d'emblée le problème à contresens.

En réalité, les individus ne sont pas naturellement libres ni même spontanément avides d'autonomie personnelle. Ils naissent et grandissent en société et n'aspirent qu'à exister, c'est-à-dire qu'ils s'efforcent d'alterner la satisfaction d'un besoin irrépressible d'attachement à autrui et le détachement nécessaire pour éviter l'intoxication chimique de leur cerveau. Ce détachement permet ensuite de restaurer le besoin d'attachement qui enclenche un nouveau cycle de ce moteur universel de l'existence humaine. C'est pourquoi l'idée d'individu ou de liberté individuelle ne fait aucun sens pour un être humain dont l'espace d'existence se limite à un petit groupe de proches avec lequel il a grandi. Pour exister, il n'a nulle part où aller ailleurs qu'avec ceux-là. La question de l'émancipation se pose seulement à partir du moment où d'autres « autres » entrent en scène, où le cercle de la tribu primitive s'ouvre sur d'autres cercles dans une grande société qui rassemble des groupes humains variés. *C'est donc la possibilité de se lier avec d'autres êtres humains, dans plusieurs cercles différents de relations sociales, qui crée une liberté potentielle et le désir d'en jouir*. Mais ce désir de liberté n'est pas un désir d'autonomie au sens strict. L'individu ne veut pas être autonome (strictement indépendant), il veut être libre de se lier à d'autres, libre de choisir les modalités de son interdépendance naturelle avec les autres.

Ainsi, en refondant nos concepts sur une anthropologie effective, et non pas sur des robinsonnades fictives, on peut revisiter le projet d'émancipation moderne. Le problème politique réel est le suivant : les individus ont une propension naturelle à l'association, à l'attachement, et ils ne peuvent éviter sainement l'étouffement potentiel par un lien quelconque qu'en nouant d'autres liens sociaux. Chercher à les libérer en se contentant de les arracher à des liens aliénants, en détruisant des liens anciens, est donc une entreprise vouée à l'échec. Elle conduira inévitablement les individus à renouer n'importe quels types de liens, avec le risque que ces nouveaux liens soient plus aliénants que les précédents. Car l'individu, anxieux de perdre sa nouvelle base d'attachement, ne sera plus aussi enclin à s'aventurer hors d'elle et à s'ouvrir à d'autres relations. Ainsi, l'hyperlibéralisme détruit la liberté, parce que la plupart des individus ne supportent pas l'hyperliberté.

L'émancipation passe donc uniquement par l'interaction ouverte des cercles relationnels, par *le remplacement éventuel de liens aliénants par des liens qui libèrent.* Mais cela ne se fait pas tout seul au sein d'une grande société. Si un projet politique ne vise pas cette émancipation par le développement des liens sociaux appropriés, les individus ne pallieront pas spontanément cette défaillance. Ils iront beaucoup plus spontanément vers l'embrigadement que vers l'autonomie. L'erreur anthropologique des modernes peut conduire à penser que les individus se chargeront toujours eux-mêmes de défendre leur liberté. Ils sont censés en effet être libres par nature ; la liberté apparaît ainsi comme une donnée anthropologique qu'il s'agit de protéger contre les assauts de la société. En réalité, *le problème le plus sérieux n'est certainement pas celui de la protection d'une liberté prétendument naturelle. Il est plutôt de faire naître le goût de la liberté et d'en enseigner les modalités à des individus qui, par nature, sont toujours enclins à se réfugier dans la sécurité d'une communauté fermée.* L'émancipation n'est donc pas un mouvement naturel de l'humanité ; c'est un projet politique, un projet de civilisation. Aucun mouvement long de l'humanité ne porte celle-ci spontanément vers la véritable émancipation. Même à l'époque moderne qui voulait imposer la figure de l'individu autonome, ce mouvement long tend à ramener les sociétés les plus avancées dans le balancement entre la dissociété communautarisée et l'hypersociété à tendance totalitaire, c'est-à-dire entre deux formes d'asservissement. Seuls un projet politique et des forces politiques déterminées à s'engager vers la nouvelle émancipation pourront nous sortir de cette impasse.

La façon dont la nouvelle Renaissance revisite la philosophie moderne de l'émancipation sert aussi de guide pour revisiter tous les héritages institutionnels et symboliques de la modernité : l'État, la nation, l'économie marchande, la démocratie, l'urbanisation, etc. Il suffit en effet de décliner le principe clé révélé par la refondation anthropologique du projet d'émancipation : les liens qui libèrent.

Ainsi, par exemple, la nouvelle Renaissance, si elle advient, revisitera l'idée de nation ; elle retiendra le meilleur de cette idée moderne : la communauté constituée par un peuple souverain. Mais une communauté ouverte et respectueuse des autres nations, consciente que la meilleure garantie de sa propre souveraineté consiste à reconnaître également celle des autres peuples et donc à trouver le moyen de s'entendre et de coopérer avec eux. Ainsi, la nation nationaliste (lien qui enferme et aliène) devient la république internationaliste (lien qui libère).

Ainsi encore, la nouvelle république ne saurait consister en une communauté politique abstraite qui méprise toutes les appartenances sociales singulières, les communautés de proximité ou les communautés symboliques diversifiées dans lesquelles les individus déploient leur existence. Elle doit bannir autant le repli communautariste que l'homogénéité totalitaire. Et cela suppose de ne pas privilégier une forme de lien social sur une autre (communautaire ou national), mais de s'engager dans le renforcement de tous les liens ; des liens ouverts les uns aux autres, ouverts au métissage, c'est-à-dire des liens qui libèrent en élargissant et diversifiant l'espace de déploiement des existences singulières.

Arrivé à ce point, le lecteur qui m'a suivi jusqu'ici aura déjà compris comment ce principe de la nouvelle émancipation – les liens qui libèrent – permettra à la nouvelle Renaissance de revisiter aussi la famille, le travail, la politique de la ville, les échanges nationaux et internationaux, bref, tous les cercles de relations qui peuvent constituer une société du progrès humain. Cette société, je l'ai décrite, on la connaît, elle est accessible par une transition démocratique. Le premier piège systémique qui nous maintient à l'écart de cette seule issue possible à la Grande Régression est tout simplement une défaillance de l'entendement qui reste prisonnier d'une pensée erronée, autrefois utile pour débloquer la société, aujourd'hui seulement utile à la minorité qui tire profit du blocage de notre société au fond de son impasse.

Mais il est un autre piège susceptible d'entraver l'avènement pacifique d'une renaissance, quand bien même la majorité des esprits reconnaîtrait enfin la voie du progrès humain. Il ne suffit pas en effet que l'issue à la Grande Régression sorte du brouillard et soit reconnue par le plus grand nombre. Il faut encore transformer ce bien commun théorique en action collective. Cela pourrait sembler assez simple dans des sociétés où il suffit de voter pour changer d'orientation politique. Mais cet autre trait de la modernité – la démocratie – a, lui aussi, contracté une maladie qui recèle un piège antidémocratique.

La démocratie piégée par elle-même

Dans nos « démocraties libérales », aussi dites « représentatives », passer d'un bien commun théorique à la transformation effective de la société suppose au minimum : des citoyens informés sur l'état des possibles et qui se mobilisent en masse pour voter ; des représentants « représentatifs », c'est-à-dire qui offrent (entre autres) les projets de transformation sociale répondant aux attentes populaires ; une démocratie effective qui autorise la transformation réelle de la volonté populaire en actes de gouvernement. Or, aujourd'hui, aucune de ces conditions minimales n'est satisfaite. La citoyenneté se dissout peu à peu dans la dissociété installée ou confortée tout au long de la Grande Régression. Des individus dissociés, soumis au stress de la compétition permanente, survivent au monde brutal qu'on leur impose soit par la régression dans le délire narcissique qui leur est offert pour modèle, soit grâce au repli défensif sur quelques espaces d'humanité préservés (famille, copains, etc.). Cette résilience renforce paradoxalement la déliaison sociale. En effet, plus les individus s'adaptent aux souffrances infligées par la dissociété, moins ils combattent les politiques qui les engendrent. Nombre de « citoyens » anesthésiés par la consommation, intoxiqués par le stress, tétanisés par la peur, abrutis et manipulés par la télévision et, finalement, dégoûtés par la politique de leurs élus, composent une masse atomisée qui ne vote plus, ou vote à proprement parler « n'importe comment », en réaction, à l'humeur, à « la tête du client ». Ainsi s'installe une *démocratie sans citoyens*.

La désertion des citoyens est aussi largement imputable à des soi-disant « représentants » (élus ou candidats) qui, pour la plupart, ne proposent aucun projet de transformation sociale. La raison la plus triviale pour laquelle personne ne vote pour une autre société, c'est que la quasi-totalité des partis progressistes – qui avaient porté le projet d'une autre société deux siècles durant – se sont convertis au culte de l'économie de marché capitaliste et à la nouvelle *doxa* néolibérale. La maladie de la pensée évoquée plus haut a contaminé autant les ex-progressistes que les néoconservateurs, si bien qu'il ne reste quasiment plus un seul grand parti politique qui s'oppose vraiment à la régression. Alors, avant de stigmatiser l'incivisme des abstentionnistes qui ne prennent pas la peine d'exprimer leur choix politique, prenons le temps de considérer l'insipidité du « menu » qui leur est présenté : ils ont le « choix » entre ceux qui organisent la régression, ceux qui l'accompagnent, ceux qui la déplorent comme une regrettable fatalité et les néofascistes qui font commerce du dégoût inspiré par les précédents.

Pour autant, il existe toujours des forces minoritaires dont l'offre politique pourrait, en théorie, répondre à la nécessité de bifurquer vers un autre chemin. Ce n'est donc pas l'« absence d'alternative » qui nous empêche de stopper l'engrenage de la régression ; c'est l'impuissance à reconvertir et rassembler toutes les forces autrefois progressistes sur un projet effectivement progressiste.

Il n'est pas certain que cette reconversion et ce rassemblement puissent intervenir avant que la Grande Régression n'ait parachevé son œuvre. En effet, et pour finir, les comportements politiques en démocratie libérale, comme en économie capitaliste, ne sont pas *in fine* commandés par la raison, mais par une compétition marchande[8]. La mutation perverse de la gauche en force d'accompagnement ou de promotion de la régression est un sous-produit d'une autre déviance de la modernité libérale, à savoir *la dénaturation de la démocratie en marché politique*. Si la compétition des « représentants » pour conquérir des bulletins de vote a participé au projet d'émancipation moderne, cette compétition a fini par transformer la politique en marché ordinaire où la quête impérative des profits politiques conduit les entrepreneurs politiques à subordonner le service des peuples à celui de leurs propres carrières et organisations. C'est le piège du marketing politique à courte vue, qui a fourvoyé les progressistes dans un centrisme attrape-tout. À force de vouloir séduire des électeurs – au lieu de leur proposer un projet de transformation sociale –, la gauche est devenue la championne de l'inconsistance idéologique et a perdu la confiance des classes populaires. En bons entrepreneurs hypermodernes – pressés d'engranger des profits politiques immédiats –, les stratèges de la gauche ont alors résolu de séduire les électeurs de droite pour compenser le désamour des électeurs de gauche ! Et, à force de singer les programmes de leurs adversaires pour capter leur clientèle, ces sous-doués du marketing ont perdu leurs propres clients, sans pour autant gagner les électeurs de droite, lesquels, en consommateurs aisés et avisés, ont toujours préféré l'original à la copie. Résultat : après deux décennies (années 1990 et 2000) de cette course imbécile à la remorque de l'air du temps, la gauche est morte ou inconsistante. Quand on n'a plus que l'ambition des feuilles mortes,

8. Joseph Schumpeter est l'un des premiers à avoir saisi les conséquences d'un système qui se ramène, en pratique, à une compétition pour accumuler des bulletins de vote. Voir *Capitalisme, socialisme et démocratie* (1942), Paris, Payot, 1951.

qui est d'aller dans le sens du vent (Milan Kundera)... eh bien, on est emporté par le vent !

Mais l'échec de la gauche ne peut évidemment pas servir de leçon à toute la génération de surfeurs carriéristes qui l'ont provoqué. Car ces derniers – ceux-là mêmes qui ont causé le naufrage de la gauche – contrôlent les appareils politiques et préféreront toujours entraîner leurs partis vers les abysses, mais avec eux à la barre, que de céder les commandes à de vrais artisans déterminés de la société du progrès humain. Hormis le fait d'attendre l'extinction naturelle de cette génération perdue, ou son éviction brutale dans un épisode politique violent que l'on ne saurait souhaiter[9], seule une révolution dans les règles du jeu politique pourrait nous sortir du piège. Une « révolution démocratique » – celle qui commencerait d'instituer une réelle capacité d'exercer la souveraineté populaire – devrait abolir la dictature de l'instant, de l'opinion et des médias imbéciles ou inféodés ; elle devrait nous prémunir contre le carriérisme politicien, la victoire des malins sur les intelligents et le primat des tactiques sur les projets politiques, etc. J'ai tracé ailleurs les traits principaux de cette révolution institutionnelle (*Autre Société*, chapitre 8), qui repose sur l'institution d'une démocratie « générale » (dans tous les champs de la vie sociale) et « effective » (dévolution d'un pouvoir effectif de contrôle et d'orientation au peuple souverain). Ce n'est pas ici le lieu de la décrire plus avant. Elle n'importe ici qu'en tant que trait essentiel d'une nouvelle Renaissance, mais surtout parce qu'elle est au cœur d'un véritable piège qui menace de se refermer sur nous. Il se pourrait bien que la renaissance attendue et nécessaire ne puisse advenir qu'après la révolution démocratique qui redonnera aux peuples les moyens d'imposer leur préférence pour la société du progrès humain. Or, cette révolution dans les finalités et les règles

9. Je dis plus loin pourquoi cela n'est pas souhaitable.

du jeu politique n'a, selon toute vraisemblance, aucune raison d'advenir avant qu'une classe politique nouvelle n'ait enclenché la renaissance ! C'est là un cercle vicieux qui n'a guère de chance d'être brisé par la classe politique en place. Ni les gouvernements ni les équipes dirigeantes des principaux partis d'opposition n'ont l'intention de bouleverser les règles du jeu qui les maintiennent collectivement au pouvoir, telle une oligarchie nantie qui prospère en monopolisant le marché qu'est devenue la politique. La démocratie est ainsi comme piégée par elle-même, et elle le restera tant qu'une masse critique de citoyens ne sortira pas de son propre aveuglement pour apporter ses bulletins de vote à ce qu'il reste d'authentiques progressistes, là où il en reste !

À ce piège général s'ajoute un piège spécifiquement européen. Au sein de l'Union européenne, en effet, la démocratie est tout particulièrement affaiblie par des traités qui déterminent des politiques publiques indépendantes du résultat d'une quelconque élection[10]. Pour toute une série de questions économiques et sociales majeures, les Européens sont, de fait, gouvernés par un État fédéral, avec des lois européennes qui priment sur les lois nationales – des lois initiées par la seule Commission européenne et que les citoyens n'ont aucun pouvoir d'influencer ou de contester par un quelconque vote national ou européen ! Et même dans le seul cas où le vote des électeurs peut peser – quand ceux-ci refusent de ratifier un traité –, les gouvernements décident d'effacer le suffrage populaire et de ratifier le traité, entre eux, dans le huis clos d'une majorité parlementaire aux ordres du pouvoir exécutif. *Le vote populaire n'est plus toléré qu'à la condition qu'il plébiscite le choix de ses maîtres.* Tel est le *softfascism* à l'européenne ! Or, ce mode de fonctionnement ne peut être réformé qu'à l'unanimité des 27 pays de l'Union européenne ; c'est-à-dire que cela n'arrivera jamais tant qu'il

10. Voir mon *Manuel critique du parfait Européen. Les bonnes raisons de dire « non » à la Constitution*, Paris, Seuil, 2005.

restera un gouvernement susceptible d'opposer son veto. Et, là encore, rares sont les partis de gauche en Europe qui osent seulement envisager l'hypothèse qu'un pays renonce à appliquer les traités qu'ils se sont acharnés à faire ratifier, au besoin contre la volonté clairement exprimée des rares citoyens consultés.

Il faut bien comprendre que même si, par miracle, un nouveau gouvernement élu dans un quelconque État de l'Union européenne était résolu à s'engager dans la nécessaire révolution démocratique de son système économique et politique, il s'en trouverait empêché par les traités européens qui, de fait, constitutionnalisent les politiques néolibérales, la libre concurrence généralisée, le libre-échange, la libre circulation des capitaux et donc les pleins pouvoirs pour le capital. Un tel gouvernement aurait, en réalité, tous les moyens nécessaires pour s'engager, même tout seul, dans la voie du progrès humain, mais à la seule condition de violer les traités de l'Union européenne. Tel est, en Europe, l'ultime tabou des faux progressistes qui dominent la gauche moribonde. Tant que les citoyens se laisseront abuser par cette fausse gauche qui ne les libérera jamais du carcan antidémocratique où elle les a enfermés, il pourra bien y avoir mille alternances de la majorité au pouvoir, mille retours de cette « gauche » au pouvoir, sans que la Grande Régression commence à être combattue. Dans les faits, on le sait bien, il ne pourra certainement pas y en avoir « mille ». Car nous ne sommes plus au début de la Grande Régression mais en plein dedans. Notre civilisation ne supportera plus des dizaines de changements de gouvernement sans changement radical de direction. Celui-ci surviendra-t-il avant l'effondrement ? Rien n'est moins sûr, à partir des constats que je viens de faire.

En effet, au total : dans la culture aujourd'hui dominante, dans l'état présent des rapports de force, et sans une refonte radicale des règles du jeu politique, il est peu probable qu'une force authentiquement progressiste soit en mesure d'exercer le pouvoir avant longtemps. Or, on ne voit pas pourquoi les oligarchies bien installées réformeraient des règles du jeu qui confortent leur domination ! Par conséquent, la dynamique des forces et des institutions qui entretiennent la Grande Régression pourrait constituer un cercle vicieux qui piège des centaines de millions de citoyens (fussent-ils même éclairés), dans l'impuissance collective et la résignation.

Sans révolution dans la démocratie, il ne resterait alors que l'effondrement et la révolution tout court pour ouvrir une fenêtre à notre nouvelle Renaissance. L'histoire nous prévient que ce serait là le pire des scénarios. S'il faut en passer par l'effondrement de la civilisation qui fait obstacle à notre seconde Renaissance, celle-ci, tout comme la première Renaissance, ne surgirait peut-être qu'après l'enlisement dans un âge sombre interminable. Sans même remonter au Moyen Âge, en ne retenant que les leçons propres à l'histoire des sociétés modernes, nous savons que l'effondrement violent d'une société a plus de chance de déboucher sur une « Restauration » ou sur la victoire des fascistes que sur la relance du progrès humain. Le désordre et le chaos font hélas toujours passer le besoin de stabilité et de sécurité avant toute autre préoccupation. Même en temps de paix civile, on l'a vu, le gouvernement par la peur imaginaire est une méthode efficace pour soutenir la domination des réactionnaires. Alors, on peut redouter que cette forme de gouvernement n'ait plus de limites, dans un contexte de guerre civile où la peur n'aurait plus rien d'imaginaire.

Une raison d'espérer

Ce livre a montré qu'une autre voie est possible et accessible. Surtout en ces temps qui manifestent la faillite morale, économique, écologique et sociale de l'orientation où nous entraînèrent les réactionnaires déguisés en nouveaux libéraux. Ils n'ont pas gagné. Ils ont juste mis la société et les individus en tension jusqu'à la limite où se réveillent toutes les forces de rappel vers d'autres pôles d'attraction. De cette tension peuvent surgir aussi bien un effondrement chaotique qu'une renaissance pacifique. Si le piège systémique décrit ci-dessus rend cette dernière apparemment improbable, il suffit d'ouvrir les yeux pour voir que nous disposons aussi de tous les atouts pour qu'elle advienne néanmoins. En effet, la contre-révolution néolibérale n'a pas tout détruit de nos progrès passés. Nous avons la chance de vivre encore dans une société qui souffre, certes, mais qui tient le coup, qui dispose encore d'un État social puissant, d'une force de travail prodigieuse, d'un niveau d'éducation élevé, d'une population attachée à ses libertés, etc. Bien sûr, les individus résilients se replient et se retranchent pour atténuer le stress. Mais la plupart d'entre eux sont seulement en sommeil, en position de sécurité, et en réalité disponibles pour ressortir au grand air d'une grande société humaine si celle-ci renaissait de ses cendres. Certes, le ver de la dissociété marchande est dans tous les fruits, mais aucun fruit n'est encore pourri. Alors, puisqu'en effet « tout ne va pas si mal » – car c'est encore seulement notre *direction*, et non pas notre *état*, qui est catastrophique –, prenons appui sur cette évidence pour faire ensemble que tout aille mieux, au lieu d'attendre l'avènement du pire. Et pour ce faire, nous avons un outil simple et gratuit : le vote.

La Grande Régression est un processus incroyablement tenace et puissant, comme tout ce livre l'a montré. Mais c'est un processus fondamentalement politique et donc réversible à tout moment. Si la démocratie représentative peut virer au piège que j'ai décrit, elle est aussi le seul instrument dont nous disposons à présent pour sortir de ce piège. Et quelques centaines de milliers de voix suffisent parfois à changer le cours de notre histoire. Ce qui nous désespère si souvent, la politique, est aussi notre seule raison d'espérer. Il suffirait en effet de si peu de chose pour bifurquer vers une meilleure société : atteindre le seuil critique de citoyens qui ouvrent à nouveau leurs esprits, leurs yeux et leurs oreilles pour saisir l'opportunité d'imposer une révolution pacifique, une transition tranquille vers un nouveau progrès humain.

C'est pourquoi cela vaut encore la peine d'écrire des livres et de militer. Car chaque individu qui bascule de l'indifférence à l'attention, de l'attention au vote, du vote impulsif au vote raisonné, accroît les chances d'une renaissance pacifique. Et chacun d'entre nous ne peut accomplir une plus haute tâche pour l'humanité tout entière que celle de choisir son camp et d'y inviter quelques-uns de ses semblables. Personne ne change l'Histoire à lui seul, et chacun l'écrit pourtant avec tous les autres, car elle dépend de tous les humains, pris tous ensemble dans une interaction complexe que seul un fou peut s'estimer capable d'altérer par sa seule intervention. On ne change pas l'Histoire, on ne change que sa propre vie, en vivant comme une bête ou comme un être humain, en choisissant son camp aux moments qui l'imposent : celui de la rivalité ou celui de la solidarité, celui des bourreaux ou celui des victimes, celui de la régression ou celui du progrès humain.

Mais c'est en orientant ainsi le cours de leur propre vie, en écrivant leur propre histoire, que des millions d'êtres humains, engagés dans une ronde invisible mais bien réelle, donnent son sens à l'Histoire. Et, quand la ronde bute face à un mur, au moment où le monde vacille au bout d'une impasse, c'est parfois la direction choisie par une infime proportion de l'humanité qui donne l'impulsion décisive vers un autre destin collectif.

Table

Du même auteur

Le Socialisme néomoderne ou l'Avenir de la liberté
Seuil, 2009
Nouvelle édition à paraître sous le titre
L'Autre Société, *coll. « Points Essais », 2011*

Pourquoi la droite est dangereuse
Seuil, 2007

La Dissociété
Seuil, 2006
Nouvelle édition revue et augmentée,
coll. « Points Essais », 2007

Les Vraies Lois de l'économie
Édition intégrale
Seuil, 2005
Réédition en coll. « Points Économie », 2008

Manuel critique du parfait Européen
Les bonnes raisons de dire « non » à la Constitution
Seuil, 2005

Sens et conséquences du « non » français
Seuil, 2005

Chroniques d'un autre monde
Seuil, 2003

Quel renouveau socialiste ?
Entretien avec Philippe Petit
Textuel, 2003

Les Vraies Lois de l'économie II
Seuil, 2002

Les Vraies Lois de l'économie I
Seuil, 2001

Une raison d'espérer
L'horreur n'est pas économique, elle est politique
Plon, 1997 ; 2e éd., Pocket, « Agora », 2000

L'Économie politique : analyse économique
des choix publics et de la vie politique
Larousse, « Textes essentiels », 1996

Les Politiques économiques
Seuil, « Mémo », 1996

Droite, gauche, droite…
Plon, 1995

Chiffres clés de l'économie mondiale
Seuil, coll. « Points Économie », 1994

Chiffres clés de l'économie française
Seuil, coll. « Points Économie », 1994

Introduction à la politique économique
Seuil, coll. « Points Économie », 1993
3e éd. mise à jour, 1999

Introduction à l'économie
Seuil, coll. « Points Économie », 1992
3e éd. mise à jour, 2001

Économie politique
3. Macroéconomie
Hachette, « Les Fondamentaux », 1990
5e éd., 2008

Économie politique
2. Microéconomie
Hachette, « Les Fondamentaux », 1990
5e éd., 2008

Économie politique
1. Concepts de base et comptabilité nationale
Hachette, « Les Fondamentaux », 1990
5e éd., 2008

Enjeux du monde
Panorama de l'économie mondiale (*dir.*)
Hachette, 1988

Le Seuil s'engage pour la protection de l'environnement

Ce livre a été imprimé chez un imprimeur labellisé Imprim'Vert, marque créée en partenariat avec l'Agence de l'Eau, l'ADEME (Agence de l'Environnement et de la Maîtrise de l'Énergie) et l'UNIC (Union Nationale de l'Imprimerie et de la Communication).
La marque Imprim'Vert apporte trois garanties essentielles :

- la suppression totale de l'utilisation de produits toxiques ;
- la sécurisation des stockages de produits et de déchets dangereux ;
- la collecte et le traitement des produits dangereux.

RÉALISATION : CURSIVES À PARIS
IMPRESSION : CORLET IMPRIMEUR S.A. À CONDÉ-SUR-NOIREAU
DÉPÔT LÉGAL : OCTOBRE 2010. N° 101087 (131153)
IMPRIMÉ EN FRANCE